大健康视角下黑龙江省杂粮产业发展研究

章磷 弓萍 著

中国农业出版社
农村读物出版社
北 京

前言
FOREWORD

　　党的十八届五中全会通过的《中共中央关于制定国民经济和社会发展第十三个五年规划的建议》提出推进建设健康中国的新目标，随后中共中央、国务院印发《"健康中国2030"规划纲要》，合理膳食成为关乎我国未来发展的重大课题。我国杂粮种植历史悠久，杂粮饮食文化丰厚，早在春秋战国时期，《论语·微子》就有"五谷"之说，《黄帝内经》详尽描述了杂粮的营养和功效。进入新时代，随着人们对健康的日益关注，含有多种营养元素、能够满足人们对健康营养需求的杂粮，将拥有巨大的市场。

　　在传统的杂粮主产区黑龙江省，杂粮对于提高农民收益具有潜在价值。农业特色产业的发展是区域农业产业化的基础，黑龙江省先天的自然优势非常适合发展特色杂粮产业。因此，发展特色杂粮产业是黑龙江省响应国家政策调整种植结构的重要战略布局。

　　黑龙江省提出"农头工尾""粮头食尾"的产业发展模式，开辟现代农业发展路径，以创新思维构建农产品产业板块，顺应从生产驱动向市场驱动的转变，把农民增收摆在突出位置，将农业产业打造成为黑龙江全面振兴发展的支柱产业。在农业种植结构调整的契机下，杂粮产业发展潜力空前。

　　本书致力探索黑龙江省杂粮种植、加工销售、市场化服务等问题，分析杂粮产业发展现状，探究影响杂粮产业发展的各种因素，整合黑龙江省杂粮产业精深链条，提出黑龙江省杂粮产业发展路径，以助力黑龙江省杂粮产业高质量发展。本书的出版得到了"黑龙江省杂粮产业技术协同创新推广体系"和黑龙江八一农垦大学学术专著论文基金的资助，部分内容为黑龙江八一农垦大学校内培育项目（项目批准号：XRW2017-03）研究成果。

全书共 9 章，由黑龙江八一农垦大学章磷教授和弓萍老师共同撰写。在撰写过程中，感谢黑龙江省杂粮产业技术协同创新推广体系专家杜吉到教授、郭伟教授、王颖教授等人在种植、加工专业领域的帮助，感谢黑龙江省农业科学院黑河分院李宝华研究员、嫩江县农业技术推广中心张守林研究员、北大荒农垦集团九三分公司张宏雷在生产实践和数据提供等方面的帮助，感谢大庆市农技推广中心主任王世喜研究员、齐齐哈尔讷河市农技推广中心姜东峰研究员、依安县农技推广中心主任赵长龙等在调研时提供的帮助。同时，感谢在数据整理和分析中付出辛勤劳动的冯静、方哲、王京平等学生。

关于黑龙江省杂粮产业发展研究，本书希望能抛砖引玉，引发更多关于杂粮产业发展的讨论，书中难免有不妥之处，还望读者批评指正。

章磷　弓萍

2023 年 7 月

目 录
CONTENTS

1 绪 论

1.1 研究背景

1.1.1 健康中国战略与杂粮产业发展

1.1.1.1 健康中国战略的提出

人民的健康既是民族昌盛和国家富强的重要标志,又是建设社会主义现代化强国的基础。2015 年 11 月,党的十八届五中全会通过《中共中央关于制定国民经济和社会发展第十三个五年规划的建议》,明确提出了推进建设健康中国的新目标。2016 年 8 月,习近平总书记在全国卫生与健康大会上发表重要讲话,强调树立"大健康、大卫生"理念。2016 年 10 月,中共中央、国务院发布了《"健康中国 2030"规划纲要》,健康中国的概念不断被论述。2017 年 10 月,党的十九大报告明确提出实施健康中国战略,首次把健康中国提升为国家发展的重大战略,对实施健康中国战略进行全面部署,要求提高人民健康水平,大幅提高人民的健康质量,不断促进人民的健康公平,标志着新时代健康中国战略思想的成熟和落地。

1.1.1.2 健康中国战略下发展杂粮产业的重要意义

随着人民生活水平的提高、生活方式的转变,在"大健康、大卫生"理念引领下,人们的健康观发生显著变化,更多人的消费意愿开始向绿色、天然、无公害食品倾斜,市场对健康食品产业和产业链条的需求也随之增加。推进杂粮产业的发展,有利于健康中国战略的实施。

杂粮作为传统的粮食作物,富含多种营养元素,在具备丰富营养价值的同时具有保健功能,可以满足人体对营养元素摄入的需要以及现代人对健康养生的要求,拥有巨大的国内外消费市场,市场前景广阔。杂粮以其营养多样性、药食同源作用以及绿色品质而广受消费者的关注和青睐,逐渐成为城乡人民食物消费的重要组成部分。《"健康中国 2030"规划纲要》中指出，要"引导居民形成科学的膳食习惯，推进健康饮食文化建设"。推进杂粮产业标准化发展、建立优质杂粮品牌、提高杂粮加工水平，顺应人民对于健康饮食的需求，有利于健康中国战略的推进，对人们饮食习惯、膳食结构的改善具有重要意义。

1.1.1.3 健康中国战略下的杂粮产业发展方向

自健康中国战略提出以来，相关产业即为大健康产业。从政策以及市场两方面来解读，其中医疗服务业、营养保健品业等都与杂粮产业密切相关（图 1-1）。

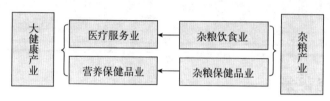

图 1-1 大健康产业与杂粮产业的联系

从图 1-1 可知，大健康产业与杂粮产业之间存在一定关系。首先，在医疗服务方面，现代人越来越重视养生，膳食结构的平衡是养生中重要的一环。杂粮是具备养生价值的农产品，符合大健康产业的理念。

其次，在营养保健品方面，杂粮的优势营养价值应该被挖掘，杂粮产业应顺应大健康产业的发展，形成相关杂粮产品的生产规范。杂粮具有药食同源的作用，具有保健功效并能预防疾病，增进人体健康。杂粮在成分上具有以下特点：第一，具有较高含量的维生素 B_1，可以促进消化，维护神经系统正常；第二，含有大量的膳食纤维，具有降糖、降脂、通便、解毒的作用；第三，偏碱性，具有中和人体酸性，缓解疲劳、增加体能，增强免疫力的作用。因此，杂粮除了具有丰富的营养价值外，还在一定程度上具有改善人体健康状况及降低患病风险的作用，既经济实惠，又无副作用，是天然的保健品。在大健康产业的蓬勃发展中，应发挥并挖掘杂粮的保健功能，推进杂粮产业的快速发展。

通过以上相关梳理，在健康中国战略的指引下，杂粮产业应加快实施产业的拓展及升级。作为药食同源的作物，杂粮在养生、保健等方面具有得天独厚的优势。在医疗服务方面，杂粮产品生产企业应提高加工水平，实现杂粮效用的最大化，满足人们的健康需求。在营养保健品方面，更是需要杂粮产品生产企业提高加工能力，提升研发投入以及转变研发理念，在保证杂粮自身优势的同时，提高产品附加值，延长产业链，转变生产观念，激活杂粮产业的发展活力，加快杂粮产业的发展升级。

1.1.2　国家政策与杂粮产业发展

从国家政策来看，2016 年，国家在内蒙古及东北地区实施"市场定价、价补分离"战略，"市场化收购＋补贴"的新型粮食收储体制改革势在必行。从 2016 年开始，"杂粮"一词屡次出现在国家政策之中，2016 年的中央 1 号文件提出要优化农业生产结构与区域布局，全方位、多途径开发食物资源，满足日益多样化的粮食消费需求，发展优质杂粮等特色传统作物。2016 年全国杂粮生产技术意见指出，杂粮是种植业调结构，提高农民收益的重要经济作物，要积极发展杂粮行业，着重发挥"镰刀弯"地区杂粮在玉米种植规模调节、轮作转换、均衡土肥等方面的优势，有效推进稳粮创收、提质增效和可持续发展。2017 中央 1 号文件进一步强调，要调整粮食种植总体结构，加快二元化种植，继续开展粮改饲、粮改豆补贴试点，提高优质食用大豆、薯类、杂粮杂豆的播种面积，做强地方绿色产业。习近平总书记于 2015 年"两会"期间参与吉林代表团的审议时提出，推动农业现代化改造，应重点规划和提高现代农业产业体系、生产体系及经营体系三大领域的建设步调。三大领域各有侧重，但又相辅相成。农业产业体系作为"三大体系"的核心，对未来农业可持续发展具有导向作用，农业生产体系与经营体系共同维系着现代农业产业体系的成长壮大。2017 年中央农村工作会议进一步指出，促进农民增收、保证有效供给，应通过优化农业产业体系、生产体系和经营体系，促进统筹发展和优化产业结构，提高全产业增值收益，做强一产、做优二产、做活三产，促进经济的可持续性。党的十九大报告提出，实施乡村振兴战略重点要打造现代农业产业体系、生产体系和经营体系，不断拓宽农业产业化建设，促进农村一二三产业的协调发展，深入推进农业供给侧结构性改革。2018 年中央 1 号文件提出，产业兴旺是实现乡村振兴的重要基础，新的时期农业产业转型要突破传统农业以第一产业为主脉络的发展模式，抓好农产品精深加工的第二产业与促进农产品流通的第三产业的延伸，构建一二三产业一体化融合发展的现代农业产业模式。因此，把握好杂粮产业体系的发展路径，对于扩大农产品市场影响力，推动区域经济的发展具有重大意义。2019 年中央 1 号文件高度重视杂粮的开发，强调加快发展乡村特色产业，积极发展杂粮杂豆、薯类、特色养殖等产业。2020 年和 2021 年的中央 1 号文件都提出要支持各地立足特色优势打造各具特色的农业全产业链，让农民更多分享产业增值收益。2021 年中央 1 号文件还提到了健全现代化农业全产业链标准体系，培育农业龙头企业，立足县域布局特色深化农产品产地初加工和精深加工。

黑龙江省是我国的杂粮主产区，根据《中国农村统计年鉴 2020》数据计算，截至 2019 年，黑龙江省杂粮播种面积排全国第九位，其中红小豆的播种面积和产量位居全国第一。黑龙江省的西部地区土地瘠薄，常年春季干旱，年降水量少，这样的自然条件适宜种植杂粮，应扩大杂粮种植面积，发展杂粮产业。在大健康视角下发展黑龙江省杂粮产业对于促进农民增收、发展地方经济以及改善居民的膳食结构，提高全民健康水平都有着十分重要的意义。

1.2 研究目的及意义

1.2.1 研究目的

第一，从大健康视角出发，以黑龙江省杂粮产业为研究对象，研究杂粮种植、加工、销售各个环节发展现状，基于钻石模型分析框架从生产资源、市场需求、产业结构、企业战略、企业结构和同行竞争、政府支持政策以及机会等方面对黑龙江省杂粮产业进行分析，探究影响杂粮产业发展的各种因素，明确杂粮产业的发展方向，为政府提出契合杂粮产业发展的政策建议，为促进黑龙江省杂粮产业的可持续发展献计献策。

第二，从农民发展的长远角度出发，梳理黑龙江省杂粮产业发展现状，挖掘并利用与农户生产经营相匹配的农业经营优势，寻求确保农民增收与产业发展共赢的有效途径，助力黑龙江农产品增值、农民增收。

第三，通过对杂粮市场需求的研究，了解消费者的杂粮消费偏好，掌握消费者对不同等级杂粮的支付意愿，进而设计杂粮产品策略、产业价格策略、产业渠道策略、产业促销策略，同时以市场需求为导向，牵动杂粮种植业、加工业的发展，提升黑龙江省杂粮产业竞争力。

1.2.2 研究意义

第一，围绕黑龙江省特色杂粮产业，以市场需求为引导，发展集种植、加工于一体的规模化杂粮产业群，通过延伸产业链、提升价值链、完善供销链，使农户、加工企业、杂粮服务企业等各方主体，分享杂粮产业链的附加价值，增强杂粮市场竞争力。从内部环境的优劣势和外部环境的机遇和威胁进一步分析黑龙江省杂粮产业发展的竞争力，有利于黑龙江省明确现代农业的发展方向，对于"十四五"期间将现代农业推向一个新高度具有重要的实践价值。

第二，在大健康视角下，提高杂粮加工的科技水平，创建统一化、体系化、标准化、优质化的杂粮区品牌，满足消费市场对粮食品种多样化的需求，改善居民的膳食结构，提高全民健康水平。

第三，在当前由于居民膳食结构变化而对杂粮需求量攀升、出口创汇潜力极大的背景下，推进黑龙江省杂粮产业发展，有利于丰富和发展特色农业产业体系理论，为黑龙江省杂粮产业发展提供战略参考，提升黑龙江省杂粮的市场竞争力，构建集种植、规模化精深加工及供销为一体的杂粮商业运行模式，获得更高的经济与社会效益。

1.3 国内外研究综述

1.3.1 国外研究综述

本书的国外研究综述从三方面进行了文献梳理。第一是对农业产业化的研究，具体包括农业产业化理论、产业组织理论、农业产业化经营形式及农业政策法规对农业产业影响的研究。第二是对杂粮营养成分的研究，西方发达国家的研究侧重于杂粮营养活性价值方面，即采用物理或生物的处理方式对杂粮原粮及加工品的成分进行剖析。第三是对产业竞争优势度等理论的相关研究。

1.3.1.1 农业产业化的研究

(1) 农业产业化理论的研究

美国的农业产业化开始于 20 世纪 50 年代，适逢传统农业向商品农业的转换期。美国学者 John M. Davis 和 Roy A. Goldberg 在针对当时美国农业发展的现实整合评判之后，于 1957 年出版 *A Concept of Agribusiness* 一书，书中首次谈到"Agribusiness"的概念，为学界打开了农业产业发展研究的关口。国内学者通过对该领域的分析将 Agribusiness 一词翻译为"农业关联产业"或"农业一体化"，意在研究农产品种植、加工、运销三环节的有机整合的过程。伴随 20 世纪 70 年代后信息化时代的来临，美国的农业产业化进入鼎盛时期，实现高度发展。

日本的农业产业化始于小农经济分散化的现实，日本农业专家今村奈良臣提出"六次产业"这一农业领域的概念，意在通过分享农产品加工、运营等环节的附加价值，有效激发农民的生产积极性。在日本的农业产业化过程中，1948 年成立的日本农业协同工会（以下简称为"日本农协"）发挥了巨大的支撑作用，以日本农协为产业发展主体，利用前延后伸的产业接续发展模式，开辟了农产品种植、加工、营销各环节合作的新天地，以日本农协制度为发展农业的基本规章，在政策制定上充分体现了一二三产业融合发展的理念。

Francks（2000）完成了关于日本、韩国和中国台湾地区的农业发展和农业政策的一项比较研究，他概述了这三个国家或地区在农业发展经验上的相似之处，并分析了这些相似之处背后的一些共同因素，这些共同因素将为在农业领域建立的"东亚模式"发挥作用提供依据。Gabriella（2006）认为农业的产业化是具有特殊性的，任何一种特定作物的产业化程度都不相同，它取决于产品的性质和消费者的购买意愿。Alessandra 等（2020）研究了对外援助对发展中国家农业产业化进程的影响，基于发展中国家面板数据模型实证分析得到的结论，这种影响取决于接受国的开放程度。

（2）产业组织理论的研究

Campos 等（2005）基于新熊彼特主义的方法，提出将内生发展理论应用于产业组织设计。这种基于柔性积累模型、分散生产、较少依赖规模经济的新范式为中小企业的发展提供了机会。Er Wei（2006）以结构—行为—绩效（SCP）模型为西方国家产业组织理论研究的基础，对现代西方产业组织理论进行了详细梳理。Seo（2012）以产业组织理论作为分析框架，考察了美国视频游戏产业的发展。分析结果可以说明美国视频游戏产业的市场结构变化和市场行为之间存在密切的关系。Oba K 等（2018）从产业组织理论的角度阐明混凝土制品行业的问题，并提出混凝土制品行业的发展战略。他基于 SCP 模型，利用统计数据对混凝土制品的行业问题进行了分析。

（3）农业产业化经营形式的研究

国外的农业产业化经营主要以完全一体化、合同制一体化、合作组织一体化三类为主要形式。完全一体化是指由龙头企业直接参与农业生产经营，过程集农产品供应、加工、储运、销售于一体；合同制一体化即通过订单农业的模式将合作双方通过合同联结起来，由固定一方投入固定的生产资料的过程；合作组织一体化的基础是由农业协会等合作管理组织主导农业产业化的进程。美国的农业产业化经营形式可分为三类，第一类是农工综合企业的经营形式，即在农业产前、产中、产后多个环节融入统一经营体系，形成垂直一体化管理的企业，较家庭农场具有更大的竞争优势；第二类是工商企业与农场主签订契约的经营形式，以供货或服务合同为主要战略联盟协作载体；第三类是农业合作社自主加工销售的经营形式，是依照农户自身发展需求自愿结成合作经济组织的模式。日本的农业产业化经营形式分为两种，一种是垂直一体化的经营形式，是以工商资本为主要依据，直接建立大型种植基地、加工厂，或委托农场农户生产，进行产业化经营，依据日本农业发展形势，此类模式将在很长时间内持续存在；另一种是平行一体化的经营形式，是日本最为普遍的经营形式，以农协组织为衔接主体，沟通农业产前、产中、产后的全过程。

（4）农业政策法规对农业产业影响的研究

Rick Welsh（2001）在对州一级的农业律师进行调查和对美国农业普查数据分析时发现法律的限制性因州而异，其相对限制性随着时间的推移而变化，在分析了美国中西部九个州《农业法》的相对效力后，他指出美国农业在向公司化和纵向一体化体制转变过程中，加强立法往往会限制非家庭公司所有权安排下土地面积的扩张。Magdalena Zrakić等（2015）分析了在欧盟共同农业政策（CAP）下克罗地亚乳业的发展，借助均衡模型进行模拟预测，基线预测结果初步显示，克罗地亚乳业中的牛奶加工占比可能会在 2025 年获得有利形势。鉴于目前欧盟市场和全球价格水平，欧盟有机会扩大牛奶加工市场，并考虑取消牛奶配额。Fatimah Mohamed Arshad（2016）在介绍马来西亚农业政策时指出，马来西亚的政策侧重于发展橡胶、油棕、可可、胡椒等农作物，而忽视了渔业、畜牧业和谷物、水果、蔬菜等农作物，使得粮食产业部门在生产力和盈利能力提升方面落后于其他产业部门，粮食部门需要通过创新技术研发和推广来提高生产力、通过投入部门科技创新降低成本等，以恢复产业活力；Maria P. Perez 等（2017）采用数据驱动的方法分析了 1970—2015 年番茄行业的贸易流量，并对同期实行的所有农业干预措施的结构变化进行分析，论证了北美自由贸易协定和贸易定价政策是导致番茄产业结构变化的主要因素；Andrzej Tabeau 等（2017）通过提出减少砍伐森林和森林退化导致的温室气体排放（REDD）可能会限制农业用地扩张进而影响农业部门的竞争力、农产品生产及价格、贸易模式和粮食安全的假设，进而运用情景分析方法研究 REDD 政策对农业食品部门和粮食安全的影响，模拟结果显示，当存在超过 15% 的潜在农业地区免遭森林砍伐时，REDD 政策开始影响一些欠发达国家的农业食品部门，从食品安全角度来看，REDD 的补偿机制会影响政策的有效实施。

1.3.1.2　杂粮原粮及加工品中营养活性的研究

国外对于杂粮的研究多集中于杂粮营养成分及功能的研究。Yanni Papanikolaou 等（2016）选定不小于 19 岁的美国成年人通常食用的谷物食物模式及营养摄入量为样本，重点关注 2015—2020 年样本的营养素、饮食质量、消耗食物参数，得出营养不足与某些谷类食物摄入不足有关；Adam B. Cobb 等（2016）分析了高粱中丛枝菌根真菌的营养效力，结论显示高粱品种对菌根共生反应与谷物生产和品质呈正相关；Knud Erik Bach Knudsen 等（2017）基于营养健康的角度针对谷物中的膳食纤维和相关植物化学物质进行研究，指出谷物中酚类物质可通过生物处理为人体所吸收；Wojciech Kępka 等（2017）对城市污泥进行元素研究，分析城市污泥对春大麦的影响，结果显示，城市污泥对春大麦养分的吸收有着较大影响，影响最大的是铁，其次是铝和锰，影响最小的是钴；Arya Shalini 等（2017）在成分和工艺配方上研究了杂粮煎饼的营养和质地特性；Anna Gramza-Michałowska 等（2018）分析了具有生物活性植物成分的无麸质燕麦饮料的配方和抗氧化潜力，使用定量测定生物试样

法，如 DPPH 等方法进行了燕麦饮料基本组分分析。Yanni 等（2019）利用
《美国国家健康和营养检查调查（2017）》中的婴儿组数据进行分析，以评估
谷物食品营养和能量摄入、饮食质量对婴儿消费者和非消费者群体的影响。
结果表明，所有食用谷物食品的婴儿的能量摄入均高于未食用谷物食品的婴
儿。消除或减少婴儿饮食结构中的谷物食品可能会导致意外的营养和健康后
果。Seyed 等（2019）使用 2015 年加拿大社区健康调查（CCHS）的数据来
研究加拿大成年人的谷物食品消费模式。使用聚类分析得出七种饮食模式，选
择"混合谷物"饮食模式的成年人比选择"无谷物"饮食模式的成年人每天摄
入更多的钙、钾、镁、维生素 B_2 和维生素 B_6。Yunus 等（2019）对黑麦、燕
麦、原始小麦和野生小麦（各 20 个基因型）进行了细胞生物学研究，结果表
明，部分谷类食品含有高水平的抗氧化物质，可能有助于防止细胞系统的氧化
损伤。

1.3.1.3 产业竞争优势度的研究

在对国外产业优势度研究的文献梳理中，本书著者侧重整理了国外学者针
对产业竞争力分析中模型选择的研究，根据对已有参考资料的梳理，产业竞争
力测评模型主要以定量分析模型为主，包括显示性比较优势（RCA）指数、
Malmquist 生产率指数（MPI）、政策分析矩阵（PAM）等模型。

第一，显示性比较优势（RCA）指数。Milica Cvetkovi ć（2017）应用 RCA
指数分析塞尔维亚共和国对其农业贸易国的比较优势，指出政府要优先加强农
产品出口尤其是高品质农产品的出口份额；Gheorghe H. Popescu（2017）在评
估罗马尼亚农产品在世界市场上的竞争力过程中以土地利用率变化为例，运用
RCA 指数得出大麦、玉米、黑小麦、小麦、禽肉、油籽和烟草的相对表现，
以此正确评估罗马尼亚农业产业竞争力整体水平。

第二，Malmquist 生产率指数（MPI）。Francisco Coronado 等（2017）通
过将表征农业活动的因素作为生产率指数来计算区域的农业竞争力，并将该指
标与其他常用的社会和经济指标进行比较，结果显示，沿海地区相对于高地和
丛林地带生产竞争力更为明显。

第三，政策分析矩阵（PAM）。Betül Gürer 等（2017）评估棉花生产在盈
利能力方面的竞争力，通过构建 PAM，以国内资源成本系数（DRC）、有效
保护系数（EPC）及名义保护系数（NPC）等指标分析土耳其农业补贴政策的
效果。Betül Gürer 等（2017）除对政策效应进行二次数据分析外，还通过与
生产者进行的面对面访谈，获得了 3 个地区和 4 个高产省份的分层抽样计量数
据，运用 PAM 分析了农产品收益成本；Camila Elisa dos Santos Alves 等
（2017）使用 PAM 比较大豆、油菜和向日葵三类油料作物的经济效益和竞争

力，研究结果表明，生物柴油生产具有竞争力，大豆生物柴油的盈利能力较强。税收优惠和补贴对生物柴油生产链的盈利能力会产生积极影响，针对研究结果进一步提出提高油料作物生产技术和经济效率的两种路径。

1.3.2 国内研究综述

本书的国内研究综述基于三条思路展开。一是对农业产业化的研究，国内的研究始于20世纪80年代中后期，适逢计划经济向市场经济转轨的特殊时期，国内相关研究成果最早是基于山东省潍坊市的实践经验进一步总结出的农业产业化经营策略。现阶段国内学者对于农业产业化的研究侧重于农业产业化内涵、产业组织模式、农业产业化经营的组织形式、农业产业化主体问题及农业产业化融资问题研究。二是对杂粮产业的研究，国内对于杂粮产业的研究始于20世纪90年代。随着近年来杂粮在饮食养生领域声望逐渐增加，国内诸多学者开始关注杂粮产业。相关研究主要可归纳为杂粮成分及技术研发、杂粮种植主体的行为、杂粮产业发展状况、杂粮品牌建设、杂粮产业各环节及产业发展的影响因素等方面。三是对钻石模型和产业竞争优势度等理论的研究。

1.3.2.1 农业产业化的相关研究

（1）农业产业化内涵的研究

学者们对于农业产业化内涵持有不同的观点，崔照忠等（2014）认为在市场经济环境下，农业产业化即通过农产品生产、加工和流通等多领域不同参与主体间的合作，来实现多领域联合运行的经营过程；曹金臣（2013）、华静等（2015）、郑学党（2016）认为在市场导向作用下，生产、加工、流通等环节被有机地整合起来，种养加、产供销、农工商一条龙的全新农业生产和经营模式逐步形成。刘瑶等（2016）认为在工业化和城镇化背景下，形成的集规模化、社会化、商品化于一体的现代农业生产组织模式，其实质是通过农户的参与和龙头企业的带动，围绕市场经济环境采用现代工业的管理模式继而实现农业经营一体化的全产业过程。郑晓红等（2017）认为目前农村经济持续发展，农民经营逐渐走向规模化，以市场为导向，规模化、特色化、市场化的农业产业之路是发展必然趋势。张红琪等（2019）认为市场是农业产业化的根本，农业技术改造必须以市场为导向，现代农业的发展需借鉴工业化发展道路，通过聚集整合市场资源要素，创造和满足消费市场需求，实现农业产业经济效益和社会效益提升。

（2）产业组织模式的研究

江光辉等（2019）认为由于市场存在自发性和盲目性的特点，导致产品价格波动较大，从而影响经营收入，加入一体化产业组织的大规模养殖户与选择完全市场交易的小规模养殖户相比收益更高。严靖华等（2019）认为市场化程度是影响企业总量、小企业数量和小企业比例的重要因素，对于花卉产业组织的演化而言，市场化扮演着重要的角色，随着以提高核心竞争力为目标的生产规模的扩大，优化组织规模和结构，可以促进花卉产业的健康发展。丁存振等（2019）基于多元 Logit 模型和多元处理效应模型（MTE 模型）分析交易特性对养殖户产业组织模式选择的影响，研究发现，资产专用性、交易频率以及不确定性是影响养殖户产业组织模式选择的主要因素。霍雨佳（2018）认为农业产业集群的特征有助于发展区域品牌文化，建立信息管理系统和实施农产品质量控制，有助于提高农业产业的外部影响力和整体竞争力。

（3）农业产业化经营的组织形式研究

孙艳华等（2011）在研讨农业产业化经营的绩效问题时，重点分析了"公司＋合作社＋农户"这一组织类型带来的体制创新和经营绩效，研究结果表明，这种形式的制度创新在农业产业化过程中确立了农民的主体地位，通过利益纽带建立企业与个体农户间的协调机制是可行的。倪文等（2012）构建了农业产业化经营模式评价体系，并将农业产业化组织形式分为了龙头企业指向型、专业市场导向型、特色产业导向型三类。蔡海龙（2013）认为农业产业化经营的组织形式存在两个维度，一是纵向创新，即通过完善和优化纵向产业链，从而降低各经营主体之间的交易费用并提高整个产业链的资源配置效率；二是横向创新，即通过合理的方式适度扩大经营规模，发挥要素规模优势，从而提高农业生产效率和规模收益。钟钰（2016）利用博弈理论建模，分析了农业产业化组织的三种形式，包括龙头企业带动型、合作社联动型和合作社一体化型，比较各形式对于农民增收的促进作用，结果显示合作社一体化为最优农业产业化的组织形式，可以最大限度实现社员对利润的高要求，提高农户组织聚集度。吴本健等（2017）在农业供给侧结构性改革的背景下，尝试应用福利改进模型对照不同契约前提下农业产业化形式的产生路径，从"商品契约""嵌入合作契约"和"要素契约"三方面对当前农业产业化形式进行分析；廖业扬（2008）、徐捷（2012）、刘宇鹏（2016）也分别基于区域范畴的视角剖析农业产业化的发展实情、表现形式及绩效对比。刘畅等（2016）认为农户与农业经营组织建立联合模式，从"公司＋农户"共生系统转变为"公司＋合作组织＋农户"的共生系统。汤吉军（2019）系统分析了农业产业化的组织方式，比较了不同组织方式的优势和相互间的演化关系，探索了农业产业化组织模式的动态变化，提出完善农村生产要素市场体系、加强制度供给、优化治理环境，有利于农业产业化组织模式的演进，进而提高农业产业化的水平。戚振宇等（2020）从比较制度分析视角出发探究如何优化我国农业产业化组织模式，以提高我国农业产业化经营绩效，带动农业现代化发展，促进乡村振兴。

（4）农业产业化经营主体问题的研究

我国农业直接经营的主体是农户，农业产业化的根本动力在于专业化分工。孔祥智（2014）认为，在农业产业化发展阶段，新型农业经营主体是通过土地流转，形成的直接从事农业生产活动的个人或组织的总称，譬如生产大户、家庭农场、农民专业合作社、龙头企业等；在汪发元（2014）的研究中，农业产业化经营的主体是从事农业生产服务的单位与部门，主要包含农业开发企业、农民合作社和家庭农场；于恩顺（2015）从农业组织的属性角度，将农业产业化经营主体分为大型企业牵头、龙头企业带动、合作经营、家庭农场四种大规模主体形式；刘瑶（2016）根据农业产业化的发展成因和功能将农业产业化的主体经营人群分类为原生性传统农户（原初主体）、内生性家庭农场（基本主体）、伴生性农民合作社（协同主体）及外生性农业企业（拓展主体），根据当前农业产业发展形势，未来我国农业产业化主体经营者是家庭农场。

（5）农业产业化融资问题的研究

融资服务是新阶段下缓解种植农户与中小企业融资障碍的有效解决方案。诸多学者在产业化融资研究中主要侧重对融资的渠道来源、融资阶段存在的障碍性因素及解决产业化融资难的对策等方面进行分析。董影（2013）透过农业龙头企业的生产状况，综合分析黑龙江农业龙头企业在产业化融资进程中出现的融资渠道不畅、诚信危机等制约因素，对症下药提出解决方案；陈若愚（2014）立足河北省汤阴县农户的样本数据，首先分析了农户的金融需求因素，包括年龄、文化水平、土地规模等，进而分析出我国农村金融体制弊病；韩雪（2017）在对我国农业产业化的金融支持效率进行研究的过程中，借助 DEA-Malmquist 指数法，对产业的金融支持效率进行评估，深入分析金融效率的制约因素对农业产业化进程的影响效果。

1.3.2.2 杂粮产业的相关研究

（1）杂粮成分及技术研发的研究

部分学者结合自身研究领域对区域杂粮营养成分及产业技术研发进行了分析。仇菊（2009）以杂粮醋为研究对象，分析了杂粮醋的抗氧化性，通过对不同品牌的杂粮醋中 ABTS 自由基消除活性的测定，逐一考察总酚及蛋白质含量对杂粮醋抗氧化性的作用；刘孟健（2013）在传统冰淇淋中加入红豆、绿豆等杂粮类辅助原料并对复合品进行感官和乳酸菌活菌指标检验，运用正交试验设计调配出杂粮冰淇淋最佳复配比例；王涛（2014）通过研究加工技术以提高酚在人体中的生物利用率；谢佳函（2017）以杂粮成分中所含的多酚为研究对象，分析了国内外杂粮多酚在抗氧化、抗癌、抗心脑血管疾病功能活性的研究进展，并明确了对杂粮中结合态多酚开发的重要意义；闫晨静（2017）、林丽婷（2017）、李晟（2017）以区域性主产杂粮为研究对象，通过现代仪器分析方法对杂粮中所含营养成分进行科学测定及评价，进而得出杂粮区别于主粮所具有的明显优势；张信娟（2018）主要梳理了对黑豆的营养成分、食用效果和黑豆食品开发的研究进展。

（2）杂粮种植主体的行为研究

国内学者对于杂粮种植主体的行为研究主要包括杂粮农户生产行为研究和消费者消费行为研究。李玉勤（2010）分析了山西省杂粮农户的种植行为主要受市场环境、耕地类型、投资成本、国家政策红利释放力度、种植结构五个方面的影响；李玉勤（2013）、沙敏（2016）应用 Logistic 回归从不同年龄段的消费者偏好、购买频次，杂粮的营养价值等方面，对研究区域内消费者的杂粮消费意愿进行评判，进一步提出杂粮营销策略；吴蓓蓓（2012）在分析消费者对杂粮的消费行为的研究中采用了双栏模型，结果显示居民收入水平、杂粮价格、家庭人口受教育程度和家庭结构对于杂粮消费具有正向影响。

（3）杂粮产业发展现状、制约因素、发展对策及市场前景的分析

大多数学者选择从固定的区域视角描述杂粮产业发展的情况与产业化建设存在的问题，最终提出产业发展策略。王亮等（2015）以榆林小杂粮为研究主体，分析得出杂粮产业存在品种混杂、效益低下、规模化生产不到位、产供销脱节的问题，并提出在品种更新、产业基地建设、技术培育和开辟杂粮潜在价值等方面的举措。沙敏等（2015）从杂粮的内涵、生产消费、流通商贸、文化等环节入手，对现有杂粮产业研究进展和尚存问题进行梳理，分析出杂粮产业发展空间尚足，应重视微观层次的定量研究。甘海燕（2016）针对广西地区小杂粮的种植结构与区域布局等进行梳理，分析了当前杂粮产业发展在认知层面、科技层面、服务化层面和政策化层面存在诸多障碍，总结了广西小杂粮产业发展的对策。崔霞（2018）以山西小杂粮为研究主体，为解决小杂粮产业发展过程中存在的机械化程度低和粗放种植的问题，提出了相应的解决策略，如建立小杂粮专业合作社、引导资金投入小杂粮产业、延伸小杂粮加工产业链等。燕星宇等（2018）从多个方面分析了阻碍陕北地区小杂粮产业发展的因素，针对政府主体对小杂粮种植的扶持力度较小，小杂粮的发展严重受技术制约等问题提出了相应的解决对策。袁素华（2016）以多视角宽领域分析了目前杂粮市场的现状，从产品附加值、科技含量以及政策支持方面探究杂粮缺乏市场竞争力的主要原因，并分别针对不同经营主体给出对策建议。刘玉红等（2018）从地域、资源、出口价格等方面分析了我国杂粮产业的发展优势，研究发现杂粮产业目前较薄弱，加工方式落后且产业链不健全，并且对产业发展过程中存在的问题提出了一系列改进策略。

（4）杂粮产业品牌建设与营销环境分析的相关研究

学者们主要在区域研究范畴分析现阶段区域发展较为成型的杂粮品牌的建设情况，通过对品牌建设的层层剖析，找出品牌营销的发展路径。张雄等（2005）通过分析小杂粮的生产投入成本以及能够带来的经济效益，发现其在国内外市场中的产品优势和价格优势。刘清华（2011）通过建立模型分析出内蒙古杂粮产业营销环境存在销售模式滞后、产业不成规模、加工技术不成熟等问题并提出改进对策。宗国豪等（2017）从杂粮产业链的各个环节出发，剖析杂粮品牌建设中存在问题，并提出延伸价值链、提升产品附加值、提升组织链的紧密度、提高品牌建设效率等解决对策，以带动品牌建设走上正轨。张大众等（2017）从品牌建设入手，通过对杂粮生产现状进行分析，提出杂粮品牌创建的必要性，具体表现在提高产品品质、提升产品竞争力、促进农民增收等方面，以生产为基础，龙头企业带头发展，创造杂粮消费需求是杂粮品牌建设的有效手段。同时，提出杂粮品牌建设的必要性体现在促进杂粮品质提升和企业升级发展、提升杂粮产品市场竞争力、促农增收、满足消费者膳食结构高质需求四大方面。宗国豪等（2017）从产业链视角入手，剖析了杂粮产业品牌建设中存在的问题并从价值链、组织链、信息链、物流链四大路径提出相应完善策略。陈春茹等（2015）从长期可持续、消费者识别、促进小杂粮产业化发展三方面，分析建设山西小杂粮品牌的必要性，对于在山西小杂粮品牌建设过程中发现的问题，分别从人才、科技、营销、政府支持等方面提出了改进对策。

（5）杂粮产业金融支持体系建设分析的相关研究

罗频宇（2016）首先从促进经济发展的视角分析了甘肃省小杂粮产业发展的生态与经济意义，结合甘肃省小杂粮产业的发展现状剖析了杂粮产业发展中金融支持体系的服务制约，主要表现为政策性金融机构不足、个性化服务和多元化需求难以满足、信贷管理体制落后、杂粮保险缺失等。

（6）杂粮产业各环节的相关研究

一是杂粮生产方面。张小允等（2018）基于灰色 GM（1，1）预测模型，选取近 20 年全国小杂粮种植面积数据，测算了未来 10 年中国小杂粮的种植面积。刘猛等（2020）从国家谷子高粱产业技术体系信息平台选取数据并结合实地调研数据，分析了河北省谷子、高粱、绿豆、红小豆、燕麦、荞麦和糜子 7

种杂粮的成本与效益，从而指导种植户合理有序地开展杂粮生产。在生产技术效率方面，徐涛等（2018）以四川省凉山彝族自治州荞麦种植户微观数据为研究基础，采用随机前沿生产函数模型，分析贫困地区杂粮生产技术效率，并将贫困地区进行界定和划分，形成不同维度，探究不同贫困状况对农户杂粮生产技术效率的影响。薛文田等（2020）以四川省凉山彝族自治州348户农户的相关数据为基础，选取三阶段DEA模型以不同经营规模农户为研究对象，评价其杂粮生产的技术效率。

二是杂粮加工及营养价值方面。董良利（2008）在对山西省杂粮产业化发展的研究中提出由于学界研究的局限性致使对杂粮关注度与主粮相比差距较大，造成加工行业发展缓慢并且后劲不足；吴峰（2013）对国内外杂粮在加工环节的现状汇总后，总结出当前我国杂粮加工企业存在品质加工特性差异大、加工企业市场竞争力弱势、精深加工的加工转化率低、人力物力匮乏等突出问题，并提出解决策略。谢佳涵等（2017）以杂粮成分中所含的多酚为研究对象，综述了国内外杂粮多酚的抗氧化、抗癌等多种功能的研究进展，明确了对杂粮中结合态多酚开发的重要意义。王丽爽等（2017）选用燕麦、鲜奶作为原料，以最优配方与最佳工艺为基础，研究制成了一种新型保健酸奶，在促进消化、美容养颜等方面可发挥积极作用。

三是杂粮消费方面，李玉勤（2013），沙敏等（2016）选用Logit模型分析了影响消费者杂粮消费意愿的因素，并得出结论：家庭收入、消费者的年龄、饮食习惯、食品价格、营养价值是影响消费者杂粮消费意愿的主要因素。龚大鑫等（2012）认为随着年龄的增长，人们对食品的营养成分越来越重视，中老年人更倾向于购买小杂粮食品。

(7) 产业发展的影响因素及发展路径的相关研究

徐忠华等（2019）建立了多元回归模型，采用因子分析方法，依据产业链演化影响因素指标，验证了经济、人力等社会资源对产业链演化产生正向影响。莫修梅（2020）通过构建面板模型，发现了我国食用菌行业存在的多种问题，对其相关影响因素进行了探究分析。研究表明消费、资产、从业人数等与其产业结构调整均为正相关，并以此为依据提出了相关的积极有效建议。

灰色关联分析模型（GRA）也是众多学者在对产业发展各因素影响程度进行分析时的常用方法之一。黄漫宇等（2014）运用了灰色关联分析法，以主成分分析建立了评价体系，分析了我国绿色食品产业发展程度以及区域性差异。张倩等（2019）进行了红枣产业健康度分析，以灰色关联分析模型为基础，整合了组合模型、健康模型以及权重分析，得到了其产业健康状态的整体变化趋势，根据分析结果提出促进产业发展的具体方案。

针对产业发展路径，邓亚净等（2017）通过对西藏白朗县蔬菜产业发展的研究，对环境资源型产业进行了优劣验证分析，提出结合科技，立足根本的长久发展之道。秦俊丽（2019）研究了山西休闲农业发展现状，剖析了其存在的相应问题，整合资源，结合科学的方法提出了符合当地特色的发展路径。方敏等（2019）探索了高质量发展背景下，长江经济带产业集聚创新的发展路径，得出了政府在制定产业政策时应根据产业集聚经济效应的动态变化规律，引导不同类型产业集聚，并提出了促产升融的发展方案与特色路径。毛凤霞等（2020）运用结构方程模型，对陕西8个市的果业跨境电商进行分析，发掘其影响因素，并提出陕西果业跨境电商发展路径的提升策略。李海波等（2018）运用引力模型对西部地区高新技术产业发展的影响因素进行实证分析，得到西部地区高新技术产业发展的两条路径。

1.3.2.3　钻石模型的相关研究

20 世纪 90 年代，迈克尔·波特（Michael Porter）提出了钻石理论模型。依据此种理论模型，赵莉（2014）建立了公共部门信息增值利用产业发展的影响因素模型，并结合中国实际，进行了实证研究。秦宏等（2015）基于对远洋渔业产业特性的认识，借鉴波特钻石理论模型的分析框架，结合我国情况，构建出我国远洋渔业产业发展的影响因素模型。屠文娟（2018）以波特钻石理论模型为基础，构建了评价科技企业孵化器竞争力的指标体系。在对指标体系进行分析的同时，也对各相关影响因素与孵化器竞争力之间的关系做了定量分析。朱宗乾等（2019）以波特钻石理论模型为基础，采用相应的修正方法建立了无人经济产业钻石模型，对我国无人经济产业发展的影响因素进行了研究分析，得出了技术、资本等力量尚薄弱的结论并提出了相应的优化方案。杨军（2019）以波特钻石理论模型为理论基础，以食用菌产业为研究对象，结合贫困地区产业扶贫相关特点进行了潜力因素分析，提出了对应的产业发展策略。

1.3.2.4　产业竞争优势度的研究

农产品产业的市场竞争力在一定程度上取决于该地区农业经济发展整体水平，从以往学者的研究成果中可归纳总结出，产业竞争力模型主要以定量分析模型和定性分析模型两种模式为主。定量分析主要以主成分分析法、投入产出模型、恒定市场份额模型、企业集群竞争力模型、综合比较优势指数法为主；定性分析主要以波特钻石模型和 SWOT 分析模型为主。在对产业竞争力进行文献梳理后，分别就产业竞争优势度的定量分析及杂粮产业竞争优势度的定性分析归纳出如下研究成果，分别见表 1-1 及表 1-2。

表 1-1　产业竞争优势度定量分析模型的文献归纳

类型	研究内容
主成分分析法（PCA）	张广来等（2016）基于固定的样本分析区域和时间范围内相关统计数据，采用主成分分析法，建立了包括 5 个一级指标及下属 17 个二级指标的评价体系，测算林业产业在全国范围内的竞争变化趋势。 孔凡斌等（2017）通过对规模竞争力指标、结构竞争力指标、效率竞争力指标、创新竞争力指标和生态竞争力指标 5 大指标进行主成分分析权重测算，进而比较研究权重和排名，对林业产业提出科学布局、优化产业结构、实施低碳工程等建议。
投入产出模型（input-output）	肖雁飞等（2014）运用投入产出模型测算广东省 28 个产业间经济前向后向关联，在此基础上结合多目标规划模型进行产业结构优化和模拟分析，在环境管制政策和区域碳减排政策方面提出相关的建议。 樊爱霞等（2015）基于云南省旅游产业行情和回报收益进行旅游产业与直接、间接产业部门间的动态分析，并提出旅游产业的融合发展是实现云南经济增速的良好举措。
恒定市场份额模型（CMS）	赵亮等（2012）、蒋兴红等（2013）、佟继英等（2016）通过 CMS 模型分析产业对外贸易中市场规模、市场区域分布及竞争力在不同阶段的市场发展趋势和动态特征。
企业集群竞争力模型（GEM）	杨琼（2017）在分析热带香蕉的种植和香蕉的市场份额后应用 GEM 模型分析乐东香蕉产业集群的竞争力。结果表明，乐东香蕉竞争力超过平均水平，但"企业的结构、战略和竞争"得分较低。
综合比较优势指数法	唐江云等（2014）通过对 3 个指标的计算得出全国农产品优势指数与四川省农产品优势指数，数据测算结果显示四川省农产品的优势排名依次为油菜籽、薯类、茶叶、烟叶、水稻。 金琰等（2014）通过测算得出海南省与广东省在菠萝种植上具有优势，结合波特钻石模型进一步探讨了各主产区市场需求、接续产业、行业竞争力等方面的因素，提出菠萝产业绿色发展的策略。 覃泽林等（2015）采用综合比较优势指数法对甘蔗生产、加工、消费环节进行竞争力定量分析，并提出甘蔗产业在规模化经营、机械化收割、核心技术研发和政府宏观控制等方面的整改措施。 赵辉等（2013）通过对 1994—2013 年内蒙古自治区马铃薯生产指标进行测算，得出区位、产品和生产比及产量变动等方面的优势评判，评估马铃薯比较优势长期变动趋向。

表1-2 产业竞争优势度定性分析模型的文献归纳

类型	研究内容
波特钻石模型	何颖（2015）分析钻石模型理论在农业发展与现代农业拓展中的应用，结合理论中的若干要素对法国农业的整体发展进行要素分析，探寻农业产业化发展趋势。 刘丽娜（2017）在对福建省水产品的出口竞争力现状进行剖析后，发现福建省水产品的竞争力明显不足，运用钻石模型分析后进一步提出在信息化服务、产业价值链、开辟多元化销售渠道等方面提高福建省水产品竞争力的策略。 杨惠芳（2017）运用钻石模型对嘉兴蜗牛产业进行分析，并提出在原料供给、提高质量、接续产业、规模化经营等方面的建议。
SWOT分析模型	陈曦等（2020）运用SWOT分析模型得出河北省杂粮产业存在质量、科技实力、产业化发展优势；推广力度弱、管理粗放、规模效益低的劣势；市场需求、竞争优势明显的机遇与农户参与积极性不高、技术人才短缺、重视程度不足的威胁。 王倩（2017）针对克罗地亚赴中国旅游的客源市场进行战略分析，并从中国本土的角度提出开发多元化和专业化的旅游产品、开展各种营销和推广活动、实施简单灵活的签证政策等对策。 李梦涵（2017）运用SWOT分析模型对河北省涉外旅游人才的基本情况进行研究，结果表明，在涉外旅游人才的培养阶段，要在强化认知态度、提高语言辨识度、提升实际上岗能力等方面发力。

1.3.3 国内外研究评述

通过对国内外专家学者的研究梳理后发现，已有对杂粮产业的研究涉及杂粮的营养成分、种植加工、流通和消费等多个层面，研究呈现多元化特点，国内外研究成果显示，学界对杂粮的营养价值给予了高度评价，也为新型经营主体存在的合理性提供了理论支撑。目前国内外研究取得了一定进展和成果，同时也存在着许多不足，主要表现在以下几方面：第一，学界对于杂粮的概念缺乏统一的界定，国内外学者对杂粮定义的阐述主要基于本学科领域的研究范畴，缺乏更广阔的研究视角；第二，对杂粮产业的研究缺乏系统性，与玉米、小麦等主粮作物相比较而言，学者在挖掘杂粮产业精深层次的力度上难以与主粮研究匹敌；第三，国内外研究的侧重点不一样，国内学者的研究多是从杂粮生产者及杂粮产业链各环节入手进行的分析；国外学者主要研究杂粮的营养成分及产业竞争力；第四，杂粮产业的研究相较于其他农作物而言，研究难度大，在定量分析的模型构建中，数据获取难度大，对于杂粮产量、成本收益等方面缺乏有效的数据支撑，研究面受限；第五，国内外学者对于杂粮产业的研究主要集中在生产加工领域，对于杂粮产业金融支持体系的研究较少。

通过对国内外学者的研究进行总结，本书以黑龙江省杂粮产业为研究对象，定性定量分析相结合。在波特钻石模型的框架下对杂粮产业进行定性分析，结合研究成果选取影响杂粮产业发展的因素；对杂粮产业发展的影响因素进行定量分析，基于对消费者消费意愿和影响因素调研的基础上分析市场营销组合策略；对杂粮产业竞争优势进行实证分析，最终提出杂粮产业发展的路径。

1.4　研究内容及研究方法

1.4.1　研究内容

基于波特钻石理论模型的分析框架，分析黑龙江省杂粮产业发展现状，构建回归模型进行回归分析得出黑龙江省杂粮产业发展的影响因素，利用综合比较优势指数的测算框架分析黑龙江省杂粮产业发展竞争力，运用市场营销组合理论分析黑龙江省杂粮市场营销策略，进而提出促进杂粮产业发展的路径。主要研究内容如下：

第一，相关概念的界定以及理论基础的梳理。明确所涉及的杂粮、杂粮产业、产业结构等相关概念以及波特钻石理论、产业关联理论、农业产业化理论等理论基础，进行归纳总结，为后文的研究奠定理论基础。

第二，黑龙江省杂粮产业发展现状及分析。从杂粮播种面积、生产水平和生产区域分布等生产现状出发，在波特钻石理论模型分析框架之下，从杂粮生产资源，杂粮及产品的市场需求，杂粮产业结构，杂粮企业战略、企业结构和同行竞争，政府支持政策，杂粮产业发展机遇等六个方面对黑龙江省杂粮产业发展进行定性分析。

第三，黑龙江省杂粮产业发展影响因素的实证研究。构建多元回归模型对各影响因素进行分析，分析各影响因素对黑龙江省杂粮产业发展的影响程度。

第四，黑龙江省杂粮产业发展竞争力研究。选取具有代表性的高粱、谷子、绿豆、红小豆为主要品种分析黑龙江省杂粮竞争力，利用综合比较优势指数的测算框架，定量分析黑龙江省杂粮的播种面积、单产和产业发展的专业化程度，综合评判杂粮产业发展的比较优势与市场竞争力状况。

第五，黑龙江省杂粮产业营销策略与营销创新研究。从政治、经济、文化、人口、技术等因素入手，分析黑龙江省杂粮市场营销组合策略的现状和存在问题，并在调查研究的基础上定性分析消费者的杂粮消费意愿及其影响因素。

第六，提出黑龙江省杂粮产业发展的路径。结合杂粮产业发展现状，针对黑龙江省杂粮发展的影响因素、黑龙江省杂粮发展竞争力、黑龙江省杂粮市场营销组合等方面提出产业发展路径。

1.4.2　研究方法

（1）文献分析法

阅读国内外相关文献，并进行整理和分析，借鉴在杂粮生产、加工、市场前景、发展对策建议等方面的研究成果。

（2）波特钻石模型

本书综合运用产业关联理论和波特钻石理论，结合黑龙江省杂粮产业发展现状，基于钻石模型的分析框架，从杂粮生产资源，杂粮及产品的市场需求，杂粮产业结构，杂粮企业战略、企业结构和同行竞争，政府支持政策，杂粮产业发展机遇等六个方面对杂粮产业的发展进行相关定性分析。

（3）回归分析

在影响因素的筛选上，综合运用相关性分析和主成分分析法，在因变量获取时运用投入产出法计算农业关联产业内部结构的比例，根据比例对杂粮产业产值进行估算，构建多元线性回归模型对黑龙江省杂粮产业影响因素进行定量分析，分析各影响因素对杂粮产业发展的影响程度。

（4）SWOT 分析模型

采用 SWOT 分析模型对黑龙江省杂粮产业的发展机遇、威胁、优势和劣势进行定性评价，明确黑龙江省杂粮产业发展的内外部环境特征。

（5）综合比较优势指数法

采用综合比较优势指数法，进一步从黑龙江省杂粮的播种面积、单产和产业发展的专业化程度分析黑龙江省杂粮产业竞争力状况。

（6）PEST 分析法

PEST 分析法是用来进行企业外部环境战略分析的基本工具，它通过对政治、经济、社会和技术四个方面的因素分析从总体上把握宏观环境，并评价这些因素对企业战略目标和战略制定的影响。

（7）问卷调查法

通过问卷调查，从被调查者的基本情况、消费者对杂粮的认知情况、消费者的消费动机和消费者的消费习惯和行为等四个方面对消费者的杂粮消费意愿和影响因素进行调查分析。

2 相关概念及基础理论

2.1 相关概念

2.1.1 杂粮

相对于水稻、小麦等"细粮"而言,杂粮一般被称为"小杂粮""粗粮"。罗频宇(2015)认为杂粮是相对于大宗粮食作物来说的,是除了玉米、小麦、水稻、大豆、薯类以外的小宗粮豆作物。杂粮的生长时间短,与大宗粮食相比种植面积相对较小,种植的方法也比较特殊。杂粮本身具有小、少且杂的特点,在种植过程中种植方式灵活,同时还具有抗旱、耐瘠、抗逆性强的特性。杂粮含有较为丰富的营养成分,口味也独具特色,同时具备养生保健的功效。杂粮包括的主要作物有:高粱、谷子、荞麦、燕麦、糜子、芸豆、绿豆、红小豆、蚕豆、豌豆、黑豆等。

本书关于杂粮的数据均来自历年《黑龙江省统计年鉴》以及《中国农村统计年鉴》,其中,对于杂粮作物的播种面积以及产量统计比较少,只统计了谷子、高粱、大麦、燕麦、荞麦、绿豆、红小豆、芸豆等作物的情况,结合黑龙江省杂粮种植情况,本书所研究的杂粮作物主要包括谷子、高粱、绿豆、红小豆、芸豆等。

2.1.2 杂粮产业

在现代经济学基本理论中,"产业"是微观经济和宏观经济之间一个集合的概念,在国民经济的发展中发挥着重要作用,是以某一标准进行划分的部分,是由彼此之间存在利益关系但是拥有不同分工的各个行业组成的集合。

本书将杂粮产业定义为围绕杂粮而进行的生产、加工、流通、消费等各环节及产前、产中、产后等各领域结合起来按照农业产业化的方式组织形成的完整产业链条，是一个从生产领域到消费领域跨越多个产业、行业及部门的经济活动的总称。

本书研究的黑龙江省杂粮产业包括化肥、农药、农机设备等产前投入环节，产中杂粮生产环节，以及加工、流通服务等产后环节。杂粮产业所涉及的各个环节如图 2-1 所示。

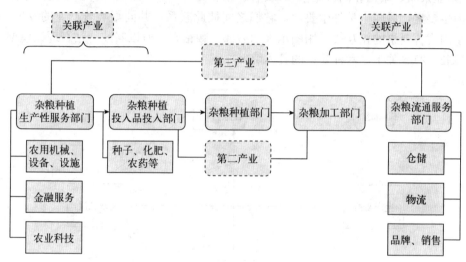

图 2-1 杂粮产业内涵示意

2.1.3 产业结构

苏东水（2015）在《产业经济学》一书中提出产业结构是指国民经济中第一、二、三产业之间在数量上的内部比例关系，以及各产业之间的技术经济联系与组合方式。产业结构处于变动的状态，在不同的经济发展阶段，各产业部门的产业构成关系和比例关系会呈现不同的特征，产业结构的变化存在着两面性，促进某些行业发展的同时可能会对其他行业的生存造成威胁。产业结构的变动体现了产业内部的变化趋势，反映了一个国家的发展情况。对于产业结构的评估一般从"质"与"量"这两个角度去进行综合的考量，从"质"的角度来看，可以从不同产业之间发现技术与经济的联系，从"量"的角度来看，可以依据产业间投入和产出情况研究各产业间关联关系。

本书从"量"的角度出发，利用投入产出法计算杂粮产业所涉及的各部门的总产出，进而得到杂粮产业内部各环节比例构成。

2.2 基础理论

2.2.1 波特钻石理论

迈克尔·波特在1990年《国家竞争优势》一书中提出钻石模型理论，给出了产业分析的框架，包括"生产要素""需求状况""相关与支持性产业""企业策略、结构和同行竞争""政府"和"机遇"等六个要素，其中前四个是内生要素，后两个是外生要素，它们之间彼此联系，共同影响着产业的发展，正因为各要素的相互关系用图示表达后像一颗钻石，所以叫波特钻石理论模型（图2-2）。关于这六种要素的具体解释如下：

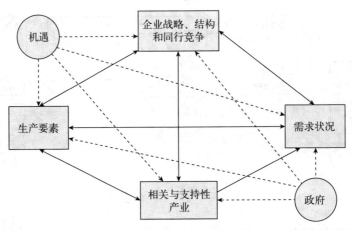

图2-2　波特钻石理论分析框架

（1）生产要素

生产要素可分为初级要素和高级要素，初级要素包括自然资源、气候资源、地理位置以及劳动力资源（非技术或者半技术工人）；高级要素包括现代信息技术、高科技人才以及科研基础设施等。前者是先天得来的，或经过简单的投资即可获得的，而后者则是后天不断开发创造的，需要通过个人、企业或者政府长期的投入才能得到。各种生产要素在生产过程中发挥着不同的作用，对于性质不同的企业，生产要素的作用也不同，同时企业对生产要素需求程度也不同。

（2）需求状况

需求状况是指对产品或者服务的国内市场需求，市场需求可以促进企业在技术上不断改革创新，提高产品品质，成为企业发展的动力源泉。需求要素主要包括需求的性质、规模以及增长的速度，这些都会对产业的发展产生影响。

（3）相关与支持性产业

相关与支持性产业是指某一产业上游的供应商或者与之相关的影响该产业发展的关联产业。健全而有竞争力的相关产业可以构成某一产业的潜在优势，一条完整、丰富的产业链对于产业发展具有重要作用，可以使整个产业竞争力变得更强。

（4）企业战略、结构和同行竞争

企业战略、结构和同行竞争，主要指企业内部的经营战略以及同行竞争者的经营战略对企业本身竞争力的影响。该因素包含企业的组织和管理、企业的目标和战略、国内竞争对手的条件等。波特认为一国的产业竞争主体对于产业创新以及产业国际竞争力的形成至关重要。

（5）政府

政府本身不能带来产业竞争力，但政府会对各个因素产生或正或负的影响，产业的发展离不开政府的政策支持，政府可以起到强化和加强产业竞争优势的作用，并提振企业的信心。

（6）机遇

机遇是企业以及政府不可控制的要素，会对体系中四个内生要素产生影响，使四个要素发生变化。

2.2.2　产业关联理论

产业关联理论，也叫产业联系理论，或投入产出理论，是指企业经济资本流动环节存在的技术或经济联系，主要研究产业之间的中间投入与中间产出关系，通过数量比值说明产业间的技术与经济联络。

20 世纪 30 年代，产业关联理论在美国率先被提出，最早的产业关联理论是由美籍俄裔经济学家里昂惕夫提出的，该理论借鉴了古典经济学中经济是一个系统的观点，在前人研究基础之上糅合了马克思再生产论，均衡论和国民收入理论的部分思想而建立发展起来的。

里昂惕夫认为产业联系理论、投入产出理论都可被称为产业关联理论的等同理论。产业关联理论包含了产业经济发展过程的两个环节（投入、产出），研究了供给与需求之间的关系。在研究产业经济中的投入产出问题时，通常以基本关系式为基础，基本关系式指：中间产品和最终产品之和等于总产品，物质消耗与净产值之和等于总产值。产业关联理论用途十分广泛，包括探索相关产业前后关联关系以及分析产业之间的感应度和影响力。

产业关联的表现形式是指各产业部门之间产生的互为关联依存的不同形

式。在市场经济环境下，某一产业的行业动态格局势必会对与其相关的产业造成影响。表现形式可概括为直接关联与间接关联两类。直接关联是指各产业之间在技术改造、深加工等方面产生的直接的投入产出联系，如"杂粮种植＋杂粮食品加工"；间接关联是指各产业之间相互依附而形成的间接投入产出关联，如"粮食加工业＋农业机械制造业＋种植业"，使得原本独立的产业部门发展成为内外统一合作的社会经济联合部门。

在产业关联理论基础上，本书研究杂粮生产与投入部门和农资产业的后向关联，以及和运销服务业的前向关联，同时在投入产出法基础上深入探究杂粮产业的产业关联关系。

2.2.3　产业组织理论

产业组织是指同一产业部门或某一产业的某一行业之间形成的市场关系与组织形式，其中，同一产业部门或某一产业的某一行业间市场关系是指产业部门之间依据不同程度的垄断和竞争进行区别的市场形式，包括完全竞争型、垄断竞争型、寡头垄断型和单一垄断型四种。这些形式分别反映了同一产业内不同企业的市场容量和市场地位，以及由此衍生出超额利润的获取能力和核心竞争力的长期维系能力等。产业组织的形式，不仅取决于企业的专业化程度和合作程度，也取决于行业内企业间垄断与竞争的组合形式。

产业组织理论是产业经济学中至关重要的思想，主要用于解决企业的规模经济效应和企业竞争活力之间的主体矛盾。

产业组织理论表明，分散化的市场构成往往会引来更激烈的市场竞争，结果导致更小的利润空间。当下杂粮产业，不论是种植环节，或者是加工环节，其带来的经济利润通常较少，大多与涣散的行业竞争格局有着密切的联系。根据产业组织理论，较高程度的产业聚集有助于提高利润率（Bain，1951），而目前杂粮市场的产业形态限制了产业竞争的总体趋势，难以满足日益兴盛的产业环境，丧失了获得产业链高回报的机遇。

2.2.4　农业产业化理论

农业产业化理论最早出现在20世纪50年代初的美国，然后从美国陆续传入加拿大、西欧等国家或地区。倪斋晖（1999）认为中国的农业产业化的出现是在1993年，在山东省总结农业和农村发展经验的时候，农业产业化作为新的农业发展战略被首次提出。农业产业化理论是指将市场需求作为产业发展的方向，产品作为产业发展的关键，以加强产业各环节经营主体间的合作为重点，以实现资源优化配置为目的，通过市场布局，将影响生产的各个因素都进行优化处理，提高农业的经济效益，从而提升生产加工的专业性、企业专业化管理水平，形成产学研相结合的发展方式。农业产业化将生产、加工和销售等环节不断整合，进而形成了一个完整的农业产业化体系，农业产业化体系的逐渐形成有利于提高农业的经济效益，促进农民收入的增加，同时还巩固了农业的重要地位，最终使农户、加工企业、农业服务业等主体的经济效益都得到了显著提升，实现了共赢。

对于黑龙江省杂粮产业来说，要将市场作为杂粮产业发展的导向，以杂粮的加工作为推动，加强杂粮生产、加工、销售各环节的联结，形成杂粮产业化体系，实现生产的规模化，提升杂粮产业的经济效益。

2.2.5 市场营销组合理论

"营销组合"这一概念是由美国哈佛大学教授尼尔·博登率先提出来的，而美国市场营销专家杰罗姆·麦卡锡第一次提出了"4P营销组合"理论，4P指产品（Product）、价格（Price）、渠道（Place）和促销（Promotion），4P营销组合中各个策略相辅相成，缺一不可。

产品策略是4P理论中最基础也是最关键的要素，企业在制定经营战略时，一定要先弄清楚哪些产品与服务能够满足顾客的需求。产品是企业为满足目标市场上消费者或用户需要而开发的任何有形物质产品和非物质形态的服务的统一体。产品策略包括产品整体概念与产品分类、产品组合策略、产品生命周期、新产品开发、品牌策略和包装策略。

价格策略又称定价策略，指根据产品制定不同的价格，价格策略的制定应该与商品的价值相契合，另外也需要满足企业利润最大化的目标。影响价格的主要因素有需求、竞争、成本。价格与市场需求正向相关，市场的占有份额决定了产品竞争力。成本是价格制定时优先考虑的重点，决定了价格下限，而消费者估值是产品定价的上限，超过了这个上限就没有需求。定价策略，如心理定价、折扣定价、地区定价等定价方法的应用要因地制宜。

渠道策略解决的是在什么时间、什么地点、由谁来销售产品的问题，是企业在销售产品时所选择的销售渠道，选择不同的分销商销售或者网络渠道商销售产品会产生不同的效果，当然终极目标都是为了提升销售产品的效率。企业向消费者提供产品和服务，不仅是为了与消费者建立关系，也是为了与供应链中的主要供应商和分销商建立关系。供应链分为上中下游三部分，上游提供原材料、零部件，中游是核心制造环节，下游是面向消费者的营销渠道，市场营销中的渠道主要是指下游面向消费者的营销渠道。

促销策略指通过各种不同的形式促进产品销售的策略，包括广告、人员推销、营业推广、公共关系策略等。广告是用商业宣传的手段来介绍产品，在建立知名度和形象方面的效果优于其他促销手段。人员推销是指企业运用推销人员直接向顾客推销产品和劳务的一种促销活动。营业推广也称销售促进，是指那些旨在激发消费者购买和提升经销商销售效率的非常规、非经常性的销售尝试。公共关系策略是指企业在从事市场营销活动中，正确处理企业与公众的关系，以便树立企业的良好形象，从而促进产品销售的一种活动。

2.2.6　计划行为理论

计划行为理论是由 Icek Ajzen 在 1988 年提出的，认为人的行为是处在控制之下的，态度、主观规范、知觉行为控制、行为意向和行为是计划行为理论的五要素，在消费者行为研究中计划行为理论具有一定的权威性。

态度是指个人对该项行为所抱持的正面或负面的感觉，即指个人对此特定行为的评价经过概念化之后所形成的认识，所以态度经常被视为个人对此行为结果的显著信念的函数。主观规范是指个人对于是否采取某项特定行为所感受到的社会压力，即在预测他人的行为时，那些对个人的行为决策具有影响力的个体或团体对于个人是否采取某项特定行为所发挥的影响作用大小。知觉行为控制反映的是个人过去的经验和预期的阻碍，当个人认为自己所掌握的资源与机会愈多、所预期的阻碍愈少，则对行为的知觉行为控制就愈强。而其作用的方式有两种，一是对行为意向具有动机上的影响；二是能直接预测行为。行为意向是指个人对于采取某项特定行为的主观概率的判定，它反映了个人对于某一项特定行为的采纳意愿。行为是指个人实际采取行动的行为。

行为受到三个因素的影响，即态度、主观规范和知觉行为控制。

2.3　本章小结

本章梳理了杂粮、杂粮产业以及产业结构的概念，并对本书中所研究的黑龙江省杂粮产业进行界定。在此基础上，梳理了基础理论，即波特钻石理论、产业关联理论、农业产业化理论等。

3 黑龙江省杂粮产业环境分析

3.1 黑龙江省杂粮产业发展 PEST 分析

PEST 分析是指对宏观环境的分析，主要是指对政治（Politics）、经济（Economy）、社会（Society）和技术（Technology）这四大类主要外部环境因素进行分析。

3.1.1 政治环境分析

《"健康中国 2030"规划纲要》指出要深入开展食物（农产品、食品）营养功能评价研究，引导居民形成科学的膳食习惯。要促进健康产业规模显著扩大，建立起体系完整、结构优化的健康产业体系，形成一批具有较强创新能力和国际竞争力的大型企业，成为国民经济支柱性产业。加强食品安全监管，完善食品安全标准体系，实现食品安全标准与国际标准基本接轨。加强食品安全风险监测评估，到 2030 年，食品安全风险监测与食源性疾病报告网络实现全覆盖。全面推行标准化、清洁化农业生产，深入开展农产品质量安全风险评估，推进农兽药残留、重金属污染综合治理，实施兽药抗菌药治理行动。加强对食品原产地指导监管，完善农产品市场准入制度。建立食用农产品全程追溯协作机制，完善统一权威的食品安全监管体制，建立职业化检查员队伍，加强检验检测能力建设，强化日常监督检查，扩大产品抽检覆盖面。加强互联网食品经营治理。加强进口食品准入管理，加大对境外源头食品安全体系检查力度，有序开展进口食品指定口岸建设。推动地方政府建设出口食品农产品质量安全示范区。推进食品安全信用体系建设，完善食品安全信息公开制度。健全从源头到消费全过程的监管格局，严守从农田到餐桌的每一道防线，让人民群众吃得安全、吃得放心。《中国食物与营养发展纲要（2014—2020 年）》也指出要构建居民营养改善体系，引导居民合理膳食，到 2020 年，全国人均摄入能量 2 200～2 300 千卡/日，其中，谷类食物供能比不低于 50%。

专栏 3-1

　　平衡膳食模式是最大程度保障人体营养和健康的基础，食物多样是平衡膳食模式的基本原则。坚持谷类为主，特别是增加全谷物摄入，有利于降低 2 型糖尿病、心血管疾病、结直肠癌等与膳食相关的慢性病的发病风险，以及减少体重增加的风险。建议一般成年人每天摄入的食物中含谷薯类 250～400 克，其中全谷物和杂豆类 50～150 克，薯类 50～100 克。

　　主食摄入应注意增加全谷物和杂豆类食物，因为加工精度高的谷类，会引起人体较高水平的血糖应答。烹调主食时，大米可以全谷物稻米（糙米）、杂粮（燕麦、小米、荞麦、玉米等）以及杂豆（红小豆、绿豆、芸豆、花豆等）搭配食用，传统的二米饭、豆饭、八宝粥等都是增加食物品种、实现粮食粗细搭配的好选择。谷类蛋白质中赖氨酸含量低，豆类蛋白质中富含赖氨酸，但甲硫氨酸含量较低，谷类和豆类食物搭配，可通过蛋白质互补作用提高蛋白质生物价。全谷物如小米、玉米、燕麦、全麦粉等都可以直接作为主食食用。一日三餐中至少一餐的主食食用全谷物和杂豆类，如早餐吃小米粥、燕麦粥、八宝粥、绿豆粥等，在午餐、晚餐的主食烹饪中，可在小麦面粉中混合玉米粉、绿豆粉，或者选用全麦粉；或在白米中放一把糙米、燕麦、红小豆、绿豆等（全谷物宜占比 1/3）来烹制米饭；各种豆馅也是烹制主食的好搭档。（摘自《中国居民膳食指南 2016》）

　　国家从政策上积极引导特色杂粮生产种植布局规划。2016 年中央 1 号文件提出要划定粮食生产功能区，大力发展优质特色杂粮。《全国种植业结构调整规划（2016—2020 年）》提出对于薯类杂粮种植，要扩大面积、优化结构。《2016 年全国杂粮生产指导意见》从区域范围、自然条件、生产情况等三个方面对东北、华北、西北、青藏四个杂粮区作了分析并分别提出了发展对策。《特色农产品优势区建设规划纲要（2017）》鼓励在黄土高原区、内蒙古及长城沿线区、东北地区打造国家级特色粮豆特优区。2019 年中央 1 号文件指出要因地制宜发展多样性特色农业，积极发展杂粮杂豆、薯类等产业。2021 年黑龙江省农业农村厅印发《黑龙江省 2021 年农作物优质高效品种种植区划布局》，提出要扩大杂粮杂豆等高值高效经济作物种植面积，并主要针对高粱、谷子、杂豆等在不同积温带的适宜品种进行规划布局。

农机具购置补贴政策大大提高了农业机械化水平。《国务院关于加快推进农业机械化和农机装备产业转型升级的指导意见》（国发〔2018〕42号）和农业农村部办公厅、财政部办公厅印发的《2021—2023年农机购置补贴政策实施指导意见》（农办计财〔2021〕8号）明确支持引导农民购置使用先进适用的农业机械，引领推动农业机械化向全程全面高质高效转型升级，加快提升农业机械化产业链现代化水平。一是扩大补贴范围。将粮食、生猪等重要农畜产品生产所需机具全部列入补贴范围，应补尽补。将杂粮色选机、高秆作物割晒机等机具纳入农机购置补贴范围，暂不在补贴范围的创新产品也可通过农机新产品试点、农机专项鉴定等渠道按程序纳入补贴。二是提高补贴比例。提升部分重点补贴机具补贴额，测算比例从30%提高到35%，包括水稻插（抛）秧机、重型免耕播种机、玉米籽粒收获机等粮食生产薄弱环节所需机具，丘陵山区特色产业发展急需的新机具以及其他智能、复式、高端产品。

黑龙江省利用政策引导本省杂粮产业科技创新和绿色发展。黑龙江是全国粮食生产第一大省，也是杂粮杂豆等农产品重要产区和调运区。黑龙江省聚焦实施"三大提升工程"加快农业科技创新推广。2021年，黑龙江省人民政府办公厅发布《关于加快农业科技创新推广的实施意见》，提出深入实施现代种业提升工程，在杂粮杂豆等领域，逐步缩小与国际国内水平差距；实施农产品加工重大关键技术攻关提升工程，强化杂粮加工产业等百亿级重大关键技术攻关支撑。黑龙江省印发《关于进一步加强绿色食品和有机食品质量管理的意见》（黑农厅规〔2021〕2号）以加强绿色食品和有机食品质量管理，严格落实质量安全管理职责，强化绿色食品全过程质量安全监管，提高绿色食品和有机食品竞争力，打造绿色食品产业强省。

3.1.2 经济环境分析

经济环境一般是指企业营销活动所面临的外部社会经济条件，其运行状况和发展趋势会通过影响消费者购买力和消费方式等，对企业造成直接或间接的影响。对我国杂粮产业的经济环境分析将从经济整体发展情况和消费者的消费能力两个方面进行。

（1）经济整体发展情况

近年来，我国经济发展总体保持稳健增长。主要表现在以下三个方面：

第一，经济发展总体保持持续稳步增长的趋势。2019年国内生产总值为986 515.2亿元，较2018年增长7.3%；人均国内生产总值为70 078元，较2018年增长6.9%；国民总收入为983 751.2亿元，较2018年增长7.49%；

人均国民总收入 69 881 元，较 2018 年增长 7.1%。2020 年受新冠疫情影响，增速放缓，但仍然保持增长的态势，国内生产总值、人均国内生产总值、国民总收入和人均国民总收入等指标增速在 2%～3% 之间（表 3-1）。

表 3-1　2011—2020 年经济发展总体情况

年份	国内生产总值/亿元	人均国内生产总值/元	国民总收入/亿元	人均国民总收入/元
2011	487 940.2	36 277	483 392.8	35 939
2012	538 580.0	39 771	537 329.0	39 679
2013	592 963.2	43 497	588 141.2	43 143
2014	643 563.1	46 912	644 380.2	46 971
2015	688 858.2	49 922	685 571.2	49 684
2016	746 395.1	53 783	742 694.1	53 516
2017	832 035.9	59 592	830 945.7	59 514
2018	919 281.1	65 534	915 243.5	65 246
2019	986 515.2	70 078	983 751.2	69 881
2020	1 015 986.2	72 000	1 008 782.5	71 489

数据来源：《中国统计年鉴 2021》。

第二，农业经济发展水平持续提升。在我国经济不断稳健发展的同时，我国农业经济水平持续提升。2020 年，农业总产值为 81 103.9 亿元，较 2019 年增长 10.2%，粮食产量66 949.2万吨，较 2019 年增长 0.9%（表 3-2）。

表 3-2　2011—2020 年农业经济发展总体情况

年份	农业总产值/亿元	增长率/%	粮食产量/万吨	增长率/%
2011	46 122.6	—	58 849.3	—
2012	50 581.2	9.7	61 222.6	4.0
2013	54 692.4	8.1	63 048.2	3.0
2014	57 472.2	5.1	63 964.8	1.5
2015	59 852.6	4.1	66 060.3	3.3
2016	62 451.0	4.3	66 043.5	0
2017	64 660.0	3.5	66 160.7	0.2

（续）

年份	农业总产值/亿元	增长率/%	粮食产量/万吨	增长率/%
2018	67 558.7	4.5	65 789.2	-0.6
2019	73 576.9	8.9	66 384.3	0.9
2020	81 103.9	10.2	66 949.2	0.9

数据来源：《中国统计年鉴2021》。

第三，居民收入水平不断提高。市场是由有购买需求和购买力的消费者构成的，市场规模的大小取决于消费者购买力的大小，而购买力的大小归根结底取决于居民收入的多少。我国居民收入不断提高，2019年我国居民人均可支配收入为30 732.8元，较2018年增长8.9%；其中，城镇居民和农村居民人均可支配收入分别为42 358.8元和16 020.7，分别较上年增长7.9%和9.6%，农村居民人均可支配收入增长率高于城镇居民。2020年受新冠疫情影响，增长速度放缓（表3-3）。

表3-3 2014—2020年居民人均可支配收入水平

年份	居民人均可支配收入/元	增长率/%	城镇居民人均可支配收入/元	增长率/%	农村居民人均可支配收入/元	增长率/%
2014	20 167.1	—	28 843.9	—	10 488.9	—
2015	21 966.2	8.9	31 194.8	8.2	11 421.7	8.9
2016	23 821.0	8.4	33 616.2	7.8	12 363.4	8.2
2017	25 973.8	9.0	36 396.2	8.3	13 432.4	8.6
2018	28 228.0	8.7	39 250.8	7.8	14 617.0	8.8
2019	30 732.8	8.9	42 358.8	7.9	16 020.7	9.6
2020	32 188.8	4.7	43 833.8	3.5	17 131.5	6.9

资料来源：《中国统计年鉴2021》。

（2）消费者的消费能力

随着人均可支配收入水平的提高，居民消费水平也相应提高，2019年我国居民人均消费支出为21 558.9元，较上年增长8.6%，其中，城镇居民人均消费支出28 063.4元，较上年增长7.5%，农村居民人均消费支出为13 327.7元，较上年增长9.9%（表3-4）。2020年受新冠疫情影响，在城镇居民人均消费支出水平下降的情况下，农村居民人均消费支出不降反升，这足以看出农村居民的消费潜力。

表 3-4　2014—2020 年居民人均消费支出水平

年份	居民人均消费支出/元	增长率/%	城镇居民人均消费支出/元	增长率/%	农村居民人均消费支出/元	增长率/%
2014	14 491.4	—	19 968.1	—	8 382.6	—
2015	15 712.4	8.4	21 392.4	7.1	9 222.6	10.0
2016	17 110.7	8.9	23 078.9	7.9	10 129.8	9.8
2017	18 322.1	7.1	24 445.0	5.9	10 954.5	8.1
2018	19 853.1	8.4	26 112.3	6.8	12 124.3	10.7
2019	21 558.9	8.6	28 063.4	7.5	13 327.7	9.9
2020	21 209.9	−1.6	27 007.4	−3.8	13 713.4	2.9

资料来源：《中国统计年鉴 2021》。

随着收入水平的提高，居民对于食品消费的质量和安全性要求会越来越高。杂粮含有丰富的微量元素、蛋白质和多种氨基酸，应成为人们合理膳食结构中不可或缺的一部分。

3.1.3　社会环境分析

城市人群消费观念的转变和消费需求层次的提高为杂粮产业提供了广阔的市场。经济的快速发展在提高人民生活水平的同时，也带给都市居民前所未有的生活和工作压力，人们倾向于选择更加健康的生活方式。社会环境分析主要从人口因素和消费者购物习惯两个层面进行。

（1）人口因素

市场是由有购买欲望和购买能力的消费者构成的，这决定了市场的规模和容量，因此人口环境是市场营销环境中很重要的因素之一。人口规模、年龄结构、性别比例、家庭结构、民族结构、人口地理分布等情况的变化对企业营销活动都会产生深刻的影响，企业需要重视对人口环境的分析，根据人口环境的变化及时调整营销策略。

我国人口环境总体呈现两种趋势：

第一，城市化进程加快。截至 2020 年末，城镇人口数量达到 9.02 亿，较 2011 年增长 29.02%，乡村人口数量为 5.10 亿，较 2011 年减少 21.54%（表 3-5）。城市化进程的加快使得城市人口越来越多，收入水平也随之提高，人们对于农产品尤其是高端农产品的需求越来越旺盛。

表 3-5 2011—2020 年人口构成（按城乡划分）及占比

单位：万人，%

年份	城镇		乡村	
	人口数	比重	人口数	比重
2011	69 927	51.83	64 989	48.17
2012	72 175	53.10	63 747	46.90
2013	74 502	54.49	62 224	45.51
2014	76 738	55.75	60 908	44.25
2015	79 302	57.33	59 024	42.67
2016	81 924	58.84	57 308	41.16
2017	84 343	60.24	55 668	39.76
2018	86 433	61.50	54 108	38.5
2019	88 426	62.71	52 582	37.29
2020	90 220	63.89	50 992	36.11

资料来源：《中国统计年鉴 2021》。

第二，老龄化日趋严重。截至 2020 年末，65 岁及以上人口数量约为 1.91 亿人，占比 13.5%，总抚养比从 2011 年的 34.4% 上升到 45.9%，其中老年抚养比持续上升，从 2011 年的 12.3% 上升到 19.7%，少儿抚养比从 2011 年缓慢增长，从 2011 年的 22.1% 上升到 2020 年的 26.2%，无论是 65 岁及以上人口数量的不断增加还是老年抚养比的不断上升都反映了我国老龄化日趋严重（表 3-6）。老年人越来越重视健康，这将给保健食品、营养食品以及老年人休闲娱乐用品企业带来巨大的商机。中医有"药食同源"的说法，五谷杂粮的药性既可以用来防治疾病，又经济实用，且没有副作用，杂粮企业应不断设计和提供更多的产品和服务，为消费者供应高品质绿色杂粮食品。

表 3-6 2011—2020 年人口年龄结构及抚养比

单位：万人，%

年份	65 岁及以上人口	比重	总抚养比	少儿抚养比	老年抚养比
2011	12 277	9.1	34.4	22.1	12.3
2012	12 777	9.4	34.9	22.2	12.7
2013	13 262	9.7	35.3	22.2	13.1
2014	13 902	10.1	36.2	22.5	13.7

（续）

年份	65 岁及以上人口	比重	总抚养比	少儿抚养比	老年抚养比
2015	14 524	10.5	37.0	22.6	14.3
2016	15 037	10.8	37.9	22.9	15.0
2017	15 961	11.4	39.3	23.4	15.9
2018	16 724	11.9	40.4	23.7	16.8
2019	17 767	12.6	41.5	23.8	17.8
2020	19 064	13.5	45.9	26.2	19.7

资料来源：《中国统计年鉴 2021》。

（2）消费者购物观念

近年来，传统零售业态加速数字化转型。截至 2021 年 6 月，我国网络购物用户规模达 8.12 亿，较 2020 年 12 月增长 2 965 万，占网民整体的 80.3%（图 3-1）。

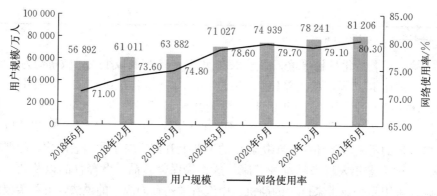

图 3-1　2018 年 6 月—2021 年 6 月网络购物用户规模及网络使用率
资料来源：《CNNIC 中国互联网络发展状况统计调查》（2021 年 6 月）

消费者购买决策过程一般分为五个阶段（图 3-2）：问题认知、信息搜索、产品评估、购买决策、购后评价。消费者有时没有明确的需求，只有模糊的需求，而后通过个人来源、商业来源、经验来源和公共来源搜索信息，根据这些信息对产品和备选方案进行评估，形成确定的购买意向后进行购买，并做出购后评价。这个购买决策过程虽然相对固定，但是消费者购买行为随着网络和移动终端的发展而产生了新的变化。

对于线下渠道来说，消费者进入线下渠道浏览商品，根据自己的经验信息来判断需要什么，训练有素的推销员通过引起消费者的注意、培育消费者的兴

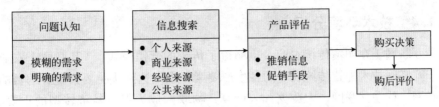

图 3-2　消费者购买决策过程

趣从而激发消费者的购买欲望、形成记忆，最后促成消费者采取购买行动（图 3-3）。线下渠道的消费者会有购后评价，但是这种购后评价相对是比较隐性的，评价信息只会对其身边的亲朋好友产生影响。

图 3-3　爱德玛（AIDMA）模式
资料来源：孟韬：《市场营销：互联网时代的营销创新》，中国人民大学出版社，2018。

　　随着互联网和移动终端的发展，人们的消费行为发生了变化，虽然广告和促销手段仍然会影响人们的消费选择，但在明确了需要之后，人们就会在网上进行搜索，产生购买行为并在网络上分享评论，其他消费者在网络上进行搜索时会根据已有的分享评论来进行产品评估，对备选方案进行评价（图 3-4）。在这个模型中，消费者从网络搜索开始到购后分享的全过程由过去的被动参与消费变成主动参与消费。

图 3-4　互联网时代的 AISAS 消费者行为模式
资料来源：孟韬：《市场营销：互联网时代的营销创新》，中国人民大学出版社，2018。

　　在大数据时代，人们的需求愈发多元化，人们希望自己的消费可以彰显个性，个性化和定制化将成为市场营销的主流。在交互式媒体兴起时代，消费者不仅仅是信息的接收者，还可以是信息的发布者，传播不再是单向的，而是双向的，通过持续地参与，他们将自己的想法不断通过社交平台传递给企业，使得企业能够更有效地识别消费者需求，对产品或服务进行设计、定价、分销和促销，更有针对性地调整企业的营销活动，进行差异化营销，从而满足消费者的需求。

3.1.4 技术环境分析

互联网正在颠覆传统农业，也颠覆了传统的营销模式。"互联网＋农业"基于互联网技术配置传统农业的各生产要素，以期达到优化要素配置的目的，互联网、移动互联网、大数据、云计算、物联网成为促使经济转型的重要载体，也正在成为传统农业转型升级的重要技术平台。技术环境的改变拓宽了生产者和消费者的沟通渠道，使得双向沟通成为可能，突出了以顾客为导向的价值创造模式和以人文精神为核心的网络沟通模式。农业科技进步使得农业劳动生产经营效率、农业生态环境、农产品质量、农民的生产生活方式都发生了巨大的改变。

第一，农业科技进步提高了农业劳动生产经营效率。农业科技进步为农业生产提供先进的技术装备和生产资料，有效提高投入产出比。2020年，黑龙江省农业机械总动力6 775.1万千瓦时，比上年增加6.5％。农业综合机械化率达98％，农业科技贡献率达68.3％。初步核算，全省实现农林牧渔业总产值6 438.1亿元，按可比价格计算，比上年增加2.8％。全省粮食产量7 540.8万吨，连续10年位列全国第一。

第二，农业科技进步有效改善农业生态环境。2019年，全省化肥施用量为223.3万吨，较上年减少9.1％；农用塑料薄膜使用量为7.2万吨，较上年减少6.5％；农药使用量为6.4万吨，较上年减少14.7％。详见表3-7。

表3-7 黑龙江省农业资源使用情况

项目	2015年	2016年	2017年	2018年	2019年
化肥施用量/万吨	255.3	252.8	251.2	245.6	223.3
农用塑料薄膜使用量/万吨	8.3	8.3	7.9	7.7	7.2
地膜使用量/万吨	3.3	3.3	3.1	2.9	2.5
地膜覆盖面积/千公顷	323.4	306.7	284.7	263.2	268.2
农药使用量/万吨	8.3	8.3	8.3	7.5	6.4

资料来源：《黑龙江统计年鉴2020》，黑龙江省统计局网站。

第三，农业科技进步有效提高农产品质量。2020年，黑龙江省绿色食品（含有机食品）种植面积8 513.7万亩[①]，比上年增加4.8％。获得绿色食品认证的品牌个数2 936个，比上年增加4.7％。绿色食品加工企业产品产量

---

① 亩为非法定计量单位，1亩≈0.067公顷。下同。

1 699 万吨，比上年增加 1.7％；实现产值 1 598 亿元，比上年增加 0.8％；实现利税 90.2 亿元，比上年增加 0.4％。绿色食品产业牵动农户 92.3 万户。详见表 3-8。

表 3-8　黑龙江省绿色农业情况

项目	2015 年	2016 年	2017 年	2018 年	2019 年	2020 年
绿色食品（含有机食品）种植面积/万亩	7 309	7 400	7 481	8 046.7	8 120	8 513.7
绿色食品认证个数/个	1 620	2 200	2 555	2 700	2 800	2 936
绿色食品加工企业产品产量/万吨	1 350	1 510	1 740	1 790	1 670	1 699
绿色食品加工企业产值/亿元	1 380	1 480	1 615	1 650	1 585	1 598
绿色食品加工企业利税/亿元	89.6	97.1	98.5	98.9	89.8	90.2

资料来源：《2020 年黑龙江省国民经济和社会发展统计公报》。

第四，农业科技进步改变了农民的生产生活方式。数字农业技术广泛应用，通过农业传感器对农作物的湿度、温度等各项因素进行监控，通过质量追溯系统，对农产品生产加工过程进行存储追溯，减少农业生产的不可预知性，减少自然因素对于农作物的影响。科技进步改变了过去农业生产者靠经验进行农业生产的传统，农业生产规模逐步扩大，农业生产效率显著提高。大量淘宝村的出现使得农业经营者搭上农业技术和电子商务技术的快车，更容易触达客户，实现经济效益，电商反哺农业成为新趋势。2009 年，全国有 3 个淘宝村；2020 年，全国出现了 5 425 个淘宝村和 1 756 个淘宝镇，年交易额突破 1 万亿元。淘宝村是指活跃网店数量达到当地家庭户数 10％以上、电子商务年交易额达到 1 000 万元以上的村庄，淘宝镇则是拥有 3 个及以上淘宝村的乡镇街道。

3.2　黑龙江省杂粮产业发展 SWOT 分析

SWOT 分析框架对于产业化的分析是通过对产业发展外部环境中的机遇（Opportunity）、威胁（Threat）及产业发展的优势（Strength）、劣势（Weakness）进行分析进而对研究主体的发展形势形成硬性考量，通过这种分析范式客观厘清竞争主体内外部发展因素，更好地明晰企业竞争战略，促进企业有效均衡发展。本节采取 SWOT 分析综合剖析黑龙江省杂粮种植、加工、产业链衔接外部环境带来的机遇和威胁，同时找出产业发展存在的优势、劣势，通过采用 SWOT 分析矩阵制定产业发展策略，为黑龙江省杂粮产业发展提供理论依据和现实参考，更好地增进杂粮产业的发展韧性。

3.2.1 黑龙江省杂粮产业发展机遇

(1) 种植机遇

第一，种植方向的政策机遇。2017 年党的十九大报告指出"人民健康是民族昌盛和国家富强的重要标志，要完善国民健康政策，为人民群众提供全方位全周期健康服务"，2019 年 7 月，国务院印发了《国务院关于实施健康中国行动的意见》，出台了《健康中国行动组织实施和考核方案》，这为杂粮产业发展提供了前所未有的重大机遇。杂粮因其营养成分多样、粗纤维含量高等特点，成为合理膳食、健康生活的重要物质基础，已是各界的共识。

第二，种植结构的政策机遇。随着 2016 年国家玉米临储政策改革，"镰刀弯"地区籽粒玉米的播种面积大幅下调，将耕地让位包括杂粮杂豆在内的特色高效作物成为黑龙江省农业发展的指向标。2017 年中央 1 号文件提出做大做强优势特色产业，促进包括杂粮杂豆在内的若干产业提档升级、提质增效，深入开展区域农产品公用品牌建设，更好成为促进农民增收的引擎。在良种培育方面，伴随经济一体化进程提速和生物技术的强力助推，农作物种业竞争日益激烈，优化品种培育与推广成为提升农业竞争优势的关键因素。《黑龙江省现代农作物种业发展规划（2013—2020 年)》提出，鼓励围绕优势生产基地，规划建设长期稳定的良种输送集散中心，延长种子产业链，储备科研人才，进一步为杂粮品种的繁育和质量安全提供保障。政策的指向、市场需求变化为黑龙江省杂粮产业发展带来了巨大的机遇。

第三，种植主体的政策机遇。农业组织化经营是实现乡村兴旺、产业组织创新的有效途径。随着农业组织化种植模式在农业发展中呈现诸多利好表现，国家相继出台系列方针，引导鼓励单一种植散户采用集中化种植方式，通过多样化融合手段提升土地的全部实际面积价值，从根本上解决农村土地细碎化、无组织化和分散化的难题，提升农户组织化水平，引导小农户和现代大农业发展之间的有力融合。采用集中化管理，或以合作社的形式实现联合种植，可以充分保障遭遇市场风险之时农户的个人利益与粮食收购商的集体利润，依附于统一购销能够有效拓展杂粮产品的市场流通范围和销售区间，采用以合作社或家庭农场牵头的订单型种植方式，可以保证杂粮原粮生产更好地满足市场需求，保障产品销售渠道畅通和农户收入稳定。

(2) 加工机遇

第一，居民膳食需求改变。随着城乡居民消费观念的转变，居民在食品选择上开始注重质量和品牌，打破了旧有的"吃得饱"的饮食观念，更加重视营养均衡。由于杂粮产品的保健功效得到了营养学者的广泛认可，消费结构的升级为杂粮产业融合发展创造了巨大的发展潜力。

第二，食品加工行业政策优化。我国《农业法》指出，国家支持发展农产品加工业和食品工业，增加农产品的附加值。县级以上人民政府应当制定农产品加工业和食品工业发展规划，引导农产品加工企业形成合理的区域布局和规模结构，扶持农民专业合作经济组织和乡镇企业从事农产品加工和综合开发利用。2018年中央1号文件进一步倡导实施农产品加工业升级，鼓励加工企业兼并重组，裁减落后产能，着重解决农产品销售中的迫切难题，支持产区的农产品实现就地产能转化与升值。2018年黑龙江省《政府工作报告》中写明，要推进农业产业的一体化，精细化包装散装原粮产品，用第一产业的优势推动加工领域、电商网销、物资配送、快递运输等地方涉农行业的快速发展。

（3）种植与加工产业链机遇

第一，产业融合发展。《农业农村部关于加快农业全产业链培育发展的指导意见》（农产发〔2021〕2号）提出要建立和培育上下游相互承接的农业配套全产业链条，实现单产品买卖合作向多种要素的转化，通过领军企业、专业合作组织、家庭经营农场等新型主体间的优势互补，促进不同产业的主体在农业发展中的规范化合作，推进种植业与加工业两种经营模式的创新，提高农业生产效率，发挥规模化生产优势，发展农业产业化多重联结，实行"产加销"一体化模式，充分分享农业组织产前、产中、产后的各项利益，构造集生产、加工、研发、市场拓展、社会化服务为一体的农业产品生态圈。

第二，小农户与大市场对接。乡村振兴战略的提出为小农户和现代农企间的衔接提供了战略支撑，新型经营主体间的通力协作可以有效推动农业全产业链发展。通过优化种植业、养殖业，增进精深产品加工实现农产品附加值，继而带动乡村服务业的成长，有效达到行业产业链延展、产品价值链提升、粮食产能稳定增加的目的，更好地回应乡村振兴中产业兴旺的发展要求。

第三，黑龙江省杂粮全产业链融合发展。在黑龙江省政协第十二届委员会第一次会议上，在针对加快推进黑龙江省杂粮全产业链的发展建议进行讨论时，大庆应用技术研究院院长张洪升表示，要发展安全闭环的杂粮产业链条，在种植结构调整的背景下，打造具有黑龙江独特品质优势的杂粮产业板块，规划建设杂粮中心产业区，实现杂粮产业组织链、创新链、加工链、价值链的正向拉伸，发展企业联盟，提升杂粮产品附加值，恢复杂粮在农业产业领域的市场影响力。

3.2.2 黑龙江省杂粮产业发展威胁

(1) 种植威胁

第一，缺少农业政策性补贴。长期以来，黑龙江省针对玉米、大豆、水稻等主粮给予生产者补贴，如 2021 年黑龙江省农业农村厅发布的玉米和大豆生产者补贴分别为 68 元/亩和 248 元/亩，稻谷生产者补贴地表水为 133 元/亩、地下水为 83 元/亩。与主粮相对，杂粮生产没有补贴，这使得杂粮种植与主粮相比收益低，严重影响了杂粮种植面积的提升。

专栏 3－2

黑龙江省农业补贴政策

2021 年，贯彻落实党的十九届五中全会、中央经济工作会议、中央农村工作会议、中央 1 号文件精神，围绕巩固拓展脱贫攻坚成果、全面推进乡村振兴、加快农业农村现代化，突出保供固安全、振兴畅循环，国家将继续加大支农投入，强化项目统筹整合，推进重大政策、重大工程、重大项目顺利实施。国家强农惠农政策主要包括粮食生产发展、耕地保护与质量提升、种业创新发展、畜牧业健康发展、农业全产业链提升、新型经营主体培育、农业资源保护利用、农业防灾减灾、农村人居环境整治九类 35 项。其中针对主粮的补贴及 2021 年补贴标准如下。

玉米大豆生产者补贴、稻谷生产者补贴和产粮大县奖励。为保障国家粮食安全，国家继续实施玉米和大豆生产者补贴、稻谷生产者补贴和产粮大县奖励等政策，巩固农业供给侧结构性改革成效。2021 年黑龙江省玉米和大豆生产者补贴分别为 68 元/亩和 248 元/亩，稻谷生产者补贴地表水为 133 元/亩、地下水为 83 元/亩。

耕地轮作休耕。立足资源禀赋、突出生态保护、实行综合治理，进一步探索科学有效轮作模式，重点在东北地区推行大豆薯类—玉米、杂粮杂豆春小麦—玉米等轮作，2020 年黑龙江省耕地轮作补贴、水稻休耕补贴分别为 150 元/亩和 500 元/亩。（根据中华人民共和国农业农村部、黑龙江省农业农村厅网站信息整理）

第二，种植原料价格波动。随着农业生产资本的投入，各类化肥、农药等农业生产资料持续涌现，价格有望上涨，在环境保护政策越发严格的趋势下，农业种植对农化产品的需求有所下降，生产资料价格出现波动。在化肥方面，自 2017 年 9 月以来，化肥市场价格普遍出现上涨，氮磷钾复合肥价格增长较快，同年 12 月，国产尿素、磷酸二铵等肥料的平均出厂价格同比分别增长 34 个百分点、17.7 个百分点，创近 4 年尿素价格的新高；在农药方面，以草甘膦、草铵膦、麦草畏等为代表的农药价格也有所上涨。农化品价格上涨的原因主要在于，随着国际原油产量的下滑，原油市场供应面出现持续收紧趋势，使得原油价格全线普涨；受环境治理影响，农化生产企业的产出日益下滑，供给量大幅减少。

第三，生产技术相对滞后。杂粮产区十年九旱，生产条件恶劣，很大程度上保持着靠天吃饭的发展方式。相比于其他农作物而言，杂粮在大面积受灾后抗击市场风险能力较差。以豆类为例，随着近年来土地重茬种植面积的增多，大豆孢囊线虫病大有蔓延的趋势，此种病害俗称"火龙秧子"，一旦发病，侵染能力超强，发病严重，发生后大量出现叶面干枯脱落，成片枯死的现象。黑龙江省干旱少雨的气候条件极易滋养孢囊线虫，促使其广泛繁殖，引发豆类产量和质量的双重下降，挫败了豆类产品的入市竞争力。

与水稻、玉米等主粮作物相比，杂粮种植分散，技术支持相对落后，与种植相配套的机械化程度及良种技术等方面与主粮作物存在较大差异。在对黑龙江省杂粮种植群体进行调查后发现，种植的主要方式以传统的人工播种为主，原因包括：尚未形成区域化种植，大规模机械化应用普遍无法实现；杂粮种子颗粒小，播量小，机械化种植易使种粒外皮造成耗损，影响出苗率；市场上农机公司提供的用于杂粮播种及收割的机械设备较少。

（2）加工威胁

第一，黑龙江杂粮价格高于同类产品。山西、陕西等全国杂粮优势产区的杂粮深加工起步较早，以区域化基地种植为主，技术应用、机械化程度已日臻成熟，品牌化优势明显。黑龙江省杂粮原生态的种植模式使得黑龙江杂粮的品质和口感皆优于其他产区的产品，投入的成本相对较高，特别是本地有机杂粮的市场销售价格普遍较高。

第二，人力资本投入大。消费者在判断杂粮商品粮优质与否时的一个重要衡量标准就是外观，而黑龙江省的杂粮加工企业以小规模生产为主，企业加工设备无法实现杂粮的精细化挑选。随着消费者要求的不断提升，加工企业在杂粮原粮除杂筛选过程中不得不投入大量的人力资源进行人工作业，这无疑增添了加工环节中人力资本的投入，相应会增加加工企业的生产成本。

（3）种植与加工产业链威胁

第一，杂粮销售价格波动显著。黑龙江省杂粮的销售价格低迷且波动明显，除受到主粮购买量的影响外，还受到种植面积的影响。当农产品的供应量大于市场需求时，出现买方市场，买家掌握着主动权。以大庆市为例，2016年大庆市林甸地区珍珠粒品种红小豆市场销售价格在 4.9 元/斤[①]，随着玉米收储政策改革成效的显现以及农民在红小豆种植上获得了较多利润，使得产地附近农户的红小豆种植积极性高涨，适机增加了对小宗杂粮作物的种植。2017年林甸地区红小豆种植面积一度跃升至 31.2 万亩，但随着种植量的增加，同年红小豆价格下跌至 2.9 元/斤，使得红小豆的身价由原本的"金豆子"变成了"银豆子"。

第二，产业链发展低端化。从黑龙江省现有杂粮产成品来看，杂粮商品定位基本针对低端市场，低端市场产品产能过剩。现有产品存在同质化现象，在消费升级趋势下，杂粮产业广阔市场前景和政策红利吸引大量加工企业涉足，但其中规模以上杂粮加工企业占比小，本地杂粮企业市场占有率低，中高端产品缺口大，产业关联度不高。

3.2.3 黑龙江省杂粮产业发展优势

(1) 种植优势

第一，资源禀赋优势。优质的资源是黑龙江省发展杂粮产业的金字招牌。黑龙江省地处世界三大黑土带之一，拥有耕地面积近 2 亿亩，居全国首位。黑土、草甸土占 70%，土质肥沃，有机质含量高，集中连片，且水土资源配置较为均衡，耕作条件十分优越。黑龙江作为世界上最长的界江，两岸植被完好，江水纯净，水利资源优势明显。黑龙江省属于寒温带与温带大陆性季风气候，日照时间长，而且辐射强度大，植物在生长季节可得到充分的光照。黑土的土层养分含量较高，保水育肥能力高于黄土地百倍，每年封冻期 165 天以上，长期的冻融作用有利于土壤团聚体结构的形成，具备天然防害的效果。雨热同季，杂粮生长季光照充足，平均时数可达 1 250 小时以上，有效确保了杂粮丰富的干物质，杂粮质量天生安全而优质，成就了黑龙江省杂粮口感和营养价值优于其他产地的天然优势。

第二，作物品质优势。黑龙江昼夜温差大，沙质的土壤性征为杂粮种植提供了良好的生长条件，土壤肥、水质佳，种出的杂粮优质健康。黑龙江省的杂粮品种广受赞誉，如阿城的杨树小米、肇州的托古小米等。常年单一大宗农作物的连作导致土层结构破损严重、地力减弱，继续广种大宗农作物易造成农作物良种率下降，影响产品品质和市场竞争力。大部分杂粮属于大秋作物，其抗旱能力强，黑龙江地区的长光照和大温差有利于杂粮作物中蛋白

---

① 斤为非法定计量单位，1 斤＝0.5 千克。下同。

质、脂肪、氨基酸等营养物质累积，确保杂粮中的直链淀粉和支链淀粉的含量保持最佳，在品质和口感上优于其他产区杂粮作物。同时杂粮生育期较短，种植方式简单，相比于大宗农作物，投入成本相对较低，具有较优的种植特性。

第三，传统种植优势。黑龙江省是中国的农业大省，地域辽阔、土壤肥沃、物产丰富。黑龙江省农业基础条件在全国范围内极佳，农田水利建设和农田防护林网建设规模大，质量好，农业机械化和农业生产技术水平都很高，全省 104 个农场开展现代化农业生产，使得黑龙江省杂粮种植面积从 2012 年的 78.31 千公顷增加到 2018 年的 200.76 千公顷（表 3-9）。黑龙江省种质资源好，发展特色杂粮产业潜力突出，农民具有传统的种植、加工和销售经验。

表 3-9　黑龙江省主要杂粮播种面积（2012—2018 年）

单位：千公顷

年份	高粱	谷子	绿豆	红豆	合计
2012	29.27	7.32	14.76	26.96	78.31
2013	25.12	5.95	14.94	26.73	72.74
2014	34.58	7.69	18.09	33.98	94.34
2015	26.29	7.38	11.98	38.95	84.60
2016	45.17	24.19	26.78	91.55	187.69
2017	53.89	18.37	47.22	123.98	243.46
2018	57.79	21.21	33.53	88.23	200.76

数据来源：根据历年《黑龙江省统计年鉴》整理。

黑龙江省近年来逐步建立和完善杂粮产业体系，全省共建有 5 个杂粮综合试验站，有 20 多种岗位的科学家分布于 37 个试验示范基地，在栽培技术、肥料运筹、病虫害防治、保护耕作等不同领域开展大量的科学研究，并取得了丰富的科研成果，促进了黑龙江省杂粮种植面积的扩大和产量的飞速增长。黑龙江省主要杂粮中，谷子和绿豆产量增长最快，分别从 2012 年的 2.54 万吨增加到 2018 年的 7.53 万吨，以及从 1.63 万吨增加到 4 万吨，呈现了接近三倍的增长。根据统计，2017 年杂粮产业辐射带动了 53 576 户农户增收 20 256.67 万元。

第四，种植成本收益优势。根据《全国农产品成本收益资料汇编 2016》的数据，2015 年，全国玉米每亩净利润为 -134.18 元，高粱每亩净利润为 145.02 元，谷子每亩净利润为 136.07 元。基于对种植农户、加工企业的走访调查，黑龙江省主要杂粮作物成本收益情况汇总如表 3-10 所示：

表3-10　2015年黑龙江省主要杂粮成本收益情况

单位：斤，元

作物	亩产	单价	亩投入	亩纯收入
高粱	800～1 000	2.0	700	900～1 400
谷子	400～600	3.0	400	800～1 400
绿豆	310～350	4.0	600	640～800
红小豆	320～400	3.6	600	552～840

从成交价格来看，各主要杂粮明显优于玉米等主粮作物的市场交易价，在亩投入成本相当的情况下，杂粮的亩纯利均高于玉米等主要农作物，成本效益明显。以黑龙江省主打的有机谷子为例，其订单价格在2.6元/斤，一亩地谷子产量约在500斤，总收入约为1 300元，扣除人工、种子、收割300～500元的物化成本，在同等比例测算下农民人均纯收入可达800～1 000元。在利润不断增加、市场销路有保证的前提下，农民种植杂粮的意愿明显增强。

（2）加工优势

第一，产量供应充足。供给侧结构性改革为黑龙江省杂粮的发展开辟了新路径，黑龙江省高粱、谷子、绿豆和红小豆等主要杂粮的产量，在整体增长趋势下呈现波动式增长态势（表3-11），由2012年的23.45万吨增加到2018年的52.29万吨，但2013年和2015年产量出现明显下降。从具体杂粮作物产量供给看，高粱由2012年的13.19万吨增加至2018年的28.86万吨，谷子由2012年的2.54万吨增加至2018年的7.53万吨，绿豆由2012年的1.63万吨增加至2018年的4.00万吨，红小豆由2012年的6.09万吨增加至2018年的11.90万吨，为杂粮加工业的发展补给了充足的原材料。

表3-11　黑龙江省杂粮产量（2012—2018年）

单位：万吨

年份	高粱	谷子	绿豆	红小豆	合计
2012	13.19	2.54	1.63	6.09	23.45
2013	11.99	2.10	1.95	4.88	20.92
2014	21.79	2.93	2.00	5.29	32.01
2015	12.04	2.89	1.08	5.74	21.75
2016	27.60	9.61	3.47	14.23	54.91
2017	33.93	7.32	5.25	19.35	65.85
2018	28.86	7.53	4.00	11.90	52.29

数据来源：根据历年《黑龙江省统计年鉴》整理。

第二，产业基础优势明显。在已有杂粮龙头化加工企业里，黑龙江省成就了以黑龙江一川科技有限公司、黑龙江松雷绿色有机农业发展有限公司、黑龙江豆爱食品有限公司、黑龙江新农创农产业有限公司、宝清县宝贡谷物种植农民专业合作社等为主导的产业样板，数量众多的加工企业使得黑龙江省杂粮加工产能逐年上升。黑龙江省杂粮加工业整体已建成集加工825.6万吨马铃薯、2000万吨玉米、658万吨大豆的生产能力，带动种植业基地200千公顷，基地农户96.2万户，基本实现线上线下一体化销售，通过扩大杂粮产品的深加工规模，提升了产品质量和档次，从而提高了黑龙江省杂粮产品的市场竞争力。

第三，从事加工业的劳动力资源丰富，黑龙江省劳动力资源可以完全满足杂粮加工企业的用工需求。在小型加工企业人员调配上，企业用工人员主要来自提供杂粮原粮的农户，小型加工企业相对于大型加工企业来说，开工率低，主要开工时段集中在杂粮收割后期，杂粮收割后农户基本完成一年的耕作，处于农闲阶段，而加工企业恰好可以在杂粮收割后有效接洽空余劳动力，带动农户二次创收。课题组在对某小型加工作坊调查时发现，杂粮品种和色号在机械无法有效甄别的情况下，加工企业往往通过增加人工筛选环节来保证杂粮外观完整性，筛选工人年龄普遍在40岁以上，采用计时报酬的雇工形式，工人可获得2000元以上的月均收入，农民变身产业工人，有效带动家庭的增收。

(3) 种植与加工产业链优势

第一，杂粮品质得到保障。长期以来农户在杂粮种植方面，从品种筛选到化肥农药的使用量，再到销售渠道的选择和粮食价格的确定，在杂粮市场环境变化中，农户自行销售获得的收益难以满足其预期。农户通过与加工企业签订订单合同，推进土地流转利用，直接解决销售难的问题，企业则通过对品种、肥料和生产技术的统一配备，达到杂粮产成品质量标准一致化的目的，有效减少杂粮作物在生产源头上的安全性隐患，促进产品进入市场的准入价格提升。

第二，有效降低生产成本。加工企业本着对商品粮质量严格把控的原则，在种植初期会严格提供一致的种子化肥等生产要素，以确保杂粮收获质量的统一性，在此基础上，有效地降低了农户的生产投入成本；在杂粮收割时期，企业通过合作社等中介组织集中完成收割任务并统一配送至收购站点，减少了收获后杂粮仓储和物流运输方面的交易费用和人力成本。在整个种植环节只需投入土地资源和人力种植资本即可完成生产，农民大大节省了投入杂粮生产的时间。

第三，产业技术支撑优势。黑龙江省拥有丰富的科研、教育资源，品种研发能力较强，东北农业大学、黑龙江八一农垦大学、国家杂粮工程技术研究中心、省农科院、省科学院等院校机构的技术助力，为黑龙江省杂粮品种研发提供了庞大的优质种质资源平台，推动杂粮育种、杂粮种植、播种方式、技术推广的研发成果转化。2011 年底，科技部在大庆市设立国家杂粮工程技术研究中心，充分利用大庆市杂粮资源优势、院校人才优势和加工行业优势，在杂粮作物品种研发、生产工艺优化基础上，积极挖掘杂粮作物改造的潜力，育成核定包括红小豆、绿豆在内的 57 款杂粮作物，完成技术研发转化项目 20 项、专利 18 项。现杂粮示范推广面积累计达 47.18 万公顷，杂粮核心示范区增产 10% 以上，累计创收超 10 亿元，探索了产学研横向联合的新模式。通过打造综合试验种植基地实现新品种新技术的生产转化，为黑龙江省杂粮品种优质化入市提供技术保障。

3.2.4 黑龙江省杂粮产业发展劣势

（1）种植劣势

第一，农业组织化程度低。传统杂粮种植户规模小、数量少，导致相对成本增加，效益难以提升。杂粮的颗粒饱满度、色泽度等与市场要求存在一定差距，商业空间附加值尚待挖掘。小地块分散化的杂粮种植方式受制于当前水稻、玉米等大宗农作物的广泛种植，农户普遍收缩绿豆、高粱等杂粮面积让位主粮。杂粮种植主体以农民为主，小农生产缺乏适宜的组织管理模式，对信息掌握不全，无法准确把握市场价格、供需情况。杂粮种植散户缺乏整合农业产业链资源的能力，难以实现"小农户"与"大市场"的共赢。

第二，农业基础设施不完善。杂粮作物在黑龙江省总体产量不高的重要原因，首先在于水利设施的不完善，在旱季来临之时无法为作物提供有效的灌溉条件。已有水利设施无法保障杂粮的全面需水要求，传统灌溉设施以打造抗旱水源井为主，形式单一，长期打井易造成地下水水位降低，出现出水量不足的情况，导致灌溉水源供不应求。其次，杂粮储藏场所较大型粮仓面积小，粮食仓容力有限，陈旧老化的仓储设施缺乏必要的温控通风设备，加剧了杂粮收获后的损失率。再次，农户家庭鲜有仓储设施和固定的晾晒场地，缺乏专业烘干设备，烘干能力明显不足，霉变鼠虫等外在因素易造成产量流失。

第三，农民科技文化水平有限。在杂粮种植方面，农民种植流程基本沿袭历年种植经验，传统的小农意识易造成农民因循守旧、故步自封的种植局面，农业生产的保守性难以有效应对多变的市场新环境，加剧了市场风险对个体农户的威胁。种苗生产的品种选择主要凭借广告宣传确定，或依赖于自繁自用，无法保障原种的优质性，造成杂粮的市场价格低廉。个体农户缺乏掌握新技术手段的主动性，对科学技术的接受程度和消化能力尚不足，间接造成现代农技转化率低下。传统小农户的生产专业化能力差，标准化种植流程欠缺，种植技术落后使其无法获得作物的预期产量。

第四，气候条件及病虫害的影响。杂粮种植易遭受气候和病虫害因素的影响，使得播种面积具有波动性，产量和品质发展不稳定。黑龙江省地处中纬度半湿润、半干旱的季风气候区域，干旱现象时有发生，降水总量总体不足；土壤存水蓄水能力明显欠缺，气候变暖导致地表水蒸发量大，年蒸发量在1 635毫米，无法有效存蓄地表水。病虫害方面，以绿豆以例，孢囊线虫病是限制黑龙江省绿豆品质提升的主要因素，孢囊线虫存活期长，易侵染，严重制约了绿豆种植产量和经济效益的提升。

（2）加工劣势

第一，区域公用品牌建设不优。品牌意识有增强的趋势，但区域性农业品牌扩散效应尚未发挥。农民、甚至农业企业缺乏新的品牌思维，受制于小农思想，不能准确把握杂粮市场的发展变化，未有效认清品牌化发展模式在农业现代化发展路径中的战略位置。从市场层面来看，杂粮品牌多而杂，不同属地品牌多样，从京东平台的搜索结果来看，入驻的杂粮品牌就有500个之多，现阶段黑龙江省形成了"北大荒""向日葵阳光""柴禾庭院""十月稻田""珍宝岛""老街基""托古""双榆树""乾绪康""娄家寨""泽谷""绿珍珠"等成熟的杂粮品牌，但现有品牌的辐射力不足，辐射范围狭窄，在激烈的品牌大战中，存在品牌推广不到位的情况。虽然品质优势是黑龙江省建设优势杂粮品牌的有力保障，但目前品牌的真实价值未能充分实现，市场潜力的挖掘还需要一个过程。

第二，精深加工层次低。尚未形成规模化的杂粮深加工企业，难以满足大规模集约化的发展要求。农民的杂粮作物收获后绝大部分停留在原粮及简单分选、包装的初级加工产品阶段，经简单脱皮去壳后兜售给杂粮收购商。杂粮的利用率低、产业关联度有限的弊端导致杂粮深加工企业规模小，产品开发尚处在低端领域，多层次开发产品少，整体市场尚处于低价位销售，利润空间不大，严重制约了杂粮产业化的发展。同时农户与企业之间信任度低，不利于利益的长期对接，易造成杂粮种植随意性的局面。现有杂粮加工企业普遍规模较小，经济实力薄弱，欠缺高水平的流程化监测设施。由于杂粮种植数量有限，加之杂粮产品深加工转化力不足，没有形成完善的杂粮流通渠道和营销平台，影响了杂粮产业的循环发展。

第三，企业发展准备资金不足。杂粮区别于主粮的一个不稳定因素在于，杂粮价格涨幅较大。以绿豆为例，从以往年度来看，新粮收获后绿豆价格在

4 元/斤，中期很可能涨到 6 元/斤，后续涨幅更大。杂粮与主粮不同，杂粮所需的资金流较大，企业需要准备大额资金及时结算杂粮收购款项，东北杂粮的成熟期主要在秋季，当季收购对资金稳定性要求极高，当前，黑龙江杂粮企业自留资金难以支撑长期的金融需求。

（3）种植与加工产业链劣势

第一，政府及有关部门服务不到位。缺乏对杂粮种植、杂粮品牌的支持与宣传，对于进一步加强杂粮种植、生产监管工作缺乏明确指导性意见。在政策上实行与大宗作物通用的以粮补、农机补、良种补为主的补贴政策，缺乏杂粮种植加工专项补贴，在行业价格波动下，无法有效扩大农户生产规模，提升农户种植意愿。政府在招商中多重视企业的数量，忽视了产业衔接，产业链发展活力未完全释放。

第二，订单农业发展尚不健全。长期以来，黑龙江省散户种植的杂粮主要是通过收购站点收购后就地加工，缺乏直接面向加工企业的契机，真正实现订单农业的种植面积有限，无法充分实现农企双赢。农户普遍具有参与订单农业的需求，但缺乏承接订单农业的企业与之建立良性衔接。另外，由于缺乏种植的标准化流程，少数参与订单农业的散户生产产品的品质无法满足订单要求，在订单对接环节农户与订购企业之间产生纠纷，造成双方的利益损失。

第三，产业间衔接脱节。黑龙江省的杂粮产业化发展滞后，杂粮产品直接通过农户输入市场，尚属于传统的原粮销售状态，销售价格随行就市，出现有质有量低价的状况。加工企业普遍规模较小，小型加工企业主要从事原粮分拣和粗包装，产业层次没能实现从中低端向中高端的转型。

3.2.5 SWOT 分析

综上分析，黑龙江省杂粮产业具有产品品质优势、成本收益优势、种植加工标准一体化优势、加工产能优势和技术支撑优势，发展优势较为明显，结合国家对于杂粮产业的政策支持力度，可以判断，应该充分利用内部环境的发展优势与外部环境的机遇，绘制 SWOT 分析矩阵，制定适合黑龙江省杂粮产业发展的最佳战略方案（表 3-12）。

运用 SWOT 分析矩阵对黑龙江省杂粮产业发展战略进行分析，可以看出黑龙江省杂粮产业发展现处于蓄势发展阶段，从长远考量，在实际产业发展过程中，SO 战略相对更符合黑龙江省杂粮产业的发展实际情况，即利用资源、品质、收益优势，加强杂粮区域化产业基地种植，依托产业标准一体化优势增加粮食产能，利用科研优势加快优质杂粮品种就地转化，促进产品优质化。

表 3-12 黑龙江省杂粮产业发展 SWOT 分析矩阵

	优势 (S)	劣势 (W)
	S1 产品品质优势 S2 成本收益优势 S3 加工产能优势 S4 种植加工标准一体化优势 S5 技术支撑优势	W1 农业组织化程度低 W2 品牌开发力度不够 W3 政府及有关部门服务不到位 W4 受农民科技文化水平制约 W5 产业间衔接脱节
机遇 (O) O1 种植方向政策导向 O2 食品加工业的政策扶持 O3 膳食营养需求 O4 乡村振兴战略对产业融合的要求	组合1：SO——增长战略 （依靠内部优势，利用外部机遇） ①利用资源、品质、收益优势，加强杂粮区域化产业基地种植； ②依托产业标准一体化优势增加粮食产能； ③利用科研优势加大优质杂粮品种就地转化，促进产品优质化。	组合2：WO——扭转战略 （抓住外部机遇，克服内部劣势） ①借助加工业扶持，完善杂粮加工基础设施建设； ②借力政策效力，延伸产业关联性； ③依托政策支持和市场需求，培育特色地域品牌； ④发展支撑乡村振兴的农技人才队伍。
威胁 (T) T1 加工产品销路不畅 T2 种植效益不稳定 T3 受灾抗风险能力差 T4 产业化开发不足	组合3：ST——抵消战略 （依靠内部优势，回避外部威胁） ①依托产业基础优势，加大产业开发力度； ②依托科技优势提高杂粮种植抗风险能力，实现科研成果经济转化； ③依托产能优势打造杂粮集散地。	组合4：WT——防御战略 （减少内部劣势，化解外部风险） ①打造区域性种质信息平台，科学评估生产成本； ②拓展稳固的杂粮销售渠道； ③通过农业信息化建设完善农产品质量追溯提升市场竞争力。

3.3 消费者分析

消费是社会再生产过程中的一个重要环节，也是最终环节。消费又分为生产消费和个人消费。生产消费，是指物质资料生产过程中的生产资料和生活劳动的使用和消耗。个人消费，是指人们把生产出来的物质资料和精神产品用于满足个人生活需要的行为和过程的消费。杂粮的消费既包括生产消费也包括个人消费。杂粮是我国畜禽养殖业重要的饲料资源，农业农村部公布的《饲料原料目录》中，列出的高粱、大麦、燕麦、黑麦、荞麦、黍、粟等杂粮以及粮食加工副产物都具有良好的饲用价值，杂粮作为饲料资源时就属于杂粮的生产消费。本书所指的消费，一般指个人消费。

课题组针对消费者消费行为，开展了两次调研，第一次是为了了解消费者的农产品网络购物行为及影响因素，第二次是为了更好地了解杂粮消费者的消费意愿和影响因素。

3.3.1　消费者农产品网购行为特征

根据研究需要，课题组成员以"网购""网购行为""网购影响因素""网购意愿"等为关键词搜集到大量文献资料，主要文献汇总如表 3 - 13 所示。我们将文献中具有共性的研究角度和调查内容进行了综合、整理，形成了由 220 余个问题组成的初始问卷。通过课题组成员的筛选、删减，并经过 4 次讨论，最后形成了调查使用的最终问卷。最终问卷分为两大部分，由 15 个问题组成（附录 7）。第一部分主要包括网购消费者个人信息（包括年龄、性别、职业、学历、收入）和网购的基本情况（包括是否网购、网购时间、网购次数、购物网站）等。第二部分中包含了 14 个 5 分制李克特量表，主要测量消费者网购态度、感受等。

表 3 - 13　关于消费者农产品网购行为特征的文献汇总

作者	研究内容	研究重点
刘江等（2012）		网购态度和网购习惯
魏欢等（2014）		产品折扣程度、产品宣传力度、使用方便程度
许胜男等（2014）		价格因素、便利性因素、品质性因素、安全性因素、地区收入水平、产品价值属性
谭春辉等（2014）	网络购买行为影响因素	绩效期望、促成因素、消费者创新性、感知风险、网购频率、月度可支配收入
王燕茹等（2014）		年轻消费群体的消费心理、行为以及团购的特点
赵静等（2018）		消费者的学历、上网频率和网购频率
宗平（2019）		网店信誉、商品性价比以及服务态度
王可山（2020）		消费者个性特征差异、网购环境、网购食品安全、购物习惯、网购维权难度
陈治等（2013）		商品因素及浏览网络时间
于亚莹等（2014）	冲动购买行为影响因素	自我控制能力及价值观、性别
毛平等（2016）		经济水平、消费者的个性心理反应、消费者认知评估

在正式投放问卷之前，课题组进行了小规模预测试，以期找到问卷存在的问题并加以改正和完善。

2020 年 4—6 月，课题组组织了实际调研，同时在线上和线下发放问卷，以线上为主。在线上主要通过问卷星来开展调研，线下问卷主要是通过课题组发放并回收。在此次问卷调查中，共发放问卷600份，回收有效问卷518份，有效率为86.3%。

3.3.1.1 消费者基本情况

消费者的基本情况主要围绕参与调研对象的年龄、性别、学历、职业、家庭月收入等5个方面展开。

(1) 年龄

统计分析：从图3-5可以看出，本次调查人群的特征基本符合正态分布，17岁及以下人数占比0.77%；大于17岁且小于等于30岁的人数占比43.63%；大于30岁且小于等于50岁的人数占比50.58%；大于50岁的人数占比5.02%。大于17岁且小于等于30岁的消费者是目前在网络上最为活跃的人群，研究他们的消费行为对于推动农产品网络营销的增长有较好的指引作用；大于30岁且小于等于50岁的人数略超调查人数一半，此年龄人群，拥有稳定收入，具备一定农产品消费能力；17岁及以下和大于50岁的调查样本非常少，这与此类人群上网购物也较少是相符的，因此，调查样本符合本次调研要求。

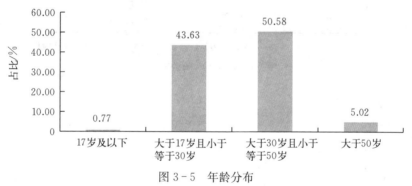

图3-5　年龄分布

(2) 性别

统计分析：本次调研对象共计518人，男性200人，占总人数38.61%；女性318人，占总人数61.39%，调查样本的性别比例符合网购实际（图3-6）。

(3) 学历

统计分析：在调查样本中，具备大专或本科学历的占59.85%，硕士及以上学历的占25.48%，高中（中专）及以下学历占14.67%（图3-7）。

(4) 职业

统计分析：图3-8显示，在调查对象中，公务员/事业单位职员、企业职员和学生各占据20%以上的比例，从职业分布看，各行业都有数据样本。

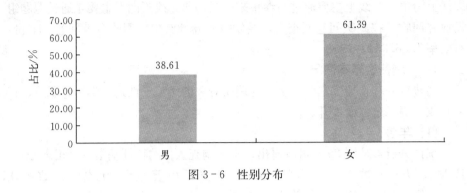

图 3-6　性别分布

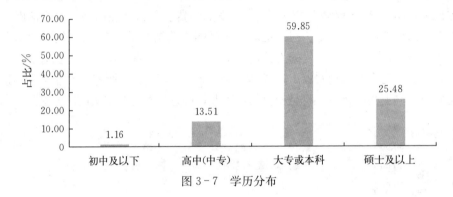

图 3-7　学历分布

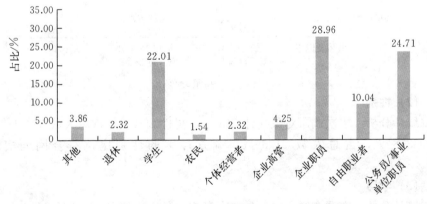

图 3-8　职业分布

（5）家庭月收入

统计分析：从图 3-9 中可以发现，本次调查样本中，处于中等收入水平（4 000～7 999 元/月）的样本最多，占比 33.98%，其他收入水平基本呈现正态分布，与我国居民收入水平的基本结构相符。

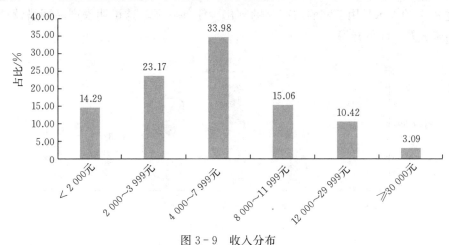

图 3 - 9　收入分布

3.3.1.2　网购农产品消费者意愿情况

为了了解消费者网购农产品意愿情况，主要从农产品购买渠道、网购习惯（包括接触网络购物时间、网购频次、每月网购支出）、不愿意网购原因、网购农产品常用网站等 4 个方面进行了调研。

（1）农产品购买渠道

统计分析：从图 3 - 10 中可以发现，本次调查样本中，农产品消费者中有将近 70% 选择只在实体店购买农产品，只有 30% 左右的消费者会选择网购农产品。说明农产品网络销售目前还有很大的发展空间，主要源于农产品电商商业模式尚未完全形成，有待开发。

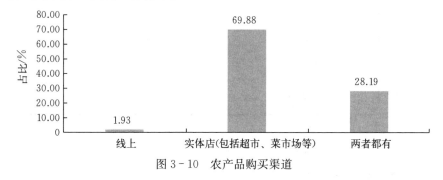

图 3 - 10　农产品购买渠道

（2）网购习惯

统计分析：由图 3 - 11、图 3 - 12、图 3 - 13 可知，在网购农产品的消费者当中，有 30.77% 的人具有 3 ～ 4 年网络购物经验，有 28.21% 的人具有

5～6年网络购物经验，有近80％的人全年网购农产品的次数不超过10次，超过80％的人每月用于网购农产品的支出少于500元，这说明农产品网络营销尚未成熟，尚待开发。

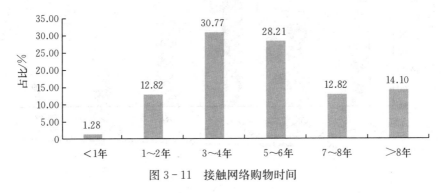

图3-11　接触网络购物时间

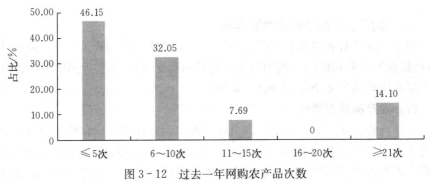

图3-12　过去一年网购农产品次数

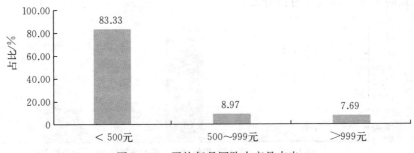

图3-13　平均每月网购农产品支出

（3）不愿意网购的原因

统计分析：从图3-14可以发现，对农产品的新鲜度、农产品质量的不信任和物流慢成为消费者不愿意在网上购买农产品的主要原因，其中72.38％的人对农产品的新鲜度有顾虑，65.19％的消费者不信任网购农产品质量。

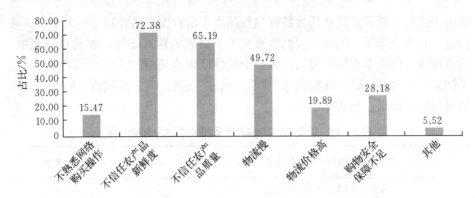

图 3-14 不愿意在网上购买农产品的原因

注：该数据基于多选题统计，占比总和大于 1。

（4）网购农产品常用网络平台

统计分析：从图 3-15 可以发现，淘宝（73.08%）、天猫（70.51%）和京东（48.72%）仍是消费者购买农产品的主要网络平台，有部分消费者（15.38%）愿意通过微店或微信朋友圈购买农产品，而通过其他网络平台购买的占比极小，所以在此认为网络平台的知名度会增加消费者对其的信任程度，从而增加其网购农产品的可能性。而消费者通过类似"淘黑龙江"等地方区域性购物网站选购农产品的较少，这说明区域性网站还不是农产品网络销售的主流渠道。

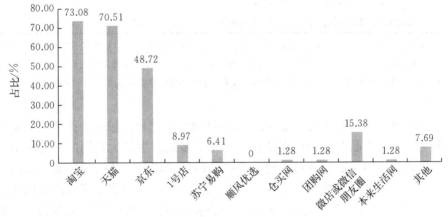

图 3-15 网购农产品常用网络平台

注：该数据基于多选题统计，占比总和大于 1。

3.3.1.3 消费者网购农产品态度特征

为了更加清晰地描绘出消费者网购农产品的情况，我们从农产品的属性特征着手进行了调研。这些属性特征包括品类丰富程度、品牌知名度大小、区域特色、是否应季等。同时，我们也研究了消费者的购买态度，如消费者意愿、满意度等。使用李克特量表法，将各个属性或因素通过"非常不同意""比较不同意""一般同意""比较同意""非常同意"进行1~5的赋值。通过计算均值得出以下结果，见表3-14。

表3-14 消费者对网购农产品相关评述的态度测量

消费者对于网购农产品的态度	均值	标准差
我愿意在网上购买农产品	3.69	0.91
我非常了解什么是有机产品、无公害产品和绿色产品	3.38	0.95
我知道某个农产品品牌	3.53	0.97
网购时我主要购买非本地产农产品	3.63	1.04
网购农产品的质量安全可靠	3.94	1.03
相比较低的价格我更希望买到健康的农产品	4.22	0.93
我愿意支付比在菜市场或超市购买时更高的价格	3.33	1.08
在产品描述中我会特别注意食品安全认证标志	3.94	1.04
网购时我会花较多时间搜集和比较产品信息	3.86	0.97
网购农产品的新鲜度高	3.95	1.01
网购农产品价格低廉	3.71	0.89
我很喜欢通过网络购买农产品	3.46	0.94
总体来说，我对网购农产品的经历感到满意	3.77	0.89

注：表中，均值是对消费者态度值取平均数，小于4表示消费者认为"比较同意"该评述，均值处于4~5表示消费者认为"非常同意"该评述。标准差是对该组数据离散程度的度量，它表示每个数据点与平均值的偏离程度，表中，标准差均在1左右，表示多数消费者的态度为"一般同意""比较同意"和"非常同意"。

消费者对于网购相关评述的态度也不尽相同。"相比较低的价格我更希望买到健康的农产品"这一观点是消费者在众多观点中最为赞同的，其均值为4.22，这也说明了消费者对于健康农产品的追求超过对低价的追求。除此之外，消费者对于其他选项，均持"一般同意"的态度，"我愿意在网上购买农产品""我非常了解什么是有机产品、无公害产品和绿色产品""我知道某个农产品品牌""网购时我主要购买非本地产农产品""网购农产品的质量安全可靠""我愿意支付比在菜市场或超市购买时更高的价格""在产品描述中我会特别注意食品安全认证标志""网购时我会花较多时间搜集和比较产品信息""网购农产品的新鲜度高""网购农产品价格低廉""我很喜欢通过网络购买农产

品""总体来说,我对网购农产品的经历感到满意"各选项的均值分别为:
3.69、3.38、3.53、3.63、3.94、3.33、3.94、3.86、3.95、3.71、3.46、
3.77。在网店购买过农产品的消费者,大多数认为网购农产品价格低廉,且有
比较好的新鲜度。但是将近半数的消费者对于什么是有机产品、无公害产品和
绿色产品只是一般了解,对于农产品品牌也不是很了解,这也导致他们在购物
时会花较多的时间搜集和比较产品信息。消费者对于网购时的价格、质量、品
牌等都有偏好,这就要求农产品销售企业迎合消费者的偏好,进一步推进农产
品网络平台销售的快速发展。

3.3.1.4 影响消费者网购决策的因素

在调查消费者网购影响因素时使用了李克特量表法,将各个属性或因素通
过"非常不重要""比较不重要""一般重要""比较重要""非常重要"进行
1~5的赋值。通过计算均值得出以下结果,见表3-15。从表3-15中可以看
到,农产品新鲜度、农产品的品质、卖家的信誉、购物安全保障、卖家的服务
态度、网络评价、产品详情描述对于消费者决策来说都是非常重要的。

表3-15 影响消费者网购农产品的因素测量

影响因素	二级指标	均值	标准差
产品情况	农产品的品质	4.63	0.82
	农产品的价格	3.90	0.92
	农产品新鲜度	4.72	0.73
	品牌知名度	3.73	1.07
卖家情况	店铺的类型	3.42	1.18
	卖家的信誉	4.58	0.81
	卖家的服务态度	4.31	0.98
	购物安全保障	4.42	0.97
他人评价	周边人的意见	3.68	1.13
	网络评价	4.15	1.01
物流及其他因素	物流速度	3.87	1.08
	物流价格	3.94	1.04
	网站(店)促销活动	3.96	0.97
	产品详细描述	4.13	0.98
	页面设计	3.54	0.98
	操作流程	3.58	0.99
	退换货便利程度	3.82	1.06
	有无赠品	3.12	1.07

综上，影响消费者农产品网购的主要因素具体如下：

第一，产品情况。产品情况毫无疑问是消费者最为关注的问题，在食品安全事件频发的背景下，消费者的食品健康意识日益增强。人们都更希望买到健康的食品，哪怕需要支付一些溢价。本次调查结果显示，农产品本身的品质仍然是消费者非常关注的因素之一。

第二，卖家情况。与具体卖家相关联的卖家信誉、购物安全保障等，影响着消费者对某一卖家的信任度，从而影响消费者的购买决策。对于大多数消费者来说，由于淘宝、天猫、京东等大型综合电商平台自身具备健全的购物体制，大家在网购时选择这样的平台是比较放心的，但是对于一些新建的平台，消费者对于其产品安全、交易资金监管、退换货服务等是否有保障就会产生一些质疑。同时，卖家服务对于消费者来说也很重要，网络购物的卖家服务和实体店的卖家服务有很大的差异。网络购物看不到售货员的表情也听不见售货员的声音，客户面对的只是屏幕上的对话框，因此良好的卖家服务更多体现在回复速度、表情和语气词的运用上，卖家应及时回应买家诉求并多使用表情和语气词，以期让消费者能获得良好的服务体验。

第三，他人评价。其中，网络评价对于消费者网络购物有非常大的影响，如果消费者在网购时看到的网络评价均是正向的，那么购买的意愿就会增强很多，反之，可能单单几条负面评价就可能让消费者放弃产品购买，而对于选择网购的消费者来说，周边人的意见就显得不是那么重要了。

第四，物流及其他因素。消费者购买与否还会受到产品详细描述、物流成本和退换货的便利程度的影响。本次调查结果显示，产品价格对消费者影响并不大，这说明消费者更愿意为健康食品支付一定的溢价。

3.3.1.5　主要结论

本次调查人群的特征基本符合正态分布，主要调研对象年龄集中在 18～50 岁。他们中大多数为女性、具备大专和本科学历。各行业均有样本数据，处于中等收入水平（4 000～7 999 元/月）的样本最多。

本次调查样本中，有将近 70% 只在实体店购买农产品，只有 30% 的消费者会选择网购农产品。农产品网购目前还有很大的发展潜力，主要源于农产品电商模式尚不成熟，有待开发。

在网购农产品的消费者当中，购买农产品的消费者大多拥有较长时间（超过 3 年）的网络购物经验，但接近 80% 的人全年网购农产品的次数不超过 10次，而且每月用于网购农产品的支出少于 500 元，这说明农产品网络营销市场尚待开发。

淘宝、天猫和京东仍是消费者购买农产品的主要线上渠道，有部分消费者愿意通过微店或微信朋友圈购买农产品，而通过其他网络平台购买的占比极小，所以在此认为网络平台的知名度会增加消费者对其的信任程度，从而增加其购买农产品的可能性。而消费者通过类似淘黑龙江等地方区域性购物网站选购农产品的较少，这说明区域性网站当前不是农产品网络销售的主流渠道。

在网店购买过农产品的消费者，他们认为网购农产品价格低廉，且有比较好的新鲜度。但相比较低廉的价格他们更希望购买到健康的农产品。将近半数的消费者只是一般了解什么是有机产品、无公害产品和绿色产品，对于农产品品牌也不是很了解，这导致他们在购买时会花较多的时间搜集和比较产品信息。

影响消费者线上购买决策的主要因素包括产品情况、卖家情况他人评价中的网络评价、物流等。消费者的购买决策还会受到产品详细描述、物流价格和退换货便利程度的影响，但是受影响程度较小。

3.3.2　杂粮消费者的消费意愿和影响因素

2021年9—10月，为了更好地了解杂粮消费者的消费意愿和消费影响因素，课题组组织了实际调研，对杂粮消费者展开调查，采用网络问卷形式收集反馈，在调查问卷基础上对消费者展开研究。线上调查主要通过问卷星进行，在此次问卷调查中，共计回收有效问卷585份。

根据研究需要，课题组成员查阅了大量以"杂粮""农产品""消费行为""消费意愿""影响因素"等为关键词搜集到的文献资料，重要文献汇总见表3-16所示。通过对文献进行梳理，将文献中具有共性的研究角度和调查内容进行了综合、整理，形成了初始问卷。通过课题组成员筛选、删减，并经过5次预调研和后续讨论，形成了调查使用的最终问卷。

表3-16　关于杂粮消费者消费意愿影响因素的文献汇总

作者	研究内容	研究重点
李玉勤（2013）		家庭收入、年龄、杂粮价格、营养价值判断、口感、促销手段、易取得性
沙敏（2016）	杂粮消费意愿及影响因素	消费者的年龄、饮食习惯、杂粮营养价值判定、杂粮口感、杂粮价格
刘琪（2020）		消费者的背景以及杂粮食品自身的特征等，其中背景因素中的年龄因素和杂粮食品中的营养价值因素最为显著

（续）

作者	研究内容	研究重点
郭斌等（2014）		收入水平、家庭规模、受教育水平、年龄、对绿色产品关注度、健康程度、性别差异、对绿色农产品的认知水平
栾晓梅等（2019）		内在的消费者因素、外在的产品因素和商家行为因素
王承国等（2017）		人口统计特征、对"三品一标"的认知、对农产品质量安全的评价、受教育程度
张孝宇（2019）	农产品、绿色农产品、有机农产品消费行为及影响因素	性别、受教育程度、对碳标签认知程度、家庭成员中是否有未成年人、家庭人口数量
谢云天（2018）		年龄、受教育程度、家庭成员中是否有未成年子女、家庭月收入、对绿色农产品的信任度、购买频率、购买方便程度、消费者满意度
徐韩敏（2020）		内部因素（健康意识、面子观）与外部因素（主观规范）
王晴（2020）		认知程度、信任程度、产品价格、食品安全意识、购买便利性、产品外观
王静瑶（2019）		产品口感、营养价值、商家的宣传手段、年龄、收入、购买便利性
任慧（2019）	特色农产品消费行为及影响因素	消费者个人因素、消费者家庭因素、认知因素、产品特征因素、消费环境因素
张钦超（2019）		消费习惯、产品价格、消费者的家庭人口数、购买方便程度、对产品功效的认知情况
陈艳等（2021）		家庭总人口数、月生活支出水平、产品满意度、产品知名度

最终问卷分为三大部分（表 3-17），由 30 个问题组成（见附录 6）。

第一部分主要包括消费者的基本情况，从个人特征及家庭特征角度出发，选定包括性别、年龄、学历、职业、家庭结构、家庭收入、家庭中的经常购物者等作为关键要素。

第二部分是消费群体的杂粮消费行为及影响要素，这部分主要是针对消费者过往经历的调查。首先是消费者对杂粮的认知情况。主要分为消费者对杂粮相关属性的了解程度，对杂粮认证、品牌、营养成分、零食产品、烹饪方法等方面的认知情况。其次是消费者的购买动机。一方面考察了消费者购买杂粮的消费动机，包括购买杂粮的主要动机及杂粮消费的目标人群。另一方面考察了消费者不购买杂粮的原因。再次是消费者的消费习惯和行为。消费习惯和行为主要从消费者对于膳食结构多样化的重视程度、对杂粮的喜爱程度、杂粮消费在食品消费中所占的比例、购买次数、单次购买量、食用频率、杂粮零食的种类等方面进行了考量。

第三部分对杂粮的市场营销情况做了调研,主要包括消费者了解杂粮的主要途径、对杂粮的价格认知,对品牌溢价的接受程度,对包装、购买渠道、线上购买障碍的认识,对安全认证标志的了解等,此部分主要是为了分析杂粮的市场营销策略(相关问题主要在第7章进行分析)。

表 3-17　问卷结构

问卷结构	调查内容	问卷相应的问题
第一部分	消费者的基本情况	性别、年龄、学历、职业(身份)、家庭结构、家庭收入、家庭中的经常购物者
第二部分	消费者的认知情况	对杂粮相关属性的了解程度、对杂粮认证、品牌、营养成分、零食产品、烹饪方法等方面的认知情况
	消费者的购买动机	消费者购买杂粮的消费动机、消费者不购买杂粮的原因
	消费者的消费习惯和行为	消费者对于膳食结构多样化的重视程度、对杂粮的喜爱程度、杂粮消费在食品消费中所占的比例、购买次数、单次购买量、食用频率、杂粮零食的种类
第三部分	杂粮的市场营销情况	消费者了解杂粮的主要途径、杂粮的价格认知、对品牌溢价的接受程度、对包装、购买渠道、线上购买障碍的认识、对安全认证标志的了解

3.3.2.1　消费者的基本情况

消费者的基本情况主要是对调研对象的性别、年龄、学历、职业(身份)、家庭结构、家庭收入、家庭中的经常购物者等 7 个方面做一个基本的分析。

(1) 性别

统计分析:参与本次调研共计 585 人,男性 249 人,占总人数 42.56%;女性 336 人,占总人数 57.44%(表 3-18)。考虑到女性对家庭活动的参与度更高,因此本次样本统计更偏向女性,调查样本的性别比例符合要求。

表 3-18　消费者性别特征描述

性别	样本量	占比/%
男	249	42.56
女	336	57.44

（2）年龄

本次调研将消费者按年龄分为五个群体，依次为 20 岁及以下、大于 20 岁且小于等于 30 岁、大于 30 岁且小于等于 40 岁、大于 40 岁且小于等于 50 岁、大于 50 岁。具体统计数据见表 3 - 19。

表 3 - 19　消费者年龄特征描述

年龄	样本量	占比/%
20 岁及以下	8	1.37
大于 20 岁且小于等于 30 岁	136	23.25
大于 30 岁且小于等于 40 岁	145	24.78
大于 40 岁且小于等于 50 岁	182	31.11
大于 50 岁	114	19.49

统计分析：通过对样本群体的年龄整理分析可以看出，参与本次调研 20 岁及以下的为 8 人，大于 20 岁且小于等于 30 岁为 136 人，大于 30 岁且小于等于 40 岁 145 人，大于 50 岁为 114 人，被调查者的年龄分布比较均匀，其中以大于 40 岁且小于等于 50 岁年龄段占比稍高，占比 31.11%。这一年龄层的人群收入稳定，并通常以家庭为单位生活，对自身健康和食品安全问题比较关注。

（3）学历

本次调研将消费者的学历分为四种情况，具体统计数据见表 3 - 20。

表 3 - 20　消费者学历特征描述

学历	样本量	占比/%
高中及以下	123	21.03
大专	71	12.13
本科	179	30.60
硕士及以上	212	36.24

统计分析：为了考察消费者对于杂粮的选择偏好是否与其文化程度有一定关联，本次调研将学历作为考量因素之一。样本数据中学历为硕士及以上的 212 人，占比 36.24%；本科 179 人，占比 30.6%；大专 71 人，占比 12.13%；高中及以下 123 人，占比 21.03%。

（4）职业（身份）

本次调研将消费者的职业（身份）主要分为九大类，依次为公务员/事业单位职员、自由职业者、企业职员、企业高管、个体经营者、农民、学生、退休人员以及其他人员。具体统计结果见表 3-21。

表 3-21 消费者职业特征描述

职业（身份）	样本量	占比/%
公务员/事业单位职员	221	37.78
自由职业者	33	5.64
企业职员	105	17.95
企业高管	32	5.47
个体经营者	17	2.91
农民	66	11.28
学生	42	7.17
退休人员	31	5.3
其他人员	38	6.5

统计分析：目前市场上杂粮的价格通常高于一般粮食的价格，因此在研究杂粮的消费意愿时，也需要考虑到消费者的职业收入问题，在本次样本统计中，公务员/事业单位职员有 221 人，占比 37.78%，企业职员 105 人，占比 17.95%，农民占比 11.28%，学生占比 7.17%，自由职业者占比 5.64%，企业高管占比 5.47%，退休人员占比 5.3%，个体经营者占比 2.91%，其他人员占比 6.5%，基本包含了各行各业的人员。

(5) 家庭结构

根据家庭生命周期理论对消费者的家庭结构进行了划分，主要分为五类，分别为单身贵族、两口之家、满巢阶段（家有子女且共同居住）、单身和老人居住及三代同堂（和老人孩子共同居住），见表3-22。

表 3-22 消费者家庭结构

家庭结构	样本量	占比/%
单身贵族	92	15.73
两口之家	115	19.66
满巢阶段（家有子女且共同居住）	274	46.84
单身和老人居住	27	4.61
三代同堂（和老人孩子共同居住）	77	13.16

统计分析：研究杂粮消费意愿时也需要考虑家庭结构，本次调研将人群细化，其中满巢阶段（家有子女且共同居住）为 274 人，占比 46.84%，两口之家为 115 人，占比 19.66%，单身贵族占比 15.73%，单身和老人居住占比 4.61%，

三代同堂（和老人孩子共同居住）占比 13.16%。

(6) 家庭收入

本次调研将消费者的家庭收入分为六大类，见表 3 - 23。

表 3 - 23　消费者家庭收入

家庭年收入	样本量	占比/%
•＜5 万元	115	19.66
5 万元≤•＜10 万元	172	29.4
10 万元≤•＜20 万元	155	26.5
20 万元≤•＜30 万元	83	14.19
30 万元≤•＜40 万元	20	3.42
•≥40 万元	40	6.83

统计分析：杂粮的价格普遍高于一般粮食价格，在研究消费意愿时需要考虑消费者家庭年收入的情况。在调研数据中，年收入在 5 万元至 10 万元（不含）和 10 万元至 20 万元（不含）的家庭占比最高，分别为 29.4% 和 26.5%。年收入小于 5 万元占 19.66%，年收入在 20 万元至 30 万元（不含）的占 14.19%，年收入不低于 40 万元的占 6.83%。

(7) 家庭中的经常购物者

为了区分不同人群对于杂粮需求的偏好，调研进一步对家庭成员的购物行为进行研究，将家庭中的经常购物者分为父母、妻子、丈夫、子女、保姆或钟点工还有其他。选择"其他"的被调研者大多为单身贵族，购物者为本人，具体见图 3 - 16。

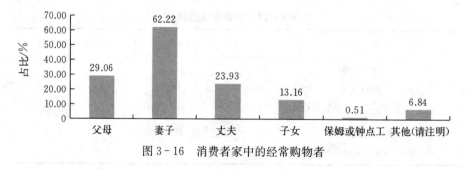

图 3 - 16　消费者家中的经常购物者

本次调研结果中，妻子为经常购物者的比例为 62.22%，在家庭购物者中占比第一，父母和丈夫为经常购物者的比例分别为 29.06% 和 23.93%，分别位列第二和第三。

3.3.2.2 消费者杂粮认知分析

(1) 对杂粮相关属性的了解程度

本次调研在调查消费者对杂粮相关属性的了解程度时，列出了杂粮概念、品种、营养价值、食用方法、品牌、搭配方式、认证方式、零食品种等8项内容。

为调查消费者在购买杂粮时对杂粮的了解程度，对杂粮相关属性以及相关评述的调查均使用了李克特量表法，将各个属性或因素通过"非常不重要""比较不重要""一般重要""比较重要""非常重要"进行1～5的赋值。通过计算均值得出以下结果，见表3-24。

表3-24 消费者对杂粮相关属性了解程度测量均值比较

项目	杂粮概念	杂粮品牌	杂粮品种	杂粮认证方式	杂粮搭配方式	杂粮食用方法	杂粮零食品种	杂粮营养价值
均值	3.36	3.30	3.27	3.20	3.02	2.80	2.77	2.70
标准差	0.96	1.05	0.94	0.97	0.95	0.89	0.88	0.92

在对杂粮相关属性了解程度中，消费者对于杂粮概念是最了解的，其均值为3.36。对杂粮品牌、杂粮品种以及杂粮认证方式这几方面都一般了解，其均值分别为3.30、3.27、3.20，其中，对于杂粮认证方式认知程度，主要是指消费者对于杂粮有机农产品、无公害产品和绿色产品的了解程度。消费者对于杂粮的食用方法、杂粮零食品种以及杂粮营养价值不太了解，其均值分别为2.80、2.77、2.70。通过以上分析可以得知，消费者对于杂粮相关属性的了解并不全面，处于一般了解和比较不了解两种状态。说明消费者对于杂粮并没有建立完整的认知，这对黑龙江杂粮企业来讲既是威胁也是机会，说明黑龙江省杂粮企业需要在杂粮营销上下功夫。因此，杂粮加工企业以及零售企业应加大对杂粮的宣传力度，拓宽杂粮信息的传播渠道，提高消费者对杂粮的了解程度。

(2) 对杂粮质量安全的信任程度

在对于杂粮质量安全的信任程度方面（图3-17），调查显示，53.50%的

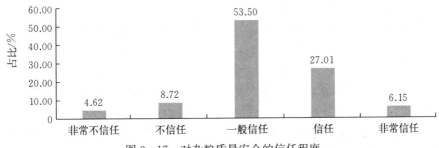

图3-17 对杂粮质量安全的信任程度

消费者对于杂粮质量安全只是一般信任，33.16％的消费者认可杂粮的质量安全，13.34％的消费者不认可杂粮的质量安全。

（3）对杂粮营养成分的认可程度

对杂粮营养成分的认可程度在调研问卷中通过"我认为杂粮营养成分很高"（图 3-18）和"杂粮膳食纤维丰富，有利于肠胃蠕动"（图 3-19）两个问题来调查，有 51.45％的消费者认为杂粮的营养成分很高，更有 62.22％的消费者认可杂粮丰富的膳食纤维，认为食用杂粮有利于肠胃蠕动，由此可见，消费者对于杂粮的营养价值还是比较认可的。

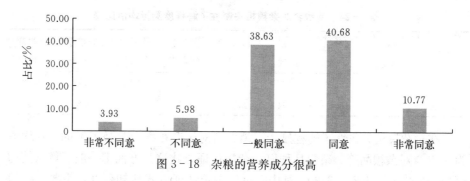

图 3-18　杂粮的营养成分很高

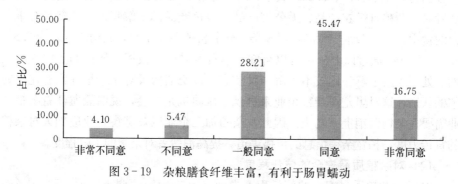

图 3-19　杂粮膳食纤维丰富，有利于肠胃蠕动

3.3.2.3　消费者杂粮消费动机

对于杂粮的消费动机（图 3-20），调研结果显示，57.61％的消费者出于增强营养的目的，因此，营养价值高可被视为消费者购买杂粮的首要动机，这与 51.45％的消费者认可杂粮的营养价值基本是一致的。消费动机为杂粮的保健功效和对于杂粮的饮食喜好分别占比 45.47％和 41.88％，位列杂粮消费动机的第二位和第三位。

为了更好地了解消费者不购买杂粮的原因，对杂粮口感和杂粮是否易于消化两个方面进行了调研。

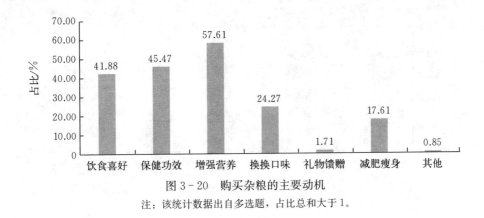

图 3-20　购买杂粮的主要动机

注：该统计数据出自多选题，占比总和大于1。

（1）口感

在对于杂粮口感的调查结果中（图 3-21），只有 16.75％的消费者明确表示认同"杂粮口感不好"这个观点。31.62％和 12.65％的消费者是不同意和非常不同意这个观点的。

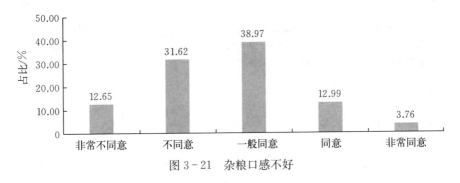

图 3-21　杂粮口感不好

（2）消化情况

在对于杂粮是否易于消化的调查中（图 3-22），只有 13.6％的消费者表示认同或者非常认同"杂粮不易消化"这个观点，说明大多数消费者认为杂粮是容易消化的。

3.3.2.4　消费者杂粮消费习惯

（1）消费较多的杂粮品种

杂粮种类较多，调研结果显示受消费者欢迎的前五名的杂粮分别是小米、绿豆、红小豆、燕麦和黑豆（图 3-23）。小米是最受消费者青睐的品种，占比 85.13％，绿豆、红小豆、燕麦、黑豆也在人们的杂粮消费中占比较大，分别占比 49.74％、36.58％、34.19％和 27.69％，位列第二位到第五位。

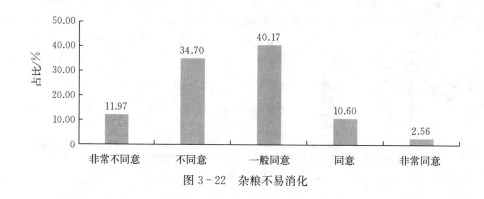

图 3-22　杂粮不易消化

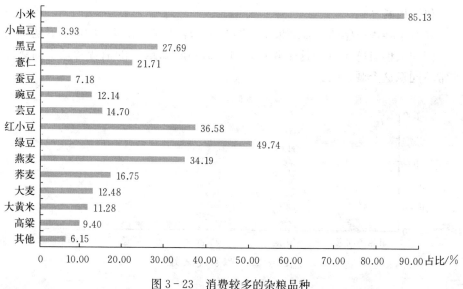

图 3-23　消费较多的杂粮品种

注：该统计数据出自多选题，占比总和大于 1。

(2) 对杂粮的喜欢程度

从调研数据可以看出消费者普遍是比较喜欢杂粮的（图 3-24），对于杂粮的喜欢程度为一般的占比 46.67%，喜欢的占比 38.63%，非常喜欢的占比 11.79%，明确表示不喜欢只占 2.91%，由统计结果可以看出，消费者对杂粮的接受度整体较高。

(3) 杂粮消费在食品消费中所占的比例

杂粮一般只能发挥调节饮食的功能，所以人们很少以杂粮为主要食品，因此杂粮消费在食品消费中所占比例并不算很高，不超过 10% 的占 63.25%，超

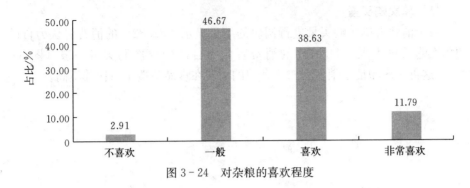

图 3-24 对杂粮的喜欢程度

过 10% 但不超过 30% 的占 29.91%，以杂粮为主食的（超过 50%）只占 1.71%（图 3-25）。

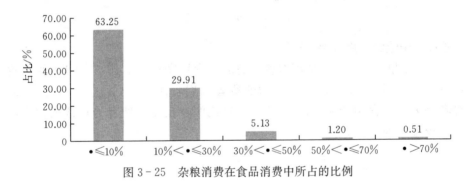

图 3-25 杂粮消费在食品消费中所占的比例

（4）杂粮的购买频率

虽然大部分消费者对于杂粮有着较高的接受度，但是由于一直以来的购买习惯，对于杂粮的消费次数普遍较少（图 3-26），大约每年购买 3 次以内的消费者占比 30.43%，大约每个季度购买 1 次的占比 24.10%，大约每两个月购买 1 次的占比 19.49%，大约每月购买 1～3 次的占比 15.04%。

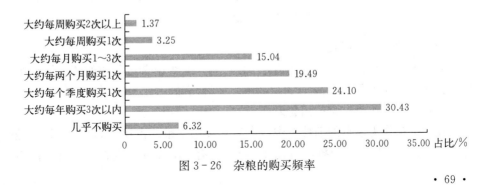

图 3-26 杂粮的购买频率

(5) 单次购买量

对于消费者单次购买量进行调研的结果显示，32.82%的消费者认为自己的单次购买量不大，44.96%的消费者认为自己的单次购买量一般（图 3-27），这再一次印证了消费者对于杂粮的消费在食品消费中占比并不高。

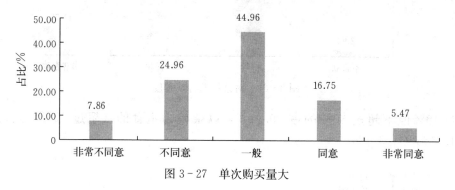

图 3-27 单次购买量大

(6) 杂粮的食用频率

调研结果显示，大多数消费者每周都会食用杂粮，其中 30.43%的消费者每个月食用 1~3 次，41.2%的消费者每周食用 1~3 次，12.82%的消费者每天都会食用杂粮（图 3-28）。这说明杂粮在消费者的日常饮食中占有比较重要的地位。

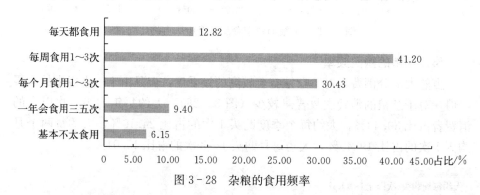

图 3-28 杂粮的食用频率

(7) 杂粮的消费形式

消费者购买杂粮作为主食的占比 31.29%，购买由杂粮制成的传统风味小吃和方便食品作为零食的占比 22.26%，二者皆有的占比 46.45%（图 3-29）。

(8) 以杂粮作为主食的用餐时间

在把杂粮作为主食的消费者中，在早餐食用杂粮的占比 55.80%，其次是晚餐，占比 34.32%，中餐，占比 15.56%，有 31.11%的消费者把杂粮作为

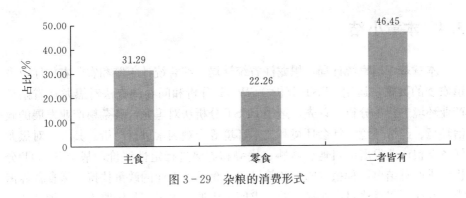

图 3-29 杂粮的消费形式

主食的用餐时间并不固定（图 3-30）。

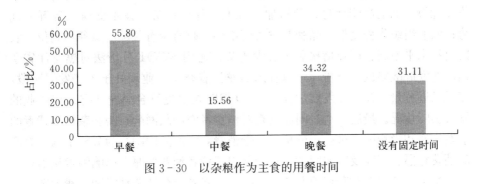

图 3-30 以杂粮作为主食的用餐时间

3.3.2.5 结论

本调研主要针对杂粮消费的意愿和影响因素开展，取样比较规范，调研样本覆盖各个年龄段、各学历层次、各种职业以及家庭结构，男女比例相对均衡。根据调研结果，基本可以得出如下结论：

（1）消费者对杂粮的认知情况。调研结果显示，多数消费者对于杂粮概念、杂粮品种、营养价值、品牌、烹饪方法和食用方法、搭配方式、认证方式等只是一般了解或者不太了解。

（2）消费者的杂粮消费动机。随着人们健康生活理念的不断增强，拥有杂粮购买意愿的消费者也在不断增多。消费者选择购买杂粮主要是基于杂粮的营养价值、保健功能和个人饮食偏好。对已购杂粮不满意的主要原因是杂粮的质量、新鲜度和口感不符合预期。

（3）消费者的杂粮消费习惯。消费者喜欢食用杂粮，消费者食用频率较高，并且主要作为主食来食用，早餐食用居多。对于杂粮的购买次数少，单次购买量不大。

3.4 本章小结

本章基于国家统计局，黑龙江省统计局、综合统计年鉴和农业农村厅及乡镇农委的数据，运用 PEST 分析、SWOT 分析和问卷调查法对黑龙江省杂粮产业环境进行了分析。首先，运用 PEST 分析法对黑龙江省杂粮产业发展的政治环境、经济环境、社会环境和技术环境等宏观因素进行分析。其次，对黑龙江省杂粮产业发展的机遇、威胁、优势和劣势进行定性评价，基于 SWOT 分析，进而总结出：种植方向的政策导向、食品加工业的政策扶持、膳食营养需求、乡村振兴战略对产业融合的要求四大机遇；加工产品销路不畅、种植效益不稳定、受灾抗风险能力差、产业化开发不足四大威胁；产品品质优势、成本收益优势、加工产能优势、种植加工标准一体化优势、技术支撑优势五大优势；农业组织化程度低、品牌开发力度不够、政府及有关部门服务不到位、农民科技水平不高、产业衔接脱节五大劣势。运用 SWOT 分析法对黑龙江省杂粮产业发展战略进行分析，可以看出黑龙江省杂粮产业现处于蓄势发展阶段，兼顾长远考量，在实际发展过程中，SO 战略相对更符合黑龙江省杂粮产业的发展实际情况。最后，通过问卷调查对消费者农产品网购行为和杂粮消费者的消费意愿和影响因素进行了分析，对于消费者农产品网购行为分析了网购农产品消费意愿、态度及影响因素，对于杂粮消费者消费意愿和影响因素从消费者基本情况、消费者对杂粮消费认知情况、消费者杂粮消费动机和消费者杂粮消费习惯等四个方面对杂粮消费者的消费行为和影响因素进行了描述性分析，为后续黑龙江省杂粮市场营销策略制定提供依据。

4 黑龙江省杂粮产业发展现状

4.1 杂粮生产基础

4.1.1 气候条件

从南至北黑龙江省可被划分为中温带和寒温带，黑龙江省四季气候的主要特点是春季气温较低比较干旱，夏季气温较高并且降雨较多，秋季容易发生洪涝并且出现早霜，冬季气温低并且持续低温的时间较长，无霜期较短，黑龙江省无霜冻期平均在 100～150 天，全省气温由南向北降低。杂粮生长时间短，适应能力强，同时还具有抗干旱、耐贫瘠的特性，适宜在干旱地区种植。而黑龙江省的西部和西北部属于干旱和半干旱的地区，可以加大杂粮的种植力度，与其他粮食作物相比，由于杂粮自身的特点使得杂粮种植在农业生产中拥有重要地位。

谷子、高粱、绿豆、红小豆、糜子等杂粮作物均具有高度耐旱和抗旱性，在干旱贫瘠的土壤中种植，有良好的高产稳产性，有较强的抗风险能力。黑龙江省农业生产主要受到干旱、洪涝、风雹和冷冻灾害等自然灾害的影响。从表 4-1 来看，2014—2019 年黑龙江省农作物受灾面积波动较大，2016 年受灾面积合计 4 224 千公顷，相比于 2015 年增加了 3 049 千公顷，涨幅 259.49%，2019 年受灾面积为 3 541 千公顷，占当年全国受灾面积的 18.39%。从 2014—2019 年旱灾、洪涝灾、风雹灾和冷冻灾的受灾面积可以看出，黑龙江省农业生产受到旱灾影响较大，受灾面积大。黑龙江省是农业生产大省，自然灾害的发生会造成一定的经济损失，杂粮作物具有耐旱抗旱性，同时适应能力强，在抗旱避灾上具有重要作用，应该提升谷子、高粱、绿豆、红小豆、糜子等杂粮作物的种植面积。

表 4-1　2014—2019 年黑龙江省农作物受灾面积情况

单位：千公顷，%

年份	受灾面积合计	旱灾受灾面积	洪涝灾受灾面积	风暴灾受灾面积	冷冻灾受灾面积	占全国受灾面积的百分比
2014	810	62	513	235	—	3.25
2015	1 175	484	482	147	63	5.40
2016	4 224	2 955	284	211	100	16.11
2017	1 551	997	188	325	40	8.39
2018	4 155	2 294	1 052	385	386	19.96
2019	3 541	—	2 745	224	37	18.39

数据来源：根据 2015—2020 年《中国农村统计年鉴》整理。

注："—"代表受灾面积为 0。

4.1.2　土地资源

从土地资源上来看，黑龙江省土地面积广阔，有利于杂粮的大面积种植。2019 年除加格达奇区和松岭区，黑龙江土地总面积达到 45.25 万平方千米，排在全国第六的位置。黑龙江省统计局统计数据显示，2000—2015 年黑龙江省耕地面积持续增加，2015—2018 年耕地面积趋于平稳，截至 2019 年，黑龙江省耕地面积为 1 584.4 万公顷，占土地总面积的 35%，人均耕地面积为 0.42 公顷；2019 年杂粮总播种面积为 20.00 万公顷，占粮食作物播种面积的 1.40%。如图 4-1 所示，2000—2019 年，黑龙江省杂粮播种面积整体呈现先下

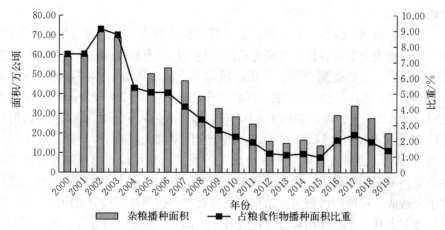

图 4-1　2000—2019 年黑龙江省杂播种面积及占粮食作物播种面积的比重

数据来源：根据 2001—2020 年《黑龙江统计年鉴》整理计算。

降后上升的趋势，2002 年杂粮播种面积达到最大值 71.54 万公顷，2015 年杂粮播种面积下降到 13.69 万公顷，14 年间杂粮播种面积下降了 57.85 万公顷，下降幅度为 422.50%；2016 年黑龙江省杂粮播种面积有所上升，上升到 29.15 万公顷，虽然杂粮播种面积有所增加，但是与 2007 年之前相比仍然减少很多。

4.1.3 杂粮生产区域分布

黑龙江省面积广阔，适宜种植的杂粮作物达十余种。黑龙江省普遍种植的是高粱，以酿酒高粱为主。按杂粮种植面积划分，截至 2019 年，黑龙江省种植面积大于 5.5 万公顷的杂粮有红小豆、芸豆和高粱，大于 2 万公顷的杂粮还有谷子和绿豆。按杂粮种植区域划分，黑龙江省西南部、南部和东南部地区，具体是齐齐哈尔市（龙江县、甘南县和泰来县）、大庆市、绥化市（安达市和肇东市）、哈尔滨市南部县（市、区）和牡丹江市南部县（市、区），以种植绿豆、小粒红小豆和谷子、糜子、高粱为主；黑河市大部分县（市、区）和齐齐哈尔市北部县（市、区）以种植芸豆和红小豆为主；东部佳木斯市、牡丹江市、七台河市、鸡西市等地区以种植芸豆和大粒红小豆为主。

将黑龙江省作为整体，各地市作为个体，根据 2001—2020 年《黑龙江省统计年鉴》的数据，计算黑龙江省杂粮生产集中度，该指标能够反映出特定年份黑龙江省各地市杂粮产量对黑龙江省粮食总产量的贡献。从表 4-2 可以看出，2000—2019 年黑龙江省各地市杂粮产量均处于波动状态，大庆市、哈尔滨市、黑河市、鸡西市、齐齐哈尔市、绥化市变化显著，和 2000 年相比，2019 年哈尔滨市、鸡西市、齐齐哈尔市杂粮产量下降，生产集中度系数分别下降了 9.36%、11.67%、18.08%，而大庆市、黑河市、绥化市杂粮产量增加，生产集中度系数分别增加了 41.7%、18.58%、0.79%。截至 2019 年，生产集中度大于 15% 的地区有大庆市、齐齐哈尔市、黑河市、绥化市，杂粮产量分别为 25.36 万吨、12.7 万吨、11.25 万吨、11.41 万吨，生产集中度分别为 55.73%、24.71%、27.91%、25.08%。

表 4-2　2000—2019 年黑龙江省各地市杂粮生产集中度变化情况

单位：%

地区	2000 年	2005 年	2010 年	2015 年	2019 年
大庆	14.03	24.38	31.32	58.55	55.73
大兴安岭	1.77	1.36	1.37	4.44	0.70
哈尔滨	20.75	6.46	5.22	3.76	11.39
鹤岗	0.00	0.34	0.25	2.12	1.57

（续）

地区	2000 年	2005 年	2010 年	2015 年	2019 年
黑河	6.13	3.31	22.09	25.71	24.71
佳木斯	1.18	1.02	8.58	1.32	4.30
鸡西	13.56	1.95	1.60	2.40	1.89
牡丹江	2.71	0.93	1.21	1.42	6.25
齐齐哈尔	45.99	29.40	29.14	83.00	27.91
七台河	1.18	0.34	0.60	0.25	0.57
双鸭山	2.59	1.10	1.13	1.77	2.26
绥化	24.29	11.72	7.34	12.10	25.08
伊春	0.12	0.08	0.12	3.66	3.23

通过对黑龙江省地级市杂粮生产集中度的计算，将杂粮生产集中度分为小于 5%、5% 到 15% 以及大于 15% 三个范围。从表 4-3 可以看出，2000—2019 年，杂粮生产集中度在三个范围的单元数量都处于稳定状态，分别稳定在 7~9 个、1~3 个和 2~4 个，其中小于 5% 的单元个数占所研究的总单元个数的比重超过 50%。可见黑龙江省大部分地区杂粮种植较少，对于黑龙江省杂粮产量的贡献较小。

表 4-3 2000—2019 年黑龙江省杂粮生产集中度分布情况

单位：个，%

年份	<5%		5%~15%		>15%	
	地级市	占比	地级市	占比	地级市	占比
2000	7	53.85	3	23.08	3	23.08
2005	9	69.23	2	15.38	2	15.38
2010	7	53.85	3	23.08	3	23.08
2015	9	69.23	1	7.69	3	23.08
2018	9	69.23	2	15.38	2	15.38
2019	7	53.85	2	15.38	4	30.77

4.1.4 人力资源

劳动力资源是重要的生产要素之一，是杂粮产业发展的基础。黑龙江统计局统计数据显示，黑龙江省 2018 年总人口数达到 3 751.3 万人，劳动力资源丰富，其中男性 1 884.8 万人，女性 1 866.5 万人，占比分别为 50.24% 和 49.76%。如表 4-4 所示，2010—2019 年黑龙江省乡村人口数量呈现逐年下降的趋势，从1 699.7万人下降到1 466.8万人；乡村从业人员数量先增加后减少，2013年乡村从业人员数量增加到992.8万人，2019年下降至875.4万人，其中农业从业人员逐渐减少，2019年减少到595.4万人，而所占乡村人口数量的比例保持相对稳定。杂粮的生产除了需要大量劳动力，还需要高素质的技术型人才，从表4-4可以看出2010—2019年黑龙江省农业技术人员数量的变化趋势，2010年农业技术人员人数为3.62万人，2011—2013年农业技术人员数量呈现平稳增长的趋势，在2014和2015年农业技术人员数量出现较大波动，2014年农业技术人员数量增加到7.90万人，相比2013年增加了3.82万人，涨幅93.63%，2015年农业技术人员数量出现大幅下降，降至4.06万人，同比2014年减少了3.84万人，下降了48.61%。2015—2017年农业技术人员数量趋于平稳，2018年出现大幅度下降，同比下降了10.05%。农业技术人员的减少以及劳动力从农村向城市单向流动，导致农业人才缺乏，将会对杂粮产业的长远发展造成一定影响。

表4-4 2010—2019年乡村人口及从业人员

单位：万人，%

年份	乡村人口数量	乡村从业人员数量	农业从业人员数量	农业从业人员占乡村人口的比例	农业技术人员数量
2010	1 699.7	989.4	677.5	39.86	3.62
2011	1 667.8	989.2	677.7	40.63	3.61
2012	1 652.5	988.5	667.3	40.38	3.82
2013	1 633.7	992.8	666.7	40.81	4.08
2014	1 609.5	982.8	647.9	40.25	7.90
2015	1 570.5	976.0	642.5	40.91	4.06
2016	1 550.1	955.3	632.5	40.80	4.16
2017	1 538.2	930.5	619.9	40.30	4.28
2018	1 505.5	906.5	603.5	40.09	3.85
2019	1 466.8	875.4	595.4	40.59	3.65

数据来源：根据2011—2020年《黑龙江统计年鉴》整理。

4.1.5 资金及基础设施

杂粮生产需要资金投入，可根据全社会固定资产投资情况来反映资金的投入水平。同时基础设施的建设也促进了杂粮的生产，是从事杂粮生产必须进行的投入，由于人工成本的不断增加，农业生产对机械化、规模化、产业化要求越来越高，对于杂粮生产来说提高机械化程度，引入农机设备和种植技术也变得越来越主要。如表4-5所示，2010—2019年黑龙江省全社会固定资产投资总额变化波动较大，2010—2017年整体呈现增加趋势，2018年下降到10 806.4亿元，2019年增加到最大值11 454.8亿元；2010—2019年农业固定资产投资额呈波动变化，其中2010—2014年呈现先增加再平稳之后减少的变化，2015—2017年呈现明显增加，2017年农业固定资产投资额达到最大值623.5亿元，2019年下降到334.2亿元；农业固定资产投资占总投资的比重呈现波动变动化趋势，2017年占比最大达到5.52%，2019年占比下降到2.92%；2010—2019年农村用电量呈现逐年递增的变化趋势，2019年增加到最大值85.6亿千瓦时；有效灌溉面积以及农业机械总动力整体表现出增加的走势。

表4-5　2010—2019年黑龙江省固定资产投资及基础设施建设

年份	全社会固定资产投资总额/亿元	农业固定资产投资额/亿元	农业固定资产投资占比/%	农村用电量/亿千瓦时	有效灌溉面积/万公顷	农业机械总动力/万千瓦
2010	6 801.7	92.2	1.36	52.7	387.5	3 736.3
2011	7 475.4	263.3	3.52	58.2	434.2	4 097.8
2012	9 780.2	263.8	2.70	64.3	488.9	4 549.3
2013	11 453.1	287.7	2.51	67.0	534.2	4 848.7
2014	9 828.9	252.6	2.57	69.6	530.5	5 155.5
2015	10 182.9	350.1	3.44	72.6	553.1	5 442.7
2016	10 648.4	424.6	3.99	77.5	595.3	5 634.3
2017	11 292.0	623.5	5.52	79.8	603.1	5 813.8
2018	10 806.4	509.4	4.71	82.8	612.0	6 082.4
2019	11 454.8	334.2	2.92	85.6	617.8	5 273.5

数据来源：根据2011—2020年《黑龙江统计年鉴》整理。

通过以上描述与分析，从杂粮的生产资源可以看出，黑龙江省拥有广阔的耕地面积，西部以及西北部属于干旱和半干旱地区，杂粮具有良好的抗旱能力，在这样的条件下适当扩大杂粮种植面积，可以降低受旱灾的种植风险。但是2000—2019年杂粮播种面积整体在减少，虽然从2016年起播种面积有所增加，但是与前十年（2000—2009年）相比还是减少很多。杂粮产业属于劳动密集型产业，杂粮的生产需要大量的劳动力，劳动力的大量投入会带来生产成本的增加，与此同时，劳动力从农村流向城市的现象使得劳动力短缺，劳动力的价格也会随之上涨，这些都不利于杂粮产业的健康和可持续发展。

4.2　杂粮及相关产品的市场需求

4.2.1　国外需求市场

由于我国杂粮品种多、品质好、价格优以及杂粮自身特有的营养保健的特性，在国际市场上越来越受到欢迎。我国对外出口的杂粮主要有大麦、燕麦、高粱、荞麦、绿豆、红小豆、芸豆等，对外出口的国家主要有日本、韩国、美国。

从出口数量来看，杂谷中荞麦出口量最大，2000—2019 年荞麦出口量平均值达到 7.01 万吨，杂豆中芸豆出口量最大，2000—2019 年芸豆出口量平均值达到 50.71 万吨；从出口额来看，杂谷中荞麦出口额最高，2000—2019 年荞麦出口额平均值达到 2 543.75 万美元，杂豆中芸豆出口额最高，2000—2019 年芸豆出口额平均值达到 35 861.64 万美元。从世界范围来看，各国以杂粮为原材料的食品加工、畜牧、酿造、医疗健康等行业依然存在巨大的需求潜力。

4.2.2　国内需求市场

我国是主要的杂粮生产国和消费国，国内杂粮消费分为直接食用和工业用粮，工业用粮包括食品工业用粮、饲料用粮和其他用粮。杂粮可以作为食品工业的原料，其中大麦可以用来生产啤酒，谷子可以制糖制醋，蚕豆可以制成酱油、豆瓣酱，高粱除了酿白酒和制糖外，还可以作为饲用和工业用粮。大麦的营养丰富，饲用的价值要比其他谷类作物高。《2016 中国粮食发展报告》中指出 2015 年东北地区实行玉米临时收储政策，导致饲料企业普遍把高粱和大麦作为玉米的替代品，高粱和大麦的消费分别达到了 1 265.1 万吨和 1 231.5 万吨。

杂粮的营养价值逐渐得到消费者的认可，通过对大庆市各大商超的市场调研以及淘宝、京东平台的搜索可以看出，杂粮的品种较多，除了原粮以外，还有有机杂粮、混合杂粮以及深加工后的杂粮加工品。在价格方面，混合杂粮的价格是普通杂粮价格的 1.5 倍左右，有机杂粮的价格是普通杂粮的 3～4 倍，而产品深加工后的价格是普通杂粮的 5～10 倍（见附录 1、2 和 3）。由此可以看出，消费者对于杂粮的需求不再仅是针对原粮，更多的是针对杂粮加工品，也更关注杂粮的营养价值。随着人民生活水平的不断提高以及物质需求的日益丰富，国内杂粮消费市场也在快速扩大，杂粮需求潜力巨大。如表 4 - 6 所示，2010—2019 年我国城镇居民人均可支配收入呈不断增加的趋势，截至 2019 年我国城镇居民人均可支配收入为 42 358.8 元/人；黑龙江省城镇居民人均可支配收入低于全国水平，但也呈现持续增加的趋势，2019 年黑龙江省城镇居民人均可支配收入达到 30 945.0 元/人。在我国居民生活水平不断提高的同时人们的生活习惯也不断改善，开始注重健康以及追求更高的生活品质。适当食用杂粮具有医疗保健的作用，在降低血糖和血脂以及软化血管方面都有一定功效。可见，应该开拓杂粮精深加工市场，进一步挖掘杂粮的营养价值以及医疗保健功能，顺应人们对于健康饮食的需求。

表 4-6   2010—2019 年城镇居民人均可支配收入

年份	全国人均 可支配收入/元	年增长率/%	黑龙江省人均 可支配收入/元	年增长率/%
2010	19 109.4	—	13 856.5	—
2011	21 809.3	14.13	15 696.2	13.28
2012	24 564.7	12.63	17 759.8	13.15
2013	26 955.1	9.73	19 597.0	10.34
2014	28 843.9	7.01	22 609.0	15.37
2015	31 194.3	8.15	24 202.6	7.05
2016	33 616.2	7.76	25 736.4	6.34
2017	36 396.2	8.27	27 446.0	6.64
2018	39 250.8	7.84	29 191.3	6.36
2019	42 358.8	7.92	30 945.0	6.00

数据来源：根据 2011—2020 年《中国统计年鉴》和《黑龙江统计年鉴》整理计算。

4.3   杂粮产业结构

4.3.1   杂粮生产资料

杂粮生产资料主要指杂粮的投入，包括种子、肥料、农药、农用设备、农业机械、农用设施等，农村金融以及其他支农服务业与生产资料密切相关。化肥、农药、农业机械设备以及农业生产服务等产前投入将促进杂粮的生产，但是生产资料价格的上涨会引起杂粮种植成本的增加，进而影响杂粮产业的利润。2010—2019 年，黑龙江省农业生产资料价格基本上每年都有所上涨。由表 4-7 可以看出，机械化农具、化学农药、其他生产资料等农业生产资料的价格呈现稳中有升的趋势，化学肥料、农业生产服务等价格呈现波动变化，截至 2019 年，农业生产资料的价格均有所上涨，农业生产资料价格的上涨增加了农业的生产成本，降低了利润，在一定程度上会降低农户对于杂粮生产的积极性，这不利于杂粮产业的可持续发展。

表 4-7　黑龙江省农业生产资料及农业生产服务价格指数

年份	机械化农具	化学肥料	化学农药	其他生产资料	农业生产服务
2010	100.8	97.7	98.4	126	117.4
2011	108.5	114.8	102.4	103.4	110.1
2012	101.9	108.3	100.9	113.6	111.5
2013	100.4	98.8	100.7	108.8	113.1
2014	100.9	93.8	101.2	102.6	106.4
2015	100.1	103.5	100.7	101.3	98.7
2016	100.3	97.9	99.9	100	99.8
2017	101.1	102.9	100.4	100.3	99.8
2018	102.4	105.3	106.2	104.7	104.8
2019	101.8	103.8	102.8	101.6	102.5

数据来源：根据 2014—2020 年《黑龙江统计年鉴》整理。

注：上年＝100。

4.3.2　杂粮种植业

第一，杂粮生产水平。从杂粮的产量可以看出杂粮的生产水平，2019 年，黑龙江省粮食作物产量为 7 503.0 万吨，其中杂粮产量为 45.51 万吨，占粮食作物产量的 0.61％。如图 4-2 所示，2000—2019 年黑龙江省杂粮产量呈现波动变化，2002 年杂粮产量达到最大值 169.00 万吨，除 2008 年、2011 年和 2014 年个别年份外，从 2006 年至 2015 年杂粮产量呈现下降趋势，2015 年下降至最低 24.64 万吨，2016—2019 年杂粮产量不断增加，黑龙江省 2010—2019 年杂粮产量的总和占 2000—2009 年杂粮产量总和的 47.78％，不及前十年产量总和的一半。从杂粮总产量占比来看，2002 年杂粮产量占比最高，达到 5.75％，2003 年开始下降，2010—2016 年杂粮产量占比均小于 1％，其中 2015 年占比仅为 0.32％。

第二，杂粮及其主要作物单产。根据《中国农村统计年鉴》的数据计算得到杂粮及其主要作物的单产，如图 4-3 所示，2013—2019 年黑龙江省杂粮单产呈现波动的变化，2015 年杂粮单产下降到最低，为 1 800.33 千克/公顷，2016 年杂粮单产增加到最高值，为 2 511.79 千克/公顷。在谷子、高粱、绿豆、红小豆四种主要杂粮作物中，高粱的单产水平最高，2013—2015 年单产

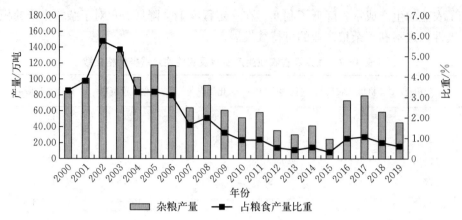

图 4-2　2000—2019 年黑龙江省杂粮产量及占粮食产量的比重

数据来源：根据 2001—2020 年《黑龙江统计年鉴》整理计算。

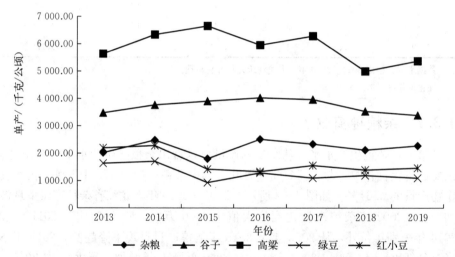

图 4-3　2013—2019 年黑龙江省杂粮及其主要作物单产

数据来源：根据 2014—2020 年《中国农村统计年鉴》整理计算。

呈现上升趋势，到 2015 年达到 6 654.14 千克/公顷，随后 3 年高粱单产呈现减—增—减的波动，到 2018 年减少到最小值 5 000 千克/公顷；谷子单产水平位居第二，2013—2017 年谷子单产整体上呈现缓慢增长的趋势，2018 年和 2019 年谷子单产明显减少，2019 年减少到最小值 3 391.3 千克/公顷；2014 年红小豆单产增加到最大值 2 279.79 千克/公顷，2015—2019 年红小豆单产整体趋于平稳状态，2019 年达到 1 466.05 千克/公顷；2015 年绿豆单产出现大幅度下降，单产减少到最小值 932.20 千克/公顷，较 2014 年年下降 45.34%，2015 年后绿豆单产开始增加，2016—2019 年绿豆单产趋于稳定。

4.3.3 杂粮加工业

食品加工制造业的发展有利于杂粮产品的加工制造，截至 2018 年，黑龙江省大中型农副食品加工企业 33 家，大中型食品制造企业 28 家，大中型酒、饮料和精制茶制造企业 16 家，但是黑龙江省单纯以杂粮加工为主业的企业较少，涉足杂粮加工的企业主要以稻米加工为主，杂粮加工为辅，杂粮的加工产品类型比较单一。目前黑龙江省杂粮加工量占杂粮总产量的比例较小，绝大部分杂粮仍以原粮的形式进入消费市场。杂粮加工大致可以分成四种类型：一是杂粮的初级加工品，主要是经过包装的原粮；二是将杂粮加工成传统的小吃，例如绿豆糕、绿豆饼、燕麦酥饼、芸豆卷、黏豆包等；三是将杂粮加工成方便食品，例如杂粮方便面、杂粮饼干、杂粮速食粥等；四是以杂粮为原料的酿造食品，例如由高粱和大麦酿制成的白酒和啤酒。杂粮加工使得杂粮产品多种多样，提高了产品的附加值，延长了杂粮产业链条，可以满足不同消费者的需要。近几年来黑龙江省的杂粮加工产业获得了长足发展，尤其是在杂粮加工设备方面实现了很大的技术进步。

杂粮产品非常丰富，对于部分高粱、小米、绿豆、芸豆、红小豆等杂粮作物已经初步开发出加工产品，其中芸豆和红小豆是制作黏豆包的原材料，高粱主要用于酿酒。黑龙江生产的高粱除了被当地的酒厂收购，也获得了省外酒厂的青睐，例如五粮液集团有限公司就曾收购过黑龙江的高粱。从地区上来看，杂粮加工在大庆和齐齐哈尔地区发展水平相对较高。在已有杂粮龙头化加工企业里，大庆市成就了以乾绪康米业有限公司、大庆谷源香农产品有限公司、黑龙江百森饮料有限公司、黑龙江托古食品有限公司等为主导的产业，形成了"老街基""托古""双榆树""乾绪康""娄家寨""泽谷""绿珍珠"等成熟的杂粮品牌。齐齐哈尔市成就了以拜泉县龙盛现代农业有限公司、泰来县绿洲食品加工有限责任公司、龙江县兴旺米业有限责任公司等为主导的产业，并打造出了省级著名杂粮食品商标"素食猫"，同时拜泉县和依安县的芸豆、龙江县的龙江小米获得了国家农产品地理标志认证。从黑龙江省整体来看，杂粮加工业发展水平还是偏低，还存在着加工技术落后，缺少深加工，加工企业规模小、创新能力不足等问题。

4.3.4 杂粮运销服务业

杂粮的运销服务业包括运输、仓储、批发、零售等。目前，黑龙江省杂粮有多种多样的销售模式，包括自产自销，由合作社或者各地的代理商代理销售，通过订单的方式在批发市场、实体店或者网店进行销售等。通过线上销售，杂粮产品销往我国各大城市，例如北京、上海、广州等城市，并且受到消费者的喜爱。杂粮的销售离不开运输业的支持，完善的物流体系有助于杂粮销往国内的各个城市。从表4-8可以看出，2010—2019年黑龙江省铁路营业里程和公路线路里程不断增加，说明铁路和公路交通网络建设不断完善；2015—2019年黑龙江省铁路、公路、水运以及民航总货运量保持在55 000万吨左右，其中铁路粮食货运量在2015年降到最低748万吨，2016—2018年逐年上涨。

表4-8 2010—2019年黑龙江省运输情况

年份	铁路营业里程/千米	公路线路里程/千米	货运量（除去管道）/万吨	铁路粮食货运量/万吨
2010	5 673	151 945	59 067	2 472
2011	5 832	155 592	62 924	2 318
2012	6 022	159 063	64 820	2 531
2013	5 906	160 206	60 644	2 623
2014	5 906	162 464	59 889	1 859
2015	6 120	163 233	54 323	748
2016	6 120	164 502	53 460	1 133
2017	6 122	165 989	56 139	2 294
2018	6 782	167 116	54 988	2 362
2019	6 668	168 710	50 491	1 974

数据来源：根据2011—2020年《黑龙江统计年鉴》整理。

通过对于杂粮产业结构的分析可以得出，在投入环节，生产资料的价格呈现稳中有升的趋势，由此会带来杂粮产业投入成本的增加；在生产环节，由于受到播种面积减少的影响，杂粮产量也随之减少，但是单产比较稳定，保持在5 000～6 700千克/公顷；在加工环节，杂粮加工产品所占比例较小，杂粮大部分以原粮的形式流入市场，缺少杂粮深加工品；在运销环节，黑龙江省物流设施的不断完善有利于杂粮运往各个城市，线上销售模式也促进了杂粮的销售。

专栏4-1

　　我国的涉农产业体系中，农业投入占当年国民经济全部门总产出比重为6%；农业生产占比为34%；农产品加工制造产出占比为45%；农产品流通服务部门产出占比为15%。以农业生产部门产出为1，农业投入、农业生产、农产品加工制造、农产品流通服务四个部门产出之比为 0.18∶1∶1.32∶0.44。美国的涉农产业体系中，农业投入、农业生产、农产品加工制造和农产品流通服务部门的产出占当年国民经济全部门总产出的比重分别为 4%、14%、53%、29%，以农业生产部门产出为 1，四部门产出之比为 0.25∶1∶3.89∶2.15。日本的涉农产业体系中，农业投入、农业生产、农产品加工制造和农产品流通服务部门的产出占当年国民经济全部门总产出比重分别为 2%、12%、55%、31%，以农业生产部门产出为 1，四部门产出之比为 0.15∶1∶4.38∶2.49，具体如表 4-9 所示。

表4-9　中国、日本、美国涉农产业内部结构比较

单位：亿元，%

部门	美国		日本		中国	
	产出	占比	产出	占比	产出	占比
农业/投入	52 981.83	4	16 401.36	2	4 493.976	6
农业生产	213 422.94	14	105 889.1	12	27 923.874	34
农产品加工制造	830 458.72	53	464 094.3	55	36 264.437	45
农产品流通服务	459 579.27	29	263 351.2	31	12 303.008	15

数据来源：根据《2002 年中国投入产出表》《2000 年日本投入产出表》《2002 年美国投入产出表》计算得出。

可以看出，美国、日本等发达国家的涉农产业体系结构中，加工制造是最重要的产出贡献环节，产出占比是生产环节的 4 倍左右，流通服务环节也占有重要地位，产出占比通常是生产环节的 2 倍以上，而中国涉农产业体系的加工制造产出占比仅仅是生产环节的 1.32 倍，流通服务环节产出占比不足生产环节的 50%。*

4.4　杂粮企业战略、结构和同行竞争

目前，黑龙江省杂粮种植结构单一，且杂粮加工以粗加工为主，缺少深加工与精加工，难以满足市场的多元化需求。生产方式以农户小规模、分散式生产为主，多数农户未加入产销一体化组织。这种生产方式组织化程度低，与市场联系不紧密，难以适应不断变化的市场需求，同时也不利于杂粮耕作技术以及新品种的推广。随着农业产业化合作机制的不断发展，黑龙江省杂粮企业产

* 周应恒，耿献辉：《涉农产业经济学》，科学出版社，2014。

业化逐步形成，包含了多种融合发展的模式："企业＋种植基地＋农户"是由企业建设种植基地，将零散的种植户串联起来，这样的产业化模式使得杂粮加工成为产业发展的重要环节；"企业＋种植专业合作社＋农户"是企业与农户签订合约，组织和管理的工作由合作社负责，且为农户提供农业技术指导，在这种模式下企业得到了稳定的原料供给，农户的种植利益得到保证，农户杂粮生产的积极性得以提升，实现了企业、合作社和农户的共赢；在"龙头企业＋中介组织＋农户"模式中，产地批发市场和销售批发市场充分发挥中介组织作用，带动着杂粮的生产。

4.5 杂粮产业发展相关支持政策

4.5.1 国家层面

2016 年玉米收储制度改革中提出扩大包括杂粮杂豆在内的特色高效农作物的种植面积，充分发挥杂粮杂豆在玉米种植结构调整中的作用。2017 年农业部《推进北方农牧交错带农业结构调整工作方案的通知》中指出，对于特色优势产业要加大投入力度不断做大做强，建立杂粮生产保护区以及标准化种植示范区，积极推进杂粮生产和精深加工。2016 年国家粮食和物资储备局发布的《关于加快推进粮食行业供给侧结构性改革的指导意见》中提到要积极推广全产业链发展模式，推动粮食产业集群发展，建立产业基地不断增加粮食产业经济效益，积极发展绿色全谷物粮食产品，对于老年人、婴幼儿等这些特定人群，粮食的供给要有针对性。《国家粮食安全中长期规划纲要（2008—2020年)》中提到要加强主产区粮食生产建设，扩大优质杂粮的种植面积，树立科学饮食和健康消费的观念，改善居民膳食结构。

4.5.2 黑龙江省层面

2019 年发布的《黑龙江省工业强省建设规划（2019—2025 年)》中提到，要立足优势特色，充分考虑本地产业关联性、创新性、竞争力和带动性，在深加工方面，开发单一和复合型谷物膳食食品、杂粮膳食食品、谷物营养（强化型）饮品、药食同源食品等特色膳食食品。发展红小豆、紫苏油等特色产品。2018 年国务院办公厅印发的《关于加快推进农业供给侧结构性改革 大力发展粮食产业经济的实施意见》中提出加快粮食产品加工、物流、涉农服务等产业的发展，促进全产业链的发展。提升杂粮杂豆产品的供应链和价值链，促进杂粮产业化。2021 年发布的《黑龙江省国民经济和社会发展第十四个五年规划和二〇三五年远景目标纲要》中提到在粮食生产方面，要稳定播种面积，提高单产水平，增强生产能力。与此同时，要不断提高食品和农副食品精深加工能力，将绿色食品及农副产品加工业打造成支柱产业，大力培育特色农产品专业批发市场，大豆、杂粮等粮食现货交易争取纳入国家粮食交易平台。

4.6　杂粮产业发展机会

4.6.1　消费需求导向

随着我国社会经济不断发展，消费者不再满足于"吃得饱"和单一的饮食结构，逐步树立了均衡营养和健康饮食的观念。《中国食物与营养发展纲要（2014—2020 年）》中提到，要保障摄入充足的能量和蛋白质，从谷类食物中摄入的能量要在 1 100～1 200 千卡/日。杂粮营养丰富，能为人体提供蛋白质、矿物质、维生素等物质，有利于人体健康，还可补充人体所需的钙、铁、锌、磷等微量元素。

表 4-10　城镇居民人均粮食消费量及人均消费支出情况

年份	粮食（原粮）消费量/(千克/人)	消费支出/（元/人）	医疗保健支出/（元/人）	医疗保健消费占比/%
2010	81.53	13 471.5	871.8	6.47
2011	80.71	15 160.9	969.0	6.39
2012	78.76	16 674.3	1 063.7	6.38
2013	121.3	18 487.5	1 136.1	6.15
2014	117.2	19 968.1	1 305.6	6.54
2015	112.6	21 392.4	1 443.4	6.75
2016	111.9	23 078.9	1 630.8	7.07
2017	109.7	24 445.0	1 777.4	7.27
2018	110.0	26 112.3	2 045.7	7.83
2019	110.6	28 063.4	2 282.7	8.13

数据来源：根据 2011—2020 年《中国统计年鉴》整理。

如表 4-10 所示，2010—2019 年城镇居民对粮食（原粮）消费量呈现递增趋势，消费支出呈上升趋势，其中医疗保健支出逐年增加，截至 2019 年，城镇居民医疗保健消费支出达到 2 282.7 元/人，占消费支出的 8.13%。对于医疗保健的投入加大，说明人们更加重视健康，人们对于粮食的消费也不再限于原粮。杂粮作为药食同源的重要食品资源，在医疗保健与安全卫生等方面得到了不同层级营养学者的认可，在医疗保健食品中拥有重要地位，也拥有广阔的市场前景。在国内消费市场对杂粮需求日益增加的情况下，杂粮产业将进入一个快速发展时期。就黑龙江省杂粮产业来说，要抓住全球健康饮食带动杂粮市场发展这个难得的机遇，提升黑龙江省杂粮产业的竞争力优势，发展黑龙江省杂粮产业。

4.6.2　科研技术趋向

杂粮是多种小宗粮豆作物的集合，在种植、加工、销售等环节涉及作物学、食品加工学、包装工程学等多个学科领域，因此杂粮产业具有系统性。黑龙江省有强大的杂粮产业技术研发实力，研发机构有东北农业大学、黑龙江八一农垦大学等高校，省农科院、省科学院等院所。依托高校、科研院所，黑龙江省农业厅于 2017 年设置黑龙江省杂粮产业技术协同创新推广体系，促进杂粮产业特色发展。黑龙江省杂粮产业技术协同创新推广体系，针对区域特色杂粮，如芸豆、绿豆、红小豆、高粱等，汇聚育种、植保、栽培、食品营养与加工、产业链食品安全、产业环境保护等技术以及产业经济规划与分析研究力量，开展技术研发、推广与培训，为黑龙江省杂粮产业发展提供技术支撑。

随着人民饮食观念的改变以及营养健康意识的不断增强，人们对杂粮的需求将会日益增加，为杂粮产业的发展提供了机遇。同时黑龙江省拥有较丰富的科研、教育资源以及较强的杂粮品种研发能力，为杂粮优质化入市提供了技术保障。

4.7　本章小结

本章介绍了黑龙江省杂粮生产区域的分布以及各区域所种植的杂粮品种，分析了 2000—2019 年黑龙江省杂粮种植区域的变化。在钻石模型的框架下从杂粮生产资源，杂粮及产品的市场需求，产业结构，杂粮企业战略、结构和同行竞争，政府支持政策和产业发展机遇等六个方面对黑龙江省杂粮产业进行分析，在产业结构中对杂粮生产资料、种植业、加工业以及运销服务业进行了详细分析。目前黑龙江省拥有广阔的耕地面积，利于杂粮的规模化种植，但是2000—2019 年杂粮播种面积整体下降，杂粮的产量也随之减少，单产相对稳定。杂粮产品在国内外拥有着巨大的市场，随着人们消费偏好的调整，对杂粮的需求也会增加。在杂粮产业中，杂粮加工业相对薄弱，杂粮加工产品不够丰富，杂粮深加工水平较低。

5 黑龙江省杂粮产业发展
影响因素实证分析

　　黑龙江省是杂粮的主产区，种植的杂粮种类丰富多样，黑龙江省杂粮产业的发展有利于改善居民膳食结构，促进农民增收以及利于发展地方经济。本书所研究的杂粮产业主要涉及投入、生产、加工、销售以及流通服务等环节，包括农业生产资料与投入部门、生产部门、农产品加工部门以及运销服务部门。本章结合杂粮产业发展现状，从杂粮产业涉及的各个部门中选取影响杂粮产业发展的指标，运用多元回归模型分析影响杂粮产业发展的重要因素。

5.1 研究方法

　　胡世霞等（2017）在研究湖北省农业信息化对蔬菜产业发展的影响时，首先计算了变量的相关系数，分析影响因素与产业发展的相关程度，将相关性较低的影响因素剔除掉，对于剩下的影响因素进行多重共线性检验，然后运用主成分分析法，去除变量之间的多重共线性问题，用提取的主成分，构建模型进行回归分析，进而分析出各因素对产业发展的影响。

　　本章主要运用回归分析的方法对影响杂粮发展的因素进行分析，首先要判断所选取的因素是否能够做回归分析，先计算所选取因素的相关系数，相关系数的绝对值越接近于 1，表明相关性越强；越接近于 0，则相关性越弱。根据得到的相关系数，判断变量之间的相关程度，将相关性较弱的变量剔除。

　　对于剔除后的影响因素进行回归分析，可能会因为变量之间具有较强的相关性，从而出现多重共线性问题，使得回归结果不正确，影响回归分析，所以要对影响因素进行多重共线性检验，当变量之间出现多重共线性问题时，应该予以消除。消除多重共线性最常用的解决方法是主成分分析法，通过降维将相关性较强的影响因素组合成新的彼此之间不相关的、但是能充分表达原始信息的大部分内容，达到去除共线性的目的。最后对主成分分析中得到的主成分进行回归分析，构建多元线性回归模型，判断杂粮产业发展受所选取的影响因素影响的程度。多元线性回归的数学模型如式（5-1）所示

$$Y=\beta_0+\beta_1 X_1+\beta_2 X_2+\cdots+\beta_n X_n+\varepsilon \qquad (5-1)$$

式中，β_0 为常数项，β_i（$n=1, 2, \cdots, n$）为各自变量的待估参数，n 为自变量数目，ε 为随机误差。

5.2　指标选取与数据来源

5.2.1　因变量的获取

选取杂粮产业总产值为因变量（Y），杂粮产业总产值是指杂粮产业内部结构中投入、生产、加工制造以及运销服务四个部门的产值之和。由于杂粮原粮以及杂粮加工品较多，不同的加工品价格差异较大，对于杂粮产业各部门的产值统计较为困难，因此运用投入产出分析法对农业关联产业进行分析。耿献辉（2009）基于投入产出分析法对中国涉农产业结构与关联程度进行分析，并测算出涉农产业内部结构的比例。通过运用投入产出分析法计算得到投入、生产、加工制造以及运销服务四个部门的内部结构比例，为本书杂粮产业总产值的估算提供了依据。

农业关联产业投入、生产、加工制造以及运销服务四个部门的内部结构比例的测算过程具体如下：本书以最新的 2017 年中国投入产出表为模板，根据周应恒和耿献辉《涉农产业经济学》中对投入产出表的调整，把农业关联产业作为一个整体，将其从一二三产业中提取出来，其余的合并，构成含有一二三产业以及农业关联产业的投入产出表，如表 5-1 所示。以投入产出分析法为基础调整产业分类，在整体上没有改变基本关系式的平衡，中间产品和最终产品之和等于总产品，物质消耗与净产值之和等于总产值。

根据 2017 年中国投入产出表，以 149 个产品部门的投入产出为基础，筛选出 36 个农业及与农业密切相关的产品部门，其中农业投入部门由农林牧渔服务业、饲料加工业、肥料制造业、农药制造业以及农林牧渔专用机械制造业等 5 部门组成。从表 5-2 可以看出，在投入环节饲料加工业产出最大，产出 8 986.99 亿元，相对比重达到 33%，其次是肥料制造业产出 6 720.65 亿元，相对比重 25%。

表 5 - 1　农业关联产业投入产出

		中间使用				最终使用	总产出
		农业关联产业				最终使用	总产出
		农业投入部门	农业生产部门	农产品加工制造部门	农产品运销部门		
中间投入	农业关联产业	农业投入部门				第Ⅱ象限 Y_i	X_i
		农业生产部门	第Ⅰ象限 X_{ij}				
		农产品加工制造部门					
		农产品运销部门					
增加值		第Ⅲ象限 N_{ij}					

表 5 - 2　投入部门的总产出

单位：亿元，%

投入部门	总产出	相对比重
农林牧渔服务业	5 353.13	20
饲料加工业	8 986.99	33
肥料制造业	6 720.65	25
农药制造业	2 828.24	11
农林牧渔专用机械制造业	3 019.91	11

数据来源：根据《2017 年中国投入产出表》整理计算。

生产部门包括农、林、畜牧、渔业等，如表 5 - 3 所示，在生产环节中，农业产出为 58 661.82 亿元，相对比重为 56%，可见种植业对产业的贡献最大，超过其他三个部门产出之和，其次是畜牧业产出 29 394.02 亿元，占比 28%，林业对产业贡献最小，仅占 5%。

表 5 - 3　生产部门的总产出

单位：亿元，%

生产部门	总产出	相对比重
农业	58 661.82	56
林业	5 096.85	5

（续）

生产部门	总产出	相对比重
畜牧业	29 394.02	28
渔业	11 618.21	11

数据来源：根据《2017 年中国投入产出表》整理计算。

　　农产品加工制造部门由 19 个部门组成，具体部门如表 5-4 所示，在农产品加工制造环节中，棉、化纤纺织及印染精加工业总产出占比最大，相对比重达到 13%，其次是纺织服装、鞋、帽制造业，产出 22 634.00 亿元，占比11%，可见纺织服装、鞋、帽制造业对产业的贡献较大，是农产品加工制造业的重要组成部分。

表 5-4　农产品加工制造部门总产出

单位：亿元，%

加工制造部门	总产出	相对比重	加工制造部门	总产出	相对比重
谷物磨制业	14 100.18	7	毛纺织和染整精加工业	2 363.53	1
植物油加工业	10 012.36	5	麻纺织、丝绢纺织及精加工业	2 191.22	1
制糖业	1 678.68	1	纺织制成品制造业	4 996.47	2
屠宰及肉类加工业	17 529.44	9	针织品、编织品及其制品制造业	3 227.16	2
水产品加工业	6 667.44	3	纺织服装、鞋、帽制造业	22 634.00	11
其他食品加工和食品制造业	11 751.65	6	皮革、毛皮、羽毛（绒）及其制品业	7 770.84	4
酒精及饮料酒制造业	9 553.80	5	木材加工及木、竹、藤、棕、草制品业	15 604.36	8
其他饮料制造业	7 682.98	4	家具制造业	10 046.12	5
烟草制品业	9 165.44	5	造纸及纸制品业	17 906.95	9
棉、化纤纺织及印染精加工业	25 159.90	13	总值	200 042.54	100

数据来源：根据《2017 年中国投入产出表》整理计算。

　　农产品运销服务部门由 9 个行业组成，由于投入产出表中缺少针对农产品的运销服务统计，因此将农产品运销服务部门的总产出，以 9 个部门各自总产出的 20.48% 进行计算。各部门具体总产出如表 5-5 所示，在运销服务环节，农产品商务服务业贡献最大，产出占比达到 24%，农产品运输业总产出为 12 473.35 亿元，相对比重达到 21%，其中农产品道路运输业在农产品运输业中起着重要作用，产出 9 751.61 亿元，占比 17%。

表 5 - 5　农产品运销服务部门总产出

单位：亿元，%

农产品运销服务部门	总产出	相对比重
铁路货运业	673.55	1
道路运输业	9 751.61	17
水上运输业	1 289.75	2
航空货运业	758.43	1
仓储业	944.42	2
批发和零售贸易业	11 480.98	20
零售业	12 254.02	22
餐饮业	6 056.90	11
商务服务业	673.55	24

数据来源：根据《2017 年中国投入产出表》整理计算。

　　根据各部门的组成，结合 2017 年投入产出表中 36 个农业及与农业密切相关的产品部门各自的总产出，计算得到投入部门、生产部门、加工制造部门以及运销服务部门的总产出，如表 5 - 6 所示。从整体上看，2017 年涉农产业体系中农业投入产出为 26 908.93 亿元，占比 6.92%，农业产出为 104 770.90 亿元，占比 26.96%，农产品加工制造产出 200 042.54 亿元，占比 51.48%，农产品运销服务产出 56 860.54 亿元，占比 14.63%，以农业生产为 1，涉农产业体系中各部门的比值为 0.26∶1∶1.91∶0.54，可见农产品加工制造部门对于整个产业体系的发展起到重要作用。

表 5 - 6　涉农产业产出结构

单位：亿元，%

部门	总产出	占比	与生产部门比值
农业投入部门	26 908.93	6.92	0.26
农业生产部门	104 770.90	26.96	1
农产品加工制造部门	200 042.54	51.48	1.91
农产品运销服务部门	56 860.54	14.63	0.54

数据来源：根据《2017 年中国投入产出表》整理计算。

　　通过计算可知，农业关联产业的内部结构包括农业投入、农业生产、农产品加工制造、农产品运销服务四部门，比例为 0.26∶1∶1.91∶0.54，根据

《中国农村统计年鉴》中各地区农业分项产值，计算得到杂粮生产总值。

5.2.2 自变量的确定

影响黑龙江省杂粮产业发展的因素有很多，通过对以往参考文献和研究成果的分析总结，并结合黑龙江省杂粮发展的现状，本书选取化肥使用量、农业从业人员数量、杂粮播种面积、杂粮产量、农副食品加工业固定资产投资额、食品制造业固定资产投资额、批发零售贸易餐饮业产值占 GDP 的比重、公路线路里程、城镇居民人均可支配收入、农业投资额占社会总固定投资额的比例十个影响因素作为自变量，对各变量的解释如下：

在投入环节，杂粮的生产要素投入主要包含生产资料、劳动力、土地等指标，选取化肥使用量（X_1）代表杂粮生产资料的投入，农业从业人员数量（X_2）代表杂粮劳动力的投入，杂粮播种面积（X_3）代表土地投入；在生产环节，选取杂粮产量（X_4）代表杂粮生产水平，在一定程度上反映了杂粮生产的技术水平；杂粮播种面积（X_3）和杂粮产量（X_4）分别代表高粱、谷子、芸豆、绿豆、红小豆等不同杂粮作物品种的面积之和与产量之和；在加工制造环节，选取农副食品加工业固定资产投资额（X_5）以及食品制造业固定资产投资额（X_6）两个指标，通过固定资产投资额的变化反映和衡量农产品加工制造业的发展程度；在运销服务环节，选取批发零售贸易业和餐饮业产值占GDP 的比重（X_7）以及公路线路里程（X_8）进行衡量，批发零售贸易业和餐饮业产值占GDP 的比重一定程度上反映了批发零售贸易业和餐饮业发展水平，公路线路里程反映了物流基础设施建设情况；城镇居民人均可支配收入（X_9）在一定程度上反映了杂粮的市场需求水平；农业投资额占社会总固定投资额的比重（X_{10}）反映政府对农业投资力度（表 5-7）。

表 5-7 黑龙江省杂粮产业影响因素

变量	符号	指标	单位	说明
因变量：				
	Y	杂粮产业总产值	亿元	按当年价格计算，根据比例估算得出
自变量：				
	X_1	化肥使用量	万吨	根据杂粮种植面积所占比例进行折算
	X_2	农业从业人员数量	万人	一定年龄以上，有劳动能力，从事农业劳动人员的数量
	X_3	杂粮播种面积	万公顷	谷子、高粱及其他谷物和杂豆的面积

（续）

变量	符号	指标	单位	说明
	X_4	杂粮产量	万吨	谷子、高粱及其他谷物和杂豆的产量
	X_5	农副食品加工业固定资产投资额	亿元	农副食品加工业固定资产投资的规模
	X_6	食品制造业固定资产投资额	亿元	食品制造业固定资产投资的规模
	X_7	批发零售贸易餐饮业产值占 GDP 的比重	%	第三产业中批发零售贸易餐饮业在 GDP 的贡献程度
	X_8	公路线路里程	千米	报告期末公路的实际长度
	X_9	城镇居民人均可支配收入	元	城镇居民人均可用于最终消费支出和储蓄的总和
	X_{10}	农业投资额占社会总固定投资额的比重	%	农业投资的规模

5.2.3 数据来源

本书以 2010—2020 年《中国农村统计年鉴》以及《黑龙江省统计年鉴》的数据为依据，对数据进行处理和计算，确定了因变量和自变量的数值，其中个别缺失数据在统计分析时用平均值代替。统计年鉴中并没有收录历年杂粮种植中化肥使用量的情况，对此只能参考大多数学者的研究方法，对相关数据进行处理，如式（5-2），得到的影响因素的原始数据如表 5-8 所示。

$$杂粮化肥使用量 = \frac{杂粮种植面积}{农作物种植总面积} \times 总化肥使用量 \quad （5-2）$$

表 5-8 影响因素的原始数据

指标/单位	2009 年	2010 年	2011 年	2012 年	2013 年	2014 年	2015 年	2016 年	2017 年	2018 年	2019 年
Y/亿元	89.41	57.51	93.49	57.88	61.59	77.54	51.94	75.68	211.47	123.54	75.68
X_1/万吨	5.06	4.58	4.11	2.76	2.58	2.89	2.36	4.97	5.78	4.77	3.13
X_2/万人	684.1	677.5	677.7	667.3	666.7	647.9	642.5	632.5	619.9	603.5	595.4
X_3/万公顷	32.66	28.43	24.72	16.02	14.95	16.64	13.69	29.15	33.95	27.63	20.00
X_4/万吨	60.79	51.42	58.08	35.39	30.20	41.28	24.64	73.21	79.36	81.02	45.51
X_5/亿元	171.75	265.72	317.14	491.21	720.10	704.11	749.59	776.23	854.92	1 078.91	705.61

(续)

指标/单位	2009 年	2010 年	2011 年	2012 年	2013 年	2014 年	2015 年	2016 年	2017 年	2018 年	2019 年
X_6/亿元	65.28	88.10	74.83	135.04	168.78	103.36	127.14	147.39	163.07	310.16	211.22
X_7/%	5.6	6.0	5.8	6.2	6.0	6.5	7.1	7.4	7.3	7.4	7.4
X_8/千米	151 470	151 945	155 592	159 063	160 206	162 464	163 233	164 502	165 989	167 116	168 710
X_9/元	12 566	13 857	15 696	17 760	19 597	22 609	24 203	25 736	27 446	29 191	30 945
X_{10}/%	2.03	1.36	3.52	2.70	2.51	2.57	3.44	3.99	5.52	4.71	2.18

数据来源：根据 2010—2020 年《中国统计年鉴》和《黑龙江统计年鉴》整理。

5.3　相关性分析

影响杂粮产业发展的因素较多，为探究各因素对杂粮产业的影响，首先计算变量之间的相关系数，判断所选取的自变量与因变量之间的相关程度。利用 SPSS23.0 软件计算得到变量间的相关系数如表 5-9 所示，农业投资额占社会总固定投资额的比重（X_{10}）与杂粮产业总产值（Y）之间的相关系数为 0.76，在 1% 水平上与杂粮产业总产值显著相关，化肥使用量（X_1）、杂粮播种面积（X_3）、杂粮产量（X_4）与杂粮产业总产值（Y）之间的相关系数分别为 0.69、0.64、0.72，在 5% 的水平上与杂粮产业总产值显著相关，农业从业人员（X_2）、农副食品加工业固定资产投资额（X_5）、食品制造业固定资产投资额（X_6）、批发零售贸易餐饮业产值占 GDP 的比例（X_7）、公路线路里程（X_8）、城镇居民人均可支配收入（X_9）的相关系数分别为 -0.56、0.37、0.34、0.5、0.43、0.48，虽然这六个变量的相对系数较小，但是绝对值都大于 0.3，变量之间仍然存在线性相关关系。本章所选取的影响因素都具有线性相关关系，符合回归分析的条件，模型的建立有一定合理性。

表 5-9　变量间的相关系数

变量	X_1	X_2	X_3	X_4	X_5	X_6	X_7	X_8	X_9	X_{10}	Y
X_1	1	-0.1	0.99**	0.95**	-0.05	0.04	0.13	-0.11	0	0.44	0.69*
X_2		1	-0.05	-0.22	-0.83**	-0.81**	-0.94**	-0.94**	-0.98**	-0.83**	-0.56
X_3			1	0.93**	-0.15	-0.02	0.06	-0.18	-0.07	0.33	0.64*

（续）

变量	X_1	X_2	X_3	X_4	X_5	X_6	X_7	X_8	X_9	X_{10}	Y
X_4				1	0.25	0.38	0.45	0.26	0.37	0.60*	0.72*
X_5					1	0.83**	0.84**	0.91**	0.89**	0.68*	0.37
X_6						1	0.70*	0.77**	0.78**	0.60*	0.34
X_7							1	0.92**	0.95**	0.85**	0.5
X_8								1	0.98**	0.81**	5.43
X_9									1	0.83**	0.48
X_{10}										1	0.76**
Y											1

注：**代表在1%水平上显著相关；*代表在5%水平上显著相关。

5.4　多重共线性检验

由表5-9可知，化肥使用量（X_1）与杂粮播种面积（X_3）、杂粮产量（X_4）之间的相关系数达到0.99、0.95，在1%的水平上显著相关。农业从业人员（X_2）与农副食品加工业固定资产投资额（X_5）、食品制造业固定资产投资额（X_6）、批发零售贸易餐饮业产值占GDP的比重（X_7）、公路线路里程（X_8）、城镇居民人均可支配收入（X_9）、农业投资额占社会总固定投资额的比重（X_{10}）之间的相关系数达到-0.83、-0.81、-0.94、-0.94、-0.98、-0.83，在1%的水平上显著相关。食品制造业固定资产投资额（X_6）、批发零售贸易餐饮业产值占GDP的比重（X_7）、公路线路里程（X_8）、城镇居民人均可支配收入（X_9）、农业投资额占社会总固定投资额的比重（X_{10}）五个自变量两两之间的相关系数都大于0.6，并且在1%或5%的水平上显著相关。可见，上述影响因素之间的相关系数绝对值都大于0.8，存在着严重的多重共线性问题，但是只根据相关系数判断多重共线性是远远不够的，因为相关系数较低也可能存在多重共线性问题，所以本章采用方差扩大因子（VIF）法进一步判断多重共线性问题，当方差扩大因子大于10，变量之间存在较为严重的多重共线性问题。

由于本章选取的变量数据的单位不同，在进行分析之前先要对变量的数值进行无量纲化处理，采用标准化的方式消除量纲的影响，以保证回归结果的有效性，处理后的数据如表5-10所示。

表 5 - 10　指标无量纲化处理

指标	2009 年	2010 年	2011 年	2012 年	2013 年	2014 年	2015 年	2016 年	2017 年	2018 年	2019 年
ZY	0.963	0.560	0.167	−0.956	−1.114	−0.849	−1.295	0.888	1.563	0.724	−0.650
ZX_1	1.205	0.993	0.999	0.663	0.641	0.034	−0.140	−0.463	−0.869	−1.400	−1.663
ZX_2	1.241	0.671	0.172	−0.998	−1.143	−0.914	−1.312	0.768	1.414	0.563	−0.462
ZX_3	0.578	0.037	0.422	−0.889	−1.189	−0.548	−1.510	1.296	1.651	0.456	−0.304
ZX_4	−1.624	−1.285	−1.099	−0.470	0.357	0.299	0.463	0.559	0.844	1.653	0.304
ZX_5	−1.135	−0.810	−0.999	−0.141	0.340	−0.593	−0.254	0.035	0.258	2.355	0.945
ZX_6	−1.401	−0.846	−1.123	−0.568	−0.846	−0.151	0.681	1.098	0.959	1.098	1.098
ZX_7	−1.606	−1.525	−0.906	−0.318	−0.124	0.259	0.390	0.605	0.857	1.048	1.319
ZX_8	−1.459	−1.255	−0.964	−0.637	−0.346	0.131	0.383	0.626	0.897	1.173	1.451
ZX_9	−0.897	−1.439	0.310	−0.356	−0.506	−0.459	0.242	0.685	1.923	1.271	−0.773
ZX_{10}	0.963	0.560	0.167	−0.956	−1.114	−0.849	−1.295	0.888	1.563	0.724	−0.650

　　利用 SPSS23.0 进行多元线性回归，判断多重共线性，多重共线性诊断结果如表 5 - 11 所示，化肥使用量（X_1）、杂粮播种面积（X_3）、公路线路里程（X_8）、城镇居民人均可支配收入（X_9）的 VIF 值分别高达 1 652.618、913.77、267.433、816.407，远远大于 10，同时其余自变量的 VIF 值也都大于 10。由此可见，本章所选取的自变量之间有着非常严重的多重共线性问题。通过多重共线性检验可以看出如果对变量直接进行回归分析，回归结果不可靠。

表 5 - 11　多重共线性诊断结果

变量	非标准化系数	标准化系数	共线性统计量	
			容忍度	VIF
X_1	372.215	9.759	0.001	1 652.618
X_2	−0.132	−0.09	0.003	296.337
X_3	−32.731	−5.336	0.001	913.77
X_4	−8.898	−3.379	0.008	126.301
X_5	−0.276	−1.674	0.008	117.708
X_6	−0.489	−0.752	0.071	14.111
X_7	−141.345	−2.233	0.033	30.767
X_8	0.029	3.792	0.004	267.433
X_9	0.006	0.819	0.001	816.407
X_{10}	4.861	0.132	0.102	9.794

5.5 主成分分析

通过上述多重共线性检验可以发现所选择的变量之间存在着严重的多重共线性问题，本章采用主成分分析法消除共线性问题，首先对相关数据进行标准化处理，变量 X_i 标准化后用 ZX_i 表示。运用 SPSS23.0 软件对影响因素进行主成分分析，得到如表 5-12 所示的主成分特征值和贡献率。特征值能够说明主成分的影响程度，特征值大于 1，表示该主成分的解释力度较大，在提取主成分时选取特征值大于 1 的主成分。从表 5-12 可知，前两个主成分的特征值都大于 1，第一主成分的特征值为 5.847，第二主成分的特征值为 3.091。前两个主成分累计方差贡献率达到了 89.379%，大于 85%，能够较好地反映总体信息，因此选取前两个主成分即可较为准确地反映指标的全部信息，满足分析的要求，提取的主成分即为 F_1 和 F_2。

表 5-12 自变量的主成分特征值及贡献率

成分	初始特征值			提取载荷平方和		
	总计	方差/%	累积/%	总计	方差/%	累积/%
1	5.847	58.473	58.473	5.847	58.473	58.473
2	3.091	30.905	89.379	3.091	30.905	89.379
3	0.504	5.044	94.423			
4	0.377	3.769	98.192			
5	0.084	0.842	99.034			
6	0.065	0.649	99.683			
7	0.026	0.261	99.944			
8	0.004	0.039	99.983			
9	0.001	0.014	99.997			
10	0	0.003	100			

通过主成分载荷矩阵表 5-13 可知，农业从业人员、农副食品加工业固定资产投资额、食品制造业固定资产投资额、批发零售贸易餐饮业产值占 GDP 的比重、公路线路里程、城镇居民人均可支配收入、农业投资额占社会总固定投资额的比重在第一主成分上有较高载荷，表明这些信息可以用第一主成分反映。化肥使用量、杂粮播种面积、杂粮产量在第二主成分上有较高载荷，表明这些信息可以用第二主成分反映。因此，主成分载荷分析同样验证了提取前两个主成分具有有效性。

表 5 - 13　主成分分析载荷矩阵

变量	F_1	F_2	变量	F_1	F_2
ZX_1	0.155	0.981	ZX_6	0.839	-0.133
ZX_2	-0.957	0.055	ZX_7	0.947	-0.019
ZX_3	0.073	0.981	ZX_8	0.953	-0.243
ZX_4	0.271	0.941	ZX_9	0.971	-0.15
ZX_5	0.929	-0.201	ZX_{10}	0.716	0.373

计算单位特征向量，用表 5 - 13 中的每一列的值分别除以所对应的特征值的平方根，得到每一列所对应的单位特征向量，这两个主成分经过标准化后的自变量的相关系数如表 5 - 14 所示。根据表 5 - 14，分别计算 F_1 和 F_2 的表达式，结果如式（5 - 3）及（5 - 4）所示

$$F_1 = 0.06ZX_1 - 0.4ZX_2 + 0.03ZX_3 + 0.11ZX_4 + 0.38ZX_5 + 0.35ZX_6 + 0.39ZX_7 + 0.39ZX_8 + 0.4ZX_9 + 0.3ZX_{10}$$

(5 - 3)

$$F_2 = 0.56ZX_1 + 0.03ZX_2 + 0.56ZX_3 + 0.54ZX_4 - 0.11ZX_5 - 0.08ZX_6 - 0.01ZX_7 - 0.14ZX_8 - 0.09ZX_9 + 0.21ZX_{10}$$

(5 - 4)

表 5 - 14　标准化自变量在各主成分上的系数

指标	F_1	F_2	指标	F_1	F_2
ZX_1	0.06	0.56	ZX_6	0.35	-0.08
ZX_2	-0.40	0.03	ZX_7	0.39	-0.01
ZX_3	0.03	0.56	ZX_8	0.39	-0.14
ZX_4	0.11	0.54	ZX_9	0.40	-0.09
ZX_5	0.38	-0.11	ZX_{10}	0.30	0.21

5.5.1　构建主成分多元回归模型

构建多元回归模型，将杂粮产业总产值 Y 标准化后的数据 ZY 作为因变量，将主成分分析过程中得到的两个主成分 F_1 和 F_2 作为自变量代入模型中，进行多元回归，多元线性回归模型的函数关系式如式（5 - 5）所示

$$Y = \beta_0 + \beta_1 F_1 + \beta_2 F_2 + \mu \qquad (5-5)$$

式中，Y 为杂粮产业总产值，β_0 为常数项，β_1、β_2 为各自变量的待估参数，μ 为随机误差。

5.5.2　主成分回归分析

本章采用主成分多元回归的方法，对提取的主成分进行回归分析。利用 SPSS23.0 软件对数据进行运算，得到模型检验结果，如表 5-15 所示，回归模型结果显示 $R=0.811$，说明因变量与自变量之间具有较高的相关性，适合做多元回归分析，$R^2=0.658$，回归模型拟合效果越好。DW 表示各影响因素间的自相关性，DW 值越接近 2，表示自相关性越低，经过计算 $DW=2.853$，说明各影响因素间几乎不存在自相关问题。

表 5-15　模型检验结果

R	R^2	标准估算的误差	DW
0.811	0.658	0.654	2.853

根据方差分析表 5-16 可知，回归方程的统计量 $F=7.688$，显著性概率 $P=0.014$，小于 0.05，多元回归模型通过了 F 检验，证明模型中各影响因素对杂粮产业有明显的影响，方程的回归性好，显著性高。

表 5-16　方差分析结果

模型	平方和	自由度	均方	F	显著性
回归	6.578	2	3.289	7.688	0.014
残差	3.422	8	0.428		
总计	10	10			

如表 5-17 所示，各影响因素的 VIF 均小于 10，说明多重共线性问题已经消除，各影响因素之间相互独立，不存在多重共线性问题。各影响因素显著性概率均小于 0.05，说明各影响因素在 $P=0.05$ 显著水平上都通过了 t 检验。由此得到回归方程如式（5-6）及（5-7）所示

$$ZY = 0.205F_1 + 0.365F_2 \qquad (5-6)$$

将 F_1 和 F_2 的表达式代入模型中得到

$$ZY = 0.22ZX_1 - 0.07ZX_2 + 0.21ZX_3 + 0.22ZX_4 + 0.04ZX_5 + 0.04ZX_6 +$$
$$0.08ZX_7 + 0.03ZX_8 + 0.05ZX_9 + 0.14ZX_{10}$$

$$(5-7)$$

表 5 - 17　回归系数

模型	未标准化系数		标准化系数	t	显著性	共线性统计	
	B	标准误差	试用版			容差	VIF
（常量）	1.10×10^{16}	0.197		0	1		
F_1	0.205	0.086	0.496	2.399	0.043	1	1
F_2	0.365	0.118	0.642	3.102	0.015	1	1

　　通过上述的分析结果可以得到，杂粮生产要素投入以及生产环节对杂粮产业发展的影响较大，现阶段杂粮产业的发展主要依赖于产业链的前端。

　　化肥使用量（X_1）对产业发展的影响弹性系数为 0.22，对杂粮产业的发展有显著正向影响，化肥的合理使用有利于杂粮产量的增加，从而促使杂粮产业产值增加。杂粮播种面积（X_3）和杂粮产量（X_4）对产业发展的影响弹性系数分别为 0.21、0.22，杂粮生产环节对产业发展正向贡献显著，即杂粮播种面积（X_3）和杂粮产量（X_4）每增加 1%，杂粮产业产值分别增长 0.21%、0.22%。农业从业人员数量（X_2）对产业发展的影响弹性系数为－0.07，对杂粮产业的发展产生负向影响，减少农业从业人员数量会促进杂粮产业发展。农副食品加工业固定资产投资额（X_5）、食品制造业固定资产投资额（X_6）、批发零售贸易餐饮业产值占 GDP 的比重（X_7）、公路线路里程（X_8）对产业发展的影响弹性系数分别为 0.04、0.04、0.08、0.03，对产业发展均有正向作用，但不显著，加工制造环节以及运销服务环节对杂粮产业的总产值影响较小，说明现阶段杂粮产业的发展与产业链的后端联系不够紧密。城镇居民人均可支配收入（X_9）对产业发展的影响弹性系数为 0.05，说明现阶段杂粮在消费支出中所占比重小。农业投资额占社会总固定投资的比重（X_{10}）对产业发展的影响弹性系数为 0.14，说明农业投资的规模对杂粮产业发展有明显贡献。

　　通过对回归结果的分析，可以看出化肥使用量、杂粮播种面积、杂粮产量、农业投资额占社会总固定投资额的比重这四个影响因素对杂粮产业发展有显著带动作用，农副食品加工业固定资产投资额、食品制造业固定资产投资额、批发零售贸易餐饮业产值占 GDP 的比重、公路线路里程、城镇居民人均可支配收入对杂粮产业发展带动作用不明显。

5.6　本章小结

　　本章在文献综述和现状分析的基础上，选取了化肥使用量、农业从业人员数量、杂粮播种面积、杂粮产量、农副食品加工业固定资产投资额、食品制造业固定资产投资额、批发零售贸易餐饮业产值占GDP的比重、公路线路里程、城镇居民人均可支配收入、农业投资额占社会总固定投资额的比重等10个对杂粮产业发展具有影响的因素进行分析。根据相关性的分析结果，所选取的10个影响因素的相关系数的绝对值都大于0.3，因变量与自变量之间存在线性相关关系。对这10个影响因素进行多重共线性判断，发现影响因素间有严重的多重共线性问题。对于选取的10个影响因素，利用Spss23.0进行主成分分析，提取了两个主成分，将主成分分析得到的两个主成分作为自变量进行多元线性回归。结果显示，化肥使用量、杂粮播种面积、杂粮产量、农副食品加工业固定资产投资额、食品制造业固定资产投资额、批发零售贸易餐饮业产值占GDP的比重、公路线路里程、城镇居民人均可支配收入、农业投资额占社会总固定投资额的比重对杂粮产业的发展具有正向影响，农业从业人员数量对杂粮产业的发展具有负向影响，其中化肥使用量、杂粮播种面积、杂粮产量、农业投资额占社会总固定投资额的比重对杂粮产业发展的影响比较显著。

6　黑龙江省杂粮产业竞争力评价

6.1　杂粮产业竞争力定量分析

6.1.1　模型选择

杂粮产业竞争力是指相对于其他种植区域，本地区的杂粮行业在产业发展趋势、种植面积、产量等方面所表现出的竞争能力和市场优势。农产品行业的市场竞争力在很大程度上决定了该地区农业经济的整体发展水平，基于对农业产业竞争力的相关文献整理，赵辉（2016）、胡文海（2015）、陈其兵等（2015）多数学者采用比较优势指数法阐述区域空间内农产品的比较优势，本章利用综合比较优势指数的测算框架，定量分析黑龙江省杂粮的播种面积、单产和产业发展的专业化程度，综合评判杂粮产业发展的比较优势与市场竞争力状况，利用实证分析找出提升黑龙江省杂粮产业竞争力的发展路径。

6.1.2　模型说明

（1）规模比较优势指数 *SAI*

本区域某一粮食作物的规模比较优势通过该作物的种植面积占本区域所有粮食作物种植面积的比重与全省或全国该比重的比值来表示，计算如式（6-1）所示

$$SAI_{ij} = (X_{ij}/X_i)/(Y_j/Y) \qquad (6-1)$$

式中，SAI_{ij} 为 i 市 j 杂粮的种植规模比较优势指数，X_{ij} 与 X_i 分别代表 i 市 j 杂粮的年种植面积和 i 市全年粮食作物的总种植面积，Y_j 与 Y 分别代表全省或全国 j 杂粮年种植面积和全省或全国的全年粮食作物总种植面积。当 $SAI_{ij} < 1$ 时，说明 i 市 j 杂粮在种植规模上处于劣势；当 $SAI_{ij} = 1$ 时，说明 i

市 j 杂粮在种植规模上不具备优劣势；当 $SAI_{ij}>1$ 时，说明 i 市 j 杂粮在种植规模上具有优势。

（2）效率比较优势指数 EAI

通过测算在一定区域一定时期内某一粮食作物单位产量与该作物的全省或全国平均单产水平的对比关系，进一步判定区域资源禀赋、农业技术水平、资金投入等综合机遇下该类粮食作物的生产能力，计算如式（6-2）所示

$$EAI_{ij} = (M_{ij}/M_i)/(N_j/N) \qquad (6-2)$$

式中，EAI_{ij} 为 i 市 j 杂粮的单产效率比较优势指数，M_{ij} 与 M_i 分别代表 i 市 j 杂粮在一定时期内的单产水平和 i 市所有粮食作物在同一时期内的单产水平，N_j 与 N 分别代表全省或全国的对应数据。当计算数值范围在 $EAI_{ij}<1$、$EAI_{ij}=1$、$EAI_{ij}>1$ 的情况下，分别说明 i 市 j 杂粮在单产效率上处于劣势、单产水平不具备优势、单产水平具有竞争优势。

（3）综合比较优势指数 AAI

综合比较优势指数是规模比较优势指数和效率比较优势指数的综合，如式（6-3）所示

$$AAI_{ij} = \sqrt{SAI_{ij} \times EAI_{ij}} \qquad (6-3)$$

式中，AAI_{ij} 为 i 市 j 杂粮作物的综合比较优势指数，随着其数值上升，意味着该地区杂粮产业的综合竞争优势越突出。

6.1.3　数据来源

数据主要来源一是《中国农业统计年鉴》（2012—2019）、《黑龙江统计年鉴》（2012—2019）、《中国农村统计年鉴》（2012—2019）、《全国农产品成本收益资料汇编》（2012—2019）；二是黑龙江省统计局、黑龙江农业信息网、黑龙江省工信委等官方网站公布的数据；三是黑龙江杂粮产业的实地调研数据。

6.2　测算结果分析

6.2.1　黑龙江省杂粮产业总体比较优势测算

依据式（6-1）、式（6-2）、式（6-3），计算得出黑龙江省杂粮产业的规模比较优势指数 SAI 及效率比较优势指数 EAI，在此基础上测得二者的几何平均数值，进而得出综合比较优势指数 AAI，分析了黑龙江省杂粮产业的产业竞争力。结果如表 6-1 及图 6-1 所示。

表 6-1 黑龙江省杂粮产业 *SAI*、*EAI*、*AAI*（2012—2018 年）

指标	2012 年	2013 年	2014 年	2015 年	2016 年	2017 年	2018 年
SAI	0.47	0.45	0.58	0.52	1.08	1.31	1.1
EAI	1.26	1.07	1.21	0.93	1.05	0.94	0.87
AAI	0.77	0.7	0.84	0.7	1.07	1.11	0.98

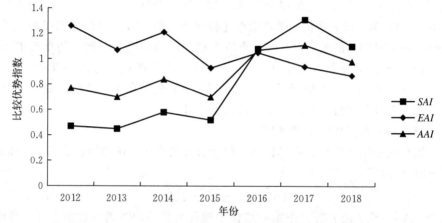

图 6-1 2012—2018 年黑龙江省杂粮比较优势指数变动情况

在图 6-1 中，黑龙江省七年间杂粮规模比较优势指数 *SAI* 总体变化幅度较为明显。杂粮的规模比较优势指数的计算主要依据种植面积，与种植面积呈正相关。当特定区域的杂粮种植面积占该区域粮食作物的总种植面积的比重较大时，所表现出的杂粮种植规模的比较优势就越显著。黑龙江省杂粮种植规模比较优势指数从 2016 年开始大于 1，说明杂粮种植的规模比较优势在不断增加。实施农业种植结构调整政策，杂粮种植面积的持续增长将继续推动规模比较优势指数的上升。

从综合比较优势指数 *AAI* 来看，基于全国数据的测算，黑龙江省杂粮综合比较优势指数平均值为 0.88，2017 年实现最大值为 1.11。通过对 *SAI* 和 *EAI* 的计算发现，在 2016 年全国种植业结构调整计划实施期间，黑龙江省种植业结构发生了显著变化。杂粮在适应市场形势和政策识别方面的综合比较优势愈发突出，在规模和效率上具有较强的竞争力和较大的增长空间。

从数值上看，规模比较优势指数普遍高于效率比较优势指数，说明在黑龙江省杂粮产业发展中，杂粮的综合比较优势 *AAI* 主要取决于其种植规模。规模化种植模式的发展有赖于供给侧结构性改革的推进。

6.2.2 主要杂粮农产品比较优势测算

本部分主要分析了黑龙江省不同杂粮品种基于全国数据的比较优势差异，表 6-2 至表 6-4 分别测算了 2012—2018 年黑龙江省四种主要杂粮作物的规模比较优势指数、效率比较优势指数和综合比较优势指数及变化趋势。

6.2.3 黑龙江省主要杂粮作物 SAI 测算结果分析

在主要杂粮作物的规模比较优势指数测算中，分别通过黑龙江省各主要杂粮的种植面积占黑龙江省粮食作物总种植面积的比重与全国各杂粮的总种植面积占全国粮食作物的总播种面积之间的比重获得。为了深入了解黑龙江省主要杂粮的比较优势，测算了 2012—2018 年七年的 SAI 值（表 6-2）。

表 6-2 黑龙江省主要杂粮作物 SAI 测算

作物	2012 年	2013 年	2014 年	2015 年	2016 年	2017 年	2018 年
高粱	0.70	0.59	0.80	0.70	1.08	1.20	1.06
谷子	0.11	0.10	0.11	0.10	0.32	0.24	0.31
绿豆	0.29	0.34	0.47	0.32	0.69	1.06	0.78
红小豆	2.73	2.45	3.02	3.57	5.69	6.32	5.47

在 2012—2018 的七年间，黑龙江省高粱的种植面积占全部粮食作物播种面积的比率均在 1‰ 以下，种植面积有限。从规模优势指数的测算结果来看，红小豆数值均大于 1，具有规模比较优势，在黑龙江省四种主要杂粮作物中的规模比较优势最为突出。

高粱在 2012—2015 年的 SAI 均小于 1，不具有规模比较优势，2016—2018 年 SAI 均大于 1，存在一定规模比较优势。谷子在 2012—2018 年的 SAI 均小于 1，谷子在黑龙江省的种植面积相对较少，黑龙江省谷子种植的规模与全国平均水平相比较，不存在比较优势。

从黑龙江省绿豆的 SAI 测算结果来看，除 2015 年和 2018 年外，绿豆的规模优势比较指数呈现上升趋势，最高值 1.06 与最低值 0.29 相差了近 3.5 倍。

6.2.4 黑龙江省主要杂粮作物 EAI 测算结果分析

在对黑龙江省主要杂粮作物的效率比较优势指数进行测算时，利用黑龙江省主要杂粮品种的单产水平占黑龙江省主粮作物单产水平的比重与全国该比重作比，确定各作物的单产效率优势情况（表 6-3）。

表 6 - 3 黑龙江省主要杂粮作物 *EAI* 测算

作物	2012 年	2013 年	2014 年	2015 年	2016 年	2017 年	2018 年
高粱	1.11	0.96	1.24	0.88	1.29	1.29	1.06
谷子	1.48	1.43	1.53	1.56	1.46	1.35	1.18
绿豆	0.98	1.21	0.97	0.74	1	0.86	0.85
红小豆	1.34	1.24	1.05	1.03	1.02	0.96	0.89

红小豆的 *EAI* 整体变化幅度不大，平均值为 1.08。结果表明，黑龙江省红小豆具有一定的效率比较优势，但是近些年效率比较优势正在逐渐减弱。

谷子的 *EAI* 整体变化幅度不大，平均值为 1.43。结果表明，黑龙江省的谷子在测算期间的 *EAI* 均高于其他主要杂粮作物。

高粱的 *EAI* 整体在 0.88～1.29 浮动，且只有 2013 年和 2015 年 *EAI* 小于 1，其余年份均大于 1，说明黑龙江省的高粱具有效率比较优势。

绿豆的 *EAI* 整体在 0.74～1.21 浮动，绿豆的单产量严重制约了黑龙江省绿豆作物的效率比较优势，在黑龙江省四大主要杂粮作物中，效率比较优势最低。

6.2.5 黑龙江省主要杂粮作物 *AAI* 测算结果分析

在对黑龙江省主要杂粮的综合比较优势指数进行测算时，利用黑龙江省四种主要杂粮作物的规模比较优势指数与效率比较优势指数乘积的平方根计算而得，由此更全面地确定各作物生产的优势程度。表 6 - 4 反映了黑龙江省主要杂粮作物的综合比较优势指数情况。

表 6 - 4 黑龙江省主要杂粮作物 *AAI* 测算

作物	2012 年	2013 年	2014 年	2015 年	2016 年	2017 年	2018 年
高粱	0.88	0.75	1.00	0.78	1.18	1.25	1.06
谷子	0.41	0.37	0.41	0.39	0.68	0.57	0.60
绿豆	0.53	0.64	0.68	0.17	0.83	0.95	0.81
红小豆	1.92	1.74	1.78	1.92	2.41	2.46	2.20

基于以上测算，在黑龙江省杂粮的综合比较优势指数上呈现了红小豆＞高粱＞绿豆＞谷子的情况，说明红小豆在黑龙江省杂粮产业发展中具备较强的综合优势，且主要得益于种植范围的扩大。根据黑龙江省红小豆产业的发展现状，佳木斯的宝清县、大庆的泰来县、齐齐哈尔的克山县是黑龙江省红小豆出产量

最大的地区，若形成以这三地为中心的种植区域带，规模化种植优质的红小豆品种，可提升黑龙江省红小豆产业的规模优势，继而带来综合比较优势的持续上升。

6.3 本章小结

首先，黑龙江省杂粮产业的规模比较优势较为明显，而四种主要杂粮的规模比较优势指数差异显著，其中红小豆具有较明显优势。其次，黑龙江省四种主要杂粮作物的效率比较优势差异较小。最后，在四种主要杂粮作物的比较优势指数测算中，红小豆表现出了较强的综合比较优势，在种植结构调整政策下，红小豆种植规模上的优势弥补了单产上的劣势，从而使黑龙江省红小豆种植综合比较优势指数呈现最大值，优于其他杂粮作物，表现出明显的发展优势。

7 黑龙江省杂粮产业营销组合策略研究

7.1 黑龙江省杂粮产品策略

产品是市场营销组合中最重要和最基本的因素，企业的一切生产经营活动都是围绕产品开展的，产品策略是所有营销组合策略中的基础，直接决定了产品价格策略、渠道策略和促销策略的实施效果。对黑龙江省杂粮产品策略的研究从杂粮产品整体概念的塑造、杂粮新产品开发、品牌建设和包装设计等方面展开。

7.1.1 黑龙江省杂粮产品策略实施现状

（1）杂粮产品整体概念的塑造

产品整体概念包括核心产品、形式产品和附加产品三个层次。

第一，杂粮的核心产品。杂粮核心产品是指消费者购买杂粮时所追求的基本利益或效用，是消费者真正要买的东西。调研统计结果（图7-1）显示，消费者在购买杂粮时考虑的首要因素是营养健康（79.15%）。黑龙江省的黑土地赋予了黑龙江省杂粮丰富的营养价值，即杂粮的"核心产品"。同时，黑龙江省杂粮充分发挥了黑土地种植的优势，具有播种范围大、播种水平高、生态产区、连片种植、机械化作业、规模经营等明显优势。

第二，杂粮的形式产品。形式产品是核心产品借以实现的形式，是核心产品的载体。杂粮形式产品表现为杂粮的质量水平、杂粮的色泽外观、品牌、包装。调研统计结果（图7-1）显示，天然安全（75.56%）、品质保证（61.71%）是消费者在购买杂粮时位列第二和第三的考虑因素，天然安全和品质保证是杂粮消费的基础。"民以食为天，食以安为先"，食品安全事件时有发生，消费者越来越重视食品的安全和品质。但是由于农产品的标准体系和品牌建设尚欠缺，消费者在选择杂粮等农产品时缺乏明确的导向。

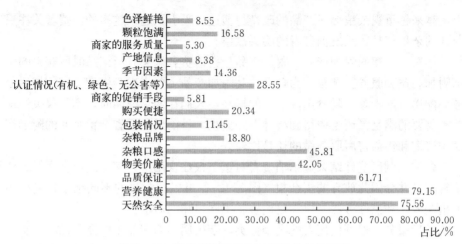

图 7-1*　消费者购买杂粮时主要考虑的因素

注：该统计数据出自多选题，占比总和大于 1。

消费者对于杂粮不满意的主要原因（图 7-2）分别是质量水平、新鲜度和味道口感，有 58.97% 的受访者认为质量达不到预期，有 34.19% 的受访者认为新鲜度不够，有 32.31% 的受访者认为味道口感不好。

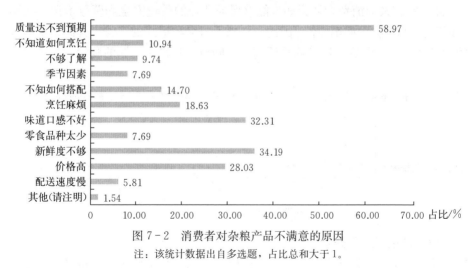

图 7-2　消费者对杂粮产品不满意的原因

注：该统计数据出自多选题，占比总和大于 1。

一个好的形式产品（主要涉及食品的质量、新鲜度和味道口感）可以赋予核心产品更高的价值，黑龙江省杂粮企业在向消费者提供优质核心产品的基础

---

* 本章图 7-1 至图 7-15 的数据及部分正文内描述性数据由作者团队所开展的调查问卷《杂粮消费者的消费意愿和影响因素》数据整理所得。

上，越来越重视杂粮形式产品的改良与塑造，吸引了越来越多的消费者关注黑龙江的杂粮产品，激发消费者的购买欲望。

第三，杂粮的附加产品。附加产品是指消费者购买有形产品时所获得的全部附加利益和服务。杂粮作为食品，其附加产品主要表现为咨询、售前售后服务、配送、广告等。随着生活水平的提高，人们在购买商品时，不仅仅关注最基本需要的满足，还希望得到精神上的愉悦。目前黑龙江省杂粮企业的附加产品中咨询和售前售后服务做的还是比较好的。

咨询。调研统计结果显示消费者对于杂粮在食用上如何搭配以及烹饪方法了解不足并会因此放弃购买杂粮（图7-2），可以在购买的不同杂粮包装中附上搭配方式和烹饪方法，以满足消费者不同口味的需求。

送货服务。根据使用者的类型分类，杂粮属于消费品中的便利品，这类产品属于消费者经常购买或者需要即时购买的产品，可以通过提高铺货率和提供送货服务来提高购买的便捷性。

广告。调研数据（图7-3）显示，消费者普遍可以接受知名品牌杂粮比普通杂粮价格高出1.5倍以下的占比56.58%，1.5~2倍的占比27.86%，消费者可以接受品牌杂粮的价格高出普通杂粮2倍以上的占比仅为2.74%，但是也有12.82%的消费者认为如果能够保证杂粮的质量安全和营养价值，在购买时不会过多考虑价格因素。因此，可以通过多种形式的广告来提高杂粮品牌的知名度，在为消费者提供购买便利性的同时，获得更丰厚的利润。

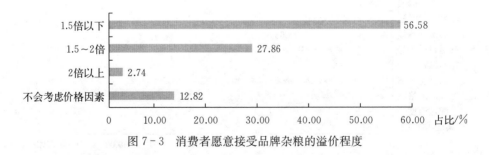

图7-3 消费者愿意接受品牌杂粮的溢价程度

（2）杂粮新产品开发

第一，加强品种选育，从原粮品种质量上保证杂粮质量，支持区域特色品种繁育基地建设。2021年1月，黑龙江省农业农村厅印发《黑龙江省2021年农作物优质高效品种种植区划布局》，提出要重点推广种植优质杂粮杂豆，促进良种良法结合，充分挖掘优良品种增产提质潜力，大力宣传品种的适宜区和安全成熟所需的有效积温，根据黑龙江各积温区特点，引导高粱、谷子、杂豆种植户根据所处积温区选种适合的品种，防范农业生产风险，实现稳产增效（表7-1）。

表 7-1　黑龙江省 2021 年优质高效杂粮、杂豆品种种植区划布局

作物		第一积温带	第二积温带	第三积温带	第四积温带	第五积温带	第六积温带
高粱	主导品种	田杂 3 号 南北杂 1 号 糯粱 2 号 齐杂 106 合杂 1 号 龙杂 11	龙杂 10 号 龙杂 13 齐杂 117 齐杂 104 齐糯 115	龙杂 21 龙杂 22 糯粱 1 号 齐杂 7 齐杂 109 绥杂 8 号 龙帚 2 号	龙杂 20 龙杂 19 齐杂 722 龙杂 18 龙杂 17	齐杂 108	齐杂 107
谷子	主导品种	龙谷 39 张杂谷 13	龙谷 25 嫩选 17			龙谷 26	
杂豆	主导品种	绿丰 2 号 绿丰 5 号	龙芸豆 11 龙小豆 3 号 宝航红 2 号 龙小豆 4 号	品芸 2 号 龙芸豆 10 龙芸豆 5 号 龙芸豆 19 龙芸豆 20 龙小豆 7 号	龙芸豆 9 号 龙芸豆 13 龙小豆 5 号	恩威 龙芸豆 14	

资料来源：《黑龙江省 2021 年农作物优质高效品种种植区划布局》。

　　第二，开展质量安全检验检测和营养品质评价，加强功能性产品开发，发展特色化产品。黑龙江省的杂粮产业在全国占有举足轻重的地位，总体发展向好。黑龙江省充分发挥黑土地的优势，不断加快黑龙江省杂粮特色产品的开发，尝试在绿色产品和特色产品的开发上下功夫，集中力量生产具有市场竞争力的杂粮产品。黑龙江省已经在杂粮生产加工方面加大了资金的投入，促进杂粮产品的升级转型，提高产品生产过程中的科技含量，不断进行产品的创新。

　　黑龙江省杂粮生产具备了一定的优势和规模，是推进杂粮产业化最具可能的原料基地，面对杂粮市场的激烈竞争，黑龙江省应积极提升产品品质，制定特色化产品策略。2017—2020 年的《特色农产品优势区建设规划纲要》将黄土高原区、内蒙古及长城沿线区、东北地区的特色粮豆定位成国家级特优区的特色品种。

　　第三，推动杂粮产品分等分级，发展中高档产品。规范杂粮生产、收购、储存、加工、运输、销售、进出口等环节的管理，建立健全过程质量追溯体系，对杂粮产品进行品质分类，发展中高档产品。在建立产品整体概念的同

时，抓住消费者结构特征，从包装的品质、样式、特征、加工状态等划分产品等级，满足国际国内市场上不同消费者的需要，促进黑龙江省农业的可持续发展。

（3）杂粮品牌建设策略

首先，大量农产品获得"三品一标"认证。黑龙江省支持绿色食品、有机农产品、地理标志农产品和森林生态标志产品等的申请认证和扩展。如表 7-2 所示，2020 年全省绿色食品种植面积（含有机食品）8 513.7 万亩，比上年增长 4.8%。绿色食品认证个数 2 936 个，比上年增长 0.8%；绿色食品产业牵动农户 92.3 万户。其中，杂粮加工企业不断增多，加工产量逐年提升。

表 7-2 黑龙江省绿色食品种植及加工情况

年份	面积/万亩	认证个数/个	加工产量/万吨
2016	7 400	2 200	1 510
2017	7 480.8	2 555	1 740
2018	8 046.7	2 700	1 790
2019	8 120	2 800	1 670
2020	8 513.7	2 936	—

数据来源：根据历年《黑龙江省统计年鉴》及黑龙江省农业农村局公布数据整理得出。

截至 2020 年 5 月，黑龙江省共有 147 个农产品被列入国家地理标志保护产品名录，杂粮产品中的明水黑豆、明水小米、古龙小米、托古小米、黑垦二九〇红小豆、拜泉芸豆、龙江小米、甘南小米等均被授予国家地理标志保护产品称号。黑龙江大庆的杜蒙县白音诺勒乡被农业农村部授予"绿豆之乡"称号。黑龙江省也是我国杂粮有机认证面积最大、销量最大、品类最全的省份。

2021 年 4 月 6 日，农业农村部对 2021 年首批拟予登记保护的 186 个农产品地理标志进行公示。其中，来自黑龙江省的双榆小米、汤原五味子、鸡西蒲公英、鸡西刺五加、林口黄芪、呼玛老山芹、肇州香瓜等 14 个产品上榜，黑龙江省农产品地理标志登记数量将增加到 168 个。

其次，培育一批区域公用品牌、企业品牌和产品品牌。依托特优区创建，加强对传统品牌的整合，集中建设一批叫得响、有影响的区域公用品牌作为特优区的"地域名片"；提升企业管理服务能力，培育和扩大消费市场，实现优势优质、优质优价。有机杂粮龙头企业"和粮农业"获评 2018 年中国杂粮加工企业十强，目前和粮农业的杂粮产品已经出口 14 个国家。2019 年全省农产品区域公用品牌前十名、农业企业品牌前三十名评选活动中杂粮加工企业虎林市龙垦粮食加工有限公司、黑龙江省小磨坊有机杂粮农业有限责任公司、黑龙江德盛粮食深加工有限公司、黑龙江昊伟农庄食品股份有限公司等位列其中。从杂粮的品牌上看，在中国品牌网上公布的中国十大杂粮品牌中，黑龙江的北大荒位列第二，北大荒集团经营的主要品种有绿豆、红小豆、黑豆、小米、杂粮面条等产品。2021 年 5 月，为了更好地宣传推介黑龙江优质农产品，着力培育黑龙江省级农产品区域公用品牌，立足黑龙江得天独厚的生态资源、快速发展的优势主导产业和绿色有机安全健康的农产品优势，重点培育地域特色突出、产品特色鲜明的"龙江好食品""龙江味道""寒地珍品"等黑龙江省级区域公用品牌，黑龙江省农业农村厅还面向社会公开征集黑龙江省级农产品区域公用品牌名称及形象 Logo 设计方案。可以看出，黑龙江省已经步入了农产品区域公用品牌运营新时代。

（4）杂粮包装策略

从杂粮的包装上看（图 7 - 4），目前市场上销售的杂粮包装主要有散装、简单包装（大于等于 500 克）、精包装（小于 500 克）、多种杂粮组合的礼盒包装等。从市场调研的结果可以看出消费者购买杂粮的场地主要以超市为主，因此作为日常所需包装方式还是以散装为主，占比 58.02％，简单包装占比 16.30％，精包装占比 39.26％，多种杂粮组合的礼盒包装占比 18.27％。

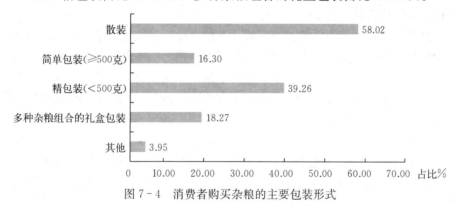

图 7 - 4　消费者购买杂粮的主要包装形式

7.1.2　黑龙江省杂粮市场产品策略存在的问题

（1）杂粮产品标准化程度低

黑龙江省虽然已经建立了一些杂粮产业地方标准，用以规范绿豆、芸豆、红小豆等杂粮生产，但由于种植规模小，种植区域分散，农民缺乏标准化意识，以及不同地区的气候条件、温湿度和土壤环境等因素造就了杂粮产品的质量差异，在产品质量上难以保证标准化。黑龙江省小规模杂粮加工企业偏多，从技术水平看，当前黑龙江省的农产品生产技术水平较低，只能进行杂粮的初加工，缺乏较深层次的加工，精深加工能力不强。导致杂粮品质缺乏稳定性，杂粮产品标准化程度低。

（2）产品组合维度延伸不够

产品组合策略包括扩大产品组合策略、减少产品组合策略、产品线延伸策略、产品线现代化策略和产品线特色化策略。黑龙江杂粮产业目前在扩大产品组合策略、产品线延伸策略、产品线现代化策略和产品线特色化策略方面都存在提升空间。

首先，产品缺乏多样性。扩大产品组合的深度是在原有产品线内增加新的产品项目。在对杂粮零食产品进行的调研中，对于"是否了解有哪些杂粮零食产品"这一问题，有28.55%的消费者表示了解，有6.67%的消费者表示非常了解，而有近65%的消费者对于零食产品的了解不是很多，因此应加大对零食产品的宣传，让消费者了解杂粮的零食产品。

对于消费者购买杂粮零食的种类选择这一问题，调研显示，消费者对于杂粮零食产品的选择主要以糕点类食品为主（占72.91%），随后依次是饼干类食品（占63.41%）、杂粮煎饼、杂粮面条（占63.13%）、杂粮方便食品（占38.55%）、杂粮粉（占33.52%）、五谷杂粮饮品（占31.28%）、杂粮锅巴或杂粮休闲膨化食品（占24.86%）。

黑龙江杂粮产品组合的扩展不够，杂粮企业产品线相对单一，产品大类中的规格品种等细化类目较少，难以满足广大消费者的不同需要和爱好，无法吸引更多消费者。加强产品的深加工能力是提高黑龙江杂粮产品品质和产品附加值关键的一步，黑龙江省杂粮产品的产业链有待进一步完善，产品组合有待丰富。

其次，缺少高端产品线。黑龙江由于缺少杂粮精深加工企业，企业的技术设备和销售能力无法满足产品进入高端市场的条件，导致产品线市场定位不高，杂粮产品线难以向上延伸。但随着人们收入水平的提高，高档农产品将具备较好的市场前景以及较高的销售增长率，应在产品线向上延伸策略上下功夫。

再次，产品线现代化水平不高。杂粮作物普遍具有抗干旱、耐瘠薄、生长期短、适应性强等特点，但部分杂粮种植户采用不合理的种植制度，仅实行春整地，而忽略秋翻整地，种植的植株数量、施肥量和配肥比例缺少专业人士指导，使得杂粮种植无法达到最佳状态，产量普遍偏低。在产品加工方面，大多处于初级水平，在设备方面，主要依靠进口。整体看来生产成本高，产业效益低。

最后，产品缺乏特色。目前杂粮市场的产品同质化现象严重，消费者很容易找到替代品。杂粮企业缺乏对市场的了解，缺乏对自身的优势与不足的了解，产品营销手段使用不当，影响产品的推广，导致产品辨识度不高。

（3）杂粮产品包装设计缺乏系统性

杂粮的营养价值逐渐被大众熟知和认可，但杂粮产品包装设计却并不完善，普遍存在着包装材料粗糙、缺乏地域特色、不重视包装设计形象等问题，造成了"一等商品、二等包装、三等价格"的局面。

首先，杂粮产品在包装上的设计风格和内容缺乏创新性。杂粮产品的包装相似度高，不能突出产品的特点，包装缺乏吸引力和地域特色，市场上同类杂粮产品在包装上的外观和营销手段相互模仿，逐渐趋同。黑龙江杂粮产品在包装设计中会列明生产日期、保质期、生产厂家、联系方式、企业网站、产品型号、产品验证特性、产品的营养成分（蛋白质、脂肪、糖分等含量），这些仅是包装内容的必要元素，没有突出产品本身特色和区域文化，因此不利于产品的推广，也难以体现出产品的优势。

其次，没有根据不同的消费需求对产品进行等级分类，不同档次的产品在包装上差异不大，产品的整体包装无法匹配产品的内在价值。比如对于一些有机杂粮和绿色杂粮，其包装也应采用有利于环境保护和资源再生利用的绿色包装，但目前黑龙江省的杂粮产品企业绿色包装观念不强，使产品缺少了市场竞争力。

再次，部分商品存在包装过度问题。如包装耗用材料过多、分量过重、容积过大、用料过档、装潢过华、成本过高等，大大超越了保护、美化商品的目的，增加了不必要的成本，给消费者一种华而不实的感觉。

（4）杂粮品牌建设相对滞后

目前，消费者普遍认为黑龙江的农产品质量好品相好，但是少有耳熟能详的品牌。农产品品牌如果有较高的知名度，消费者会因品牌价值而选择购买，而黑龙江省农产品缺少长期的、一贯的、具有特色的品牌宣传，没有形成特有品牌和区域品牌。黑龙江省杂粮品牌建设的滞后性主要体现在企业品牌意识有待提高和品牌推广缺乏系统性。

首先，黑龙江省杂粮企业对自身品牌价值认识不足，品牌意识有待提高。杂粮品牌在品牌设计中缺乏顶层设计，缺少前瞻性和长远性，忽视地域文化和情感的梳理与整合，缺乏在历史文化、饮食文化和产品文化方面的挖掘，使品牌缺乏本土特性和文化特性，缺少文化的产品不易于打动消费者，难以让消费者产生共鸣。品牌的定位不清晰，没有从消费者现实需求和潜在需求出发，没有抓住消费者心理和个体差异，没能很好地体现企业文化。虽然消费者熟悉杂粮产品的特点，但很多人无法判断哪个品牌的杂粮更值得购买，且产品品牌形象跟不上大众审美认知的变化，导致消费者只认识产品不认识品牌。同时，企业对于产品的规划缺少与时俱进的创新，不能洞察市场需求的变化，导致真正具有竞争力的品牌较少，企业品牌无法在消费者心中形成长久固定的记忆，消费者忠诚度难以提升。

其次，杂粮品牌推广执行缺少系统性和长期性。农产品品牌从设计到家喻户晓不是一朝一夕的事情，有时需要几年、几十年甚至上百年的培育、沉淀与传播。比如美国"新奇士"品牌从 1908 年在南加州水果与农产品合作社注册"新奇士"商标，到 1926 年"新奇士"品牌视觉标志系统建立，经历了 18 年的时间。如今，"新奇士"已经走过了 120 余个春秋，"新奇士"商业价值在全世界排名第 47，新奇士协会成为了世界上最大的水果营销合作组织（表 7 - 3）。对于黑龙江杂粮产业的品牌建设来说，也不是某个企业单打独斗能够完成的，需要地方政府、行业协会、杂粮企业、农户等协同运营，做好杂粮品牌的规划设计、运营管理和推广造势。

表 7 - 3 "新奇士"品牌运营历程

时间	大事件
1893 年	建立第一个以柑橘和柠檬注册商标的农业合作组织——"南加州水果与农产品合作社"
1908 年	注册"新奇士"商标
1916 年	第一次开展柑橘果汁的广告促销活动，提出"喝一个橙子"的口号
1922 年	第一次在广告中以维生素 C 含量为卖点，把健康理念作为产品营销主题
1926 年	第一次将"新奇士"商标直接印在新鲜的水果上，品牌视觉标志系统建立
1920 年代后期	第一次赞助加利福尼亚州和东海岸之间的商业电台，并第一次启用电影明星做广告
1952 年	合作组织更名为"美国新奇士种植者协会"
1960 年	开始扩展海外市场
1981 年	成为美国全国和世界畅销软饮料
1993 年	成为第一个超过 100 年的商业性的农业合作组织
2003 年	退出商标授权计划
2021 年	商标价值全球排名第 47，价值 10 亿美元

7.2 黑龙江省杂粮产业价格策略

价格策略是市场营销组合中的重要部分，企业在确定产品价格之前，要首先考虑定价的目标是什么，是维持生存、赚取最大利润？还是获得最大市场占有率？不同的目标将影响企业价格策略的制定。一个企业价格策略的制定还受到产品成本、产品的市场需求和竞争者的产品定价影响，杂粮等农产品的定价可能还会受到政府的政策法规影响。

7.2.1　黑龙江省杂粮价格策略实施现状

从生产企业的角度来说，产品价格受到产品市场定价目标、市场成本、市场需求、竞争者的产品和定价的影响。

产品市场定价目标是影响杂粮价格制定的第一个因素。企业通过对市场环境的分析，制定出合适的价格确保产品能够销售出去，获得不错的经济利益和一定的社会影响力，产品定价的目标一般包括生存导向、利润导向、销量导向和竞争导向这四个定价目标。维持生存这一定价目标一般适用于社会产能过剩或者竞争极其激烈的产品，黑龙江省杂粮产品在定价中一般不以此作为定价的目标。因此，在定价过程中，黑龙江省应以满足消费者利益为前提，根据不同的经济周期或者市场环境来调整杂粮产品的定价，从而实现产品价值的最大化。同时，在激烈的竞争市场中，企业想要获取稳定的消费群体或者为了生存，也会进行一定程度的价格调整。

产品市场成本是影响杂粮价格制定的第二个因素。一般情况下，产品的最低价格取决于产品的成本。农产品成本是生产单位生产农产品所消耗的物质费用和人工费用的总额。杂粮产品的成本主要包括生产成本、仓储物流成本和销售成本。一是生产成本。生产成本主要包括生产资料的费用、固定资产折旧费、人工费用和生产管理费用。以人工费用来说，杂粮的种植区域一般都是在干旱的地区或者在其他的农作物中间穿插着种植，很难使用机器操作，绝大部分的杂粮种植和收割完全是依靠农民人工进行，农业机械技术难以实现大面积推广，同时为了保证产品的质量，一般都会分批采摘，不利于控制成本，因此会对定价产生影响。比如，由于杂粮种植人工成本高，如果杂粮收成减少时，杂粮价格就会不断提高。二是仓储物流成本。黑龙江省杂粮目前有两种销售方式，一种是传统线下销售，即通过大型农产品批发市场运送到线下商超或农贸市场后直接销售给终端消费者；另一种是线上销售，即通过互联网平台直接销售给终端消费者。两种销售方式的仓储物流成本不同，第一种基本都是通过物流公司实现杂粮的运输，第二种则是通过快递公司进行运输，因为杂粮属于重货，因此快递成本相对较高，这在一定程度上提高了杂粮的价格。三是销售成本。销售成本既包括产品在销售过程中产生的宣传推广费用，也包括销售人员在开展销售过程中产生的销售费用，包括差旅费、招待费、手机话费等。销售成本如果控制不好，可能会给企业带来巨大的损失。

市场需求是影响杂粮定价的第三个因素。市场需求决定了产品的最高价格，消费者是否愿意接受某一特定的价格取决于他们对该产品的需求和支付能力。随着收入水平的提高，人们越来越追求膳食结构的多样化，杂粮可以更好地平衡人们日常的膳食结构，调研结果（图7-5）显示，非常注重膳食结构多样化的消费者占比15.56%，比较注重占比43.93%，一般注重占比33.68%，比较不注重占比4.62%，非常不注重占比2.22%。由此可以看出大部分消费者在日常生活中都很注重膳食结构的多样化，因此杂粮产品是具备市场潜力的。

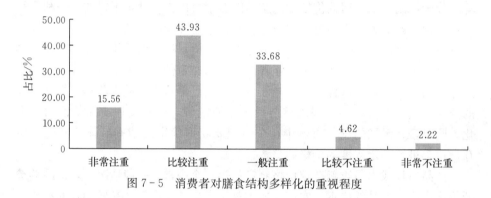

图7-5　消费者对膳食结构多样化的重视程度

同时，调研结果显示多数消费者愿意为知名品牌的杂粮产品支付溢价。虽然杂粮并不是主要的粮食产品，但是消费者对于优质杂粮产品的需求还是比较旺盛的，所以黑龙江省在对杂粮的价格进行调整时，应考虑由于消费者对于杂粮产品需求变化可能产生的增强或抑制的作用。

在需求和成本一定的情况下，企业能够制定的产品价格也会受到市场竞争对手的产品和定价的影响。杂粮产品市场规模虽然不大，但是竞争还是比较激烈的，黑龙江省杂粮在价格上并不占优势，企业应该了解竞争者的产品和价格信息，和竞争对手比质比价，以便制定更合理的杂粮产品价格，并在竞争对手调整价格时做出及时反应，以提高杂粮产品的竞争力。

因此，黑龙江省杂粮企业在制定杂粮价格时应充分考虑企业定价目标、杂粮成本、市场需求、竞争者的产品和价格等因素，并据此采用不同的定价方法。

成本导向定价和竞争导向定价都属于以产品为中心的定价方法。因为初级杂粮产品的同质化现象严重，市场上初级杂粮产品的价格差异一般不算很大，如果企业把产品价格定得过高，就会导致产品卖不出去从而失去顾客。对于初级杂粮产品，可以在成本导向定价和竞争导向定价的基础上，辅以尾数定价（表7-4）、促销定价、招徕定价和数量折扣等定价方式进行产品销售。

（1）尾数定价

在定价中保留价格的尾数，给消费者以便宜实惠和标价精准的印象。在淘宝平台上销售的各类杂粮均以尾数定价方法进行定价。

表7-4　杂粮尾数定价方式举例

杂粮产品/千克	淘宝价/元
绿豆	24.75
赤小豆	19.04
黑豆	15.04
黄小米	16.80

（2）促销定价

通过制定折扣政策以低于原价的价格销售产品，这种方法在一定程度上能够增加线上线下店铺的客流量和销售额。比如每年"双十一"期间，线上线下的店家都会采用大规模促销方式对产品进行打折销售。

（3）招徕定价

通过调整一种或者几种产品价格（调整到低于原价格甚至是低于成本的价格），以吸引消费者，促进其他商品的销售。招徕定价是一种心理定价策略，如线上秒杀活动，线上卖家为了博取消费者的眼球，以极低的价格销售某产品，有时候这种产品可能是临期产品，目的是吸引消费者关注店铺，在购买秒杀产品的同时购买其他产品。

（4）数量折扣

数量折扣是为了鼓励消费者大量购买、集中购买而采取的一种策略。比如团购活动，通过团购网站或者线上社区凑齐足够人数，就可以以较低的价格购买到杂粮产品，卖家薄利多销，买家购买实惠。

对于精品杂粮和精深加工杂粮产品主要采用需求导向定价法和撇脂定价法。需求导向定价法是一种以市场需求强弱及消费者感受为主要依据的定价方法，需求导向定价法不同于成本导向定价法，企业在制定价格时不是从产品的成本出发，而是从顾客的需求和价值感知出发，确定与顾客的需求和价值感知相匹配的价格。撇脂定价是指在产品生命周期的最初阶段，把产品的价格定的高一些，以攫取最大利润。以30~50岁白领女性为例，她们追求高品质和便捷的生活，对价格的敏感度相对较低，对产品质量要求更高。目前市场上几乎没有深入人心的杂粮产品品牌，通过品牌塑造，会传播健康安全的企业品牌形象，当消费者认可企业品牌和产品之后，会愿意支付溢价来购买产品。在需求导向定价和撇脂定价法的基础上，辅以声望定价法进行价格的调整，即利用产品在消费者心目中的声望和消费者对于产品的信任而把产品价格定成高价。

7.2.2 黑龙江省杂粮市场价格策略存在的问题

首先，黑龙江省杂粮价格制定缺乏竞争优势。黑龙江省杂粮企业在产品价格制定中希望通过高定价向消费者传达产品优质的信息，但这种定价方式在营销实践中并没有取得良好的效果。调研发现，48.03%的消费者认为杂粮价格一般，45.30%的消费者认为杂粮价格比较高（图7-6）。大众普遍认为黑龙江省农产品质量较好，有较高的品质和安全性。但从产品差异性角度来说，黑龙江省杂粮和其他地区的杂粮差异不明显，替代品和互补品较多。从包装角度来说，黑龙江省杂粮产品和其他地区杂粮产品包装设计雷同，产品的价格从外观角度与消费者的需求和价值感受存在落差。从品牌角度来说，杂粮企业没有将产品的独特属性向消费者进行阐释，导致消费者心理预期和产品价格不匹配，无法形成品牌溢价。所以，很多消费者在选择商品时，都把目光投向了价格更低的杂粮产品。

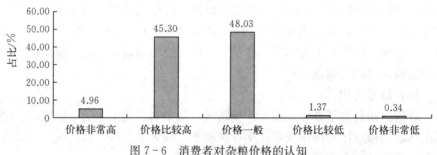

图7-6 消费者对杂粮价格的认知

其次，黑龙江省杂粮种植户和企业缺乏议价权。从农户来看，黑龙江杂粮销售目前仍以传统渠道为主，因此杂粮销售市场对代理商的依赖过多。由于杂粮种植区域分布分散，规模种植较少，产量不大，大多数农户在出售杂粮的过程中处于被动地位，只有少数农户可以积极与经销商沟通。黑龙江杂粮种植者应对市场的能力较弱，尽管每个乡镇都有销售商，但农产品的收购价格主要由收购者决定，种植户没有议价话语权。在这种情况下，种植户得不到理想的收入，种植杂粮的积极性难以提升。从杂粮企业来看，黑龙江省杂粮销售大多都是订单模式，这是企业获取稳定销售利润的重要渠道，但也使企业的经营者缺乏主动营销意识，不能及时根据市场环境进行定价调整，对消费者缺乏消费刺激和鼓励，导致产品吸引力有限。

再次，黑龙江省杂粮市场价格策略单一。黑龙江杂粮精深加工能力较弱和品牌建设不足，导致黑龙江杂粮产品主要采用成本导向定价法，即在生产成本的基础上叠加一定的利润率来确定杂粮价格。这种价格制定方式保证了企业的利润率，但是以这种方法定价往往会导致产品缺乏价格优势，抵抗环境变化和市场变化的抗风险能力变弱，缺少竞争力。同时，黑龙江省杂粮在绿色有机杂粮开发、杂粮分级分类、杂粮精深加工、杂粮销售推广等方面尚有较大的发展空间，因此整体来讲杂粮利润空间较小。

7.3　黑龙江省杂粮产业营销策略

调研结果（图 7-7）表明，消费者购买杂粮的场所主要以大型超市为主，占比 71.21%，社区便利店（社区超市）、农贸市场（集市）也是消费者购买杂粮的主要场所，分别占比 46.26% 和 43.95%。在网络购物发展迅速的背景下，消费者通过各种互联网平台购买杂粮的占比仍不是很高，诸如在天猫、淘宝、京东等大型综合类电商平台购买杂粮的消费者占比仅有 24.38%，其他平台则是无人问津。可以看到在杂粮消费渠道上，线下商超比线上平台更加受到消费者的青睐。

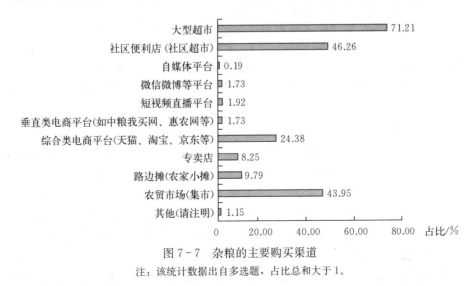

图 7-7　杂粮的主要购买渠道

注：该统计数据出自多选题，占比总和大于 1。

7.3.1 黑龙江省杂粮营销模式

(1) 黑龙江省杂粮线下营销模式

黑龙江省杂粮线下营销模式主要有批发市场模式、农超对接模式、订单农业模式、专卖店模式等四种。

第一，批发市场模式。批发市场模式是以批发市场为核心渠道的杂粮营销，生产者生产的杂粮由农业基地或者农业合作社等收购后，经由杂粮产销地批发市场流通至零售商或者其他贸易市场，最终流向消费者。批发市场模式是批发市场里基于实体店面的面对面交易。参与者包括杂粮批发商、代理商、零售商，以及衍生到其他销售市场的批发商自营销售组织等。在大型代理商和小型零售商之间还可能衍生出一级专业性经销商，从而出现三级渠道结构。

农业生产者首先将杂粮通过产地中介组织出售到批发市场，销地中介组织通过批发市场购买一定数量的杂粮，再将这部分产品以零售的方式销售给消费者。其中，产地中介组织主要是指农业合作社或收购商，产地中介组织是批发市场与生产者之间的纽带，需要综合考量杂粮生产者、产地批发市场以及消费者的利益，通过整合杂粮生产者和批发市场的利益来满足消费者的需要。销地中介组织主要是指农贸市场等，农贸市场可以更加直接地吸引消费者购买杂粮产品，当前省内的杂粮产品还远远没有达到可以辐射全国市场的地步，大多只限于在黑龙江省内销售。

在黑龙江省，以批发市场为核心的杂粮销售占据非常重要的位置。黑龙江省杂粮销售主要是通过批发市场进行的，批发市场有效地将杂粮生产商和市场连接起来，充分地体现了批发市场的集散功能，随着近年来销售规模的进一步增大，出现了越来越多的农产品批发市场。据统计，2019 年黑龙江省成交额在亿元以上的农产品批发市场达 174 家，成交总额 2 272.9 亿元。位于黑龙江省哈尔滨市的哈达批发市场，是目前黑龙江省最大的农产品批发交易市场。

第二，农超对接模式。随着我国连锁超市的发展，越来越多的杂粮产品流向了连锁超市，形成了杂粮生产者和超市直接对接的销售渠道。该渠道是以超市作为零售终端与生产者参与的合作社直接进行对接。该渠道没有批发市场的介入，而是通过"直供"或"直采"的形式完成杂粮的流通，在一定程度上提高了流通效率、降低了流通成本。连锁超市的客流量大，销售能力强，商品的定价相对也较低，在超市里销售精品杂粮，能够满足消费者的日常需要。

采用农超对接模式要注意匹配超市的营销特点。一般情况下，超市会不定期开展促销活动，杂粮生产者应把握好促销的力度和频率，促销活动过多会降低消费者对企业品牌价值的信任度，促销活动过少可能会导致顾客的流失。超市会在不同的节日时点加大对产品的宣传，如很多超市会挨家挨户发放广告宣传海报，超市的墙壁和电梯间也会布设很多广告宣传板，这些都是杂粮生产者可以利用的宣传方式。

第三，订单农业模式。该销售方式是粮农直接将杂粮销售给企业的模式，在这一模式下，粮农和企业双方签订契约界定各自的权利和义务，粮农按照契约的要求对杂粮进行生产种植，而企业则按照契约进行收购，参与企业目前以加工企业和餐饮企业为主。这种销售方式相对稳定，并且维护了粮农的利益，在某种程度上也缓解了小粮农大市场的矛盾。但是该模式对于企业具有较强的依赖性，在杂粮价格波动的情况下，供需双方均存在较高的违约风险。

第四，专卖店模式。专卖店模式是渠道品牌化的一种重要方式。渠道品牌化最早出现在服装行业，比如森马、阿迪达斯、耐克等，现在已经拓展到各个行业。一方面，专卖店可以作为产品的展示中心和销售中心，用来展示产品促进销售，消费者进入专卖店可以真切地看到产品，通过销售员的讲解，消费者可以更直观地了解产品，再根据自己的喜好购买需要的产品。另一方面，专卖店可以作为品牌的推广中心，为企业做品牌形象广告，但这种品牌推广方式对专卖店线下门店的数量有较高的要求，如果门店数量较少，则品牌推广的作用就难以充分发挥。在选择专卖店模式时，要综合考虑店铺的选址、产品特点、店铺面积、客户拓展、日常管理等。

（2）黑龙江省杂粮线上营销模式

2020年，黑龙江省电子商务稳步发展，全年实现网络零售额526.3亿元，同比增长12.7%。依托在各个区县建设的电子商务产业园，黑龙江省政府培育引导电子商务企业和平台入驻发展，通过开展培训和龙头企业引领，很多传统的商贸企业也转向线上线下结合模式，实现了电子商务的高速发展。

黑龙江地方特色产品的网络销售主要在京东、淘宝、天猫等第三方电子商务平台进行，商家通过在淘宝、天猫平台上建设网店，在京东商城建立黑龙江特色馆等方式不断扩大产品的知名度和市场份额。

通过电商销售渠道开展杂粮的销售，可以在短时间内让消费者了解产品并达成购买意愿，节省了中间商的差价成本费用，实现商流和物流的分离，降低运营成本。同时，减少了线下平台服务半径的限制，实现7×24小时无间断服务。

农产品电商发展的模式根据不同主体分为四种：综合型电商跨界平台模式、全产业链农产品垂直电商平台模式、物流切入型电商平台模式及O2O电商平台模式。

综合型电商跨界平台主要是以天猫、淘宝、京东为主的电商平台，该类电商平台在电子商务市场中占有的份额较大，超过了80%。这类平台的关键特点是拥有强大的客流量、巨大的影响力，因为平台本身已经拥有了很大的流量，流量对于此模式来讲不算问题，只不过当前消费者网购杂粮等农产品的习惯尚未形成，消费意识需要慢慢培养。对此，各平台纷纷打出特色频道牌，如天猫的"喵鲜生"、淘宝的"兴农扶贫"、京东的"生鲜"专栏等。综合型电商跨界平台的第二个特点就是平台本身具有信誉优势，这种信誉优势也有利于农产品品牌的推广与发展。消费者在这类平台上购买杂粮产品的成本较低，但是这类平台也会存在刷单和评价造假现象，这对于信任购买记录和评价的消费者来说容易产生误导。

全产业链农产品垂直电商平台的代表有中粮我买网、沱沱工社、本来生活。此类平台的特点是定位于食品网购卖场，是集农产品采购、物流配送、网络销售等全产业链为一体的农产品垂直电商。有的平台为寻找最优质的农产品采购源，致力于整合全球食品行业优质的供应资源，有的平台运营企业拥有自己的专属农场，以此实现对农产品质量从源头上的控制。此类平台的特点：第一，此类平台运营企业基本位于北京、上海等一线城市，并以北京、上海的中高端消费者为首要目标群体，主要供应高品质的健康农产品或有机食品，商品定价采用撇脂定价策略。第二，此类平台运营企业都构建了自己专有的冷链仓储、物流配送体系，保证新鲜的产品能够被及时送达消费者手中。但是垂直类电商平台客流量较小、品牌影响力小，同质化现象严重并且自建物流成本较高，同时，在平台运营初期的推广成本较高。

物流切入型电商平台以顺丰优选为代表。该类电商平台借助物流企业的品牌影响力和流量，可以吸引大量的消费者，借助物流平台完备的存储体系以及配送优势可以得到较快的发展。顺丰优选等物流切入型电商平台凭借全供应链管理和多渠道便捷购物使得农产品质量安全得到保障，但是物流切入型电商平台的建立同样对资金投入需求较高，并且需要和供应商形成稳定的合作关系，方可保障顺利运行。

O2O电商平台多是大型连锁超市的自建App，目前诸多大型连锁超市开发了自己的App，例如家乐福、永辉等，消费者可以直接通过App下单。但是目前该类电商平台客流量较小，并且物流配送成本高，应用相对较少。

7.3.2　黑龙江省杂粮营销中存在的问题

（1）黑龙江省杂粮线下营销存在的问题

第一，生产者市场主体地位缺失。杂粮生产主体组织化程度低，生产者市场主体地位缺失，小型生产者和大市场之间的矛盾较为突出。黑龙江杂粮的生产主要是小农化生产方式，生产主体规模一般较小，组织化程度较低，杂粮营销主体发展不充分，成交金额也较小，抵御市场风险的能力较弱，面对大型的收购企业没有话语权。批发市场、大型商超、加工企业以及其他农产品市场中介组织是联结生产者和消费者的桥梁，杂粮价格由这些中介组织全面主导，中介组织将自己的利益放在第一位，农民和市场的联结不够紧密。生产者市场主体地位缺失使得生产的杂粮得不到合理的定价，生产者的利益难以得到保障，进而使得生产者丧失生产动力和积极性。

第二，营销渠道流通链较长。我国杂粮营销目前是以批发市场为核心、以多层中间商销售为主的形式，即通过中间商的市场能力优势把杂粮推向市场，完成杂粮在流通领域中所有权的转移。各环节的营销成员规模小、组织化程度低，使得供需信息沟通不畅。过多的流通环节增加了杂粮的产品成本，导致交易成本提高，因此对于消费者以及生产杂粮的农民都产生了一定的消极影响，致使生产者和消费者的利益均不能得到保障。同时，杂粮流通半径较小，大多数杂粮仅在产地周边进行销售，外销到其他地区的数量及比重有限，出现杂粮产品在产地过剩，在销地短缺的局面。

第三，营销渠道基础设施建设落后。已建立的批发市场在设施、交易方式上滞后于经济社会发展需要，与现代化农产品营销体系存在一定差距，这严重影响了杂粮产品流通的速度。诸多杂粮批发市场的设备设施老旧简陋，仓储情况差。有些仓库卫生条件甚至完全不能满足当下杂粮收储需求，仓储防火防水的设施均不完善。黑龙江省各个地区之间的经济发展程度并不均衡，存在较大的差异，在杂粮流通方面发展程度也不均衡，乡村在农产品销售方面并没有建立完备的基础设施，无法便利地进行农产品流通。

(2) 黑龙江省杂粮线上营销存在的问题

调研结果显示仅有约 35％的消费者愿意或者非常愿意在网上购买杂粮。

在阻碍消费者线上选购杂粮的几种情况中（图 7-8），不确认产品是否达标占比最高，为 45.30％，成为线上购买杂粮的最大障碍。图片与实物有差别、网站产品信息不可靠分别占比 25.30％和 10.77％。

互联网时代，打造信息全面、交易便捷的线上营销方式成为企业的主要营销策略。黑龙江杂粮销售市场没有建立完善的网络营销渠道，既没有成熟的本土农产品电商平台，利用短视频、直播带货、社交平台进行杂粮等农产品销售的能力也较弱。杂粮线上销售市场存在着农产品电商经营理念不明确、农产品电商经营人才匮乏、仓库物流等基础设施不够完善和网站设计简单粗放等问题。

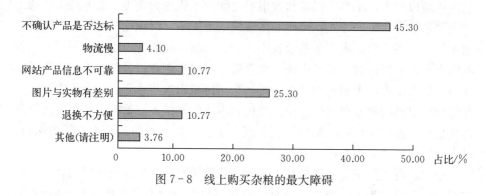

图 7-8　线上购买杂粮的最大障碍

第一，农产品电商经营理念不明确。调研结果显示，有过 1 年以上网购经验的消费者达到 98.72%，有过 3 年以上网购经验的消费者也达到 85.9%，由此可见，网络购物已经成为消费者购物的主要方式，足不出户带来的便捷性和快递行业的发展使得消费者对于网购产生依赖，因此农产品经营者开展线上销售已经是大势所趋。调研发现，经营者往往对于电商平台的技术条件如对发布商品、网页设计等问题比较关心，而对经营本身关注不够。但是农产品电商经营绝不仅仅是建立一个网站或者在第三方平台上销售自己的产品，后期的经营、管理与维护更加关键。当前线上经营的竞争比线下经营的竞争更加激烈，消费者有了更多的选择，如何引起消费者的关注并实现销售是农产品电商经营者要首先考虑的问题。

第二，农产品电商经营人才匮乏。农产品电商经营人才大多集中在北上广杭等电子商务比较发达的城市。农产品电商人才的匮乏，一方面使得网购平台初次建设比较困难，这使得很多打算入驻第三方平台的经营者望而却步；另一方面，由于农产品电商平台人才的匮乏，使得很多有意进军农产品电商经营领域的企业，在电子商务网站建成后，却因为后续不善经营而不了了之。同时，农产品电商经营人才的匮乏使得黑龙江农产品电商经营缺乏氛围，经营者看不到线上销售的巨大潜能，只是看到了线上销售存在的相应风险，因此止步不前。

第三，仓储物流等基础设施不够完善。位于北京、上海等地区的农产品垂直电商平台大多拥有自己的仓储物流设施。如：沱沱工社自建有近万平方米集冷藏、冷冻库和加工车间为一体的现代化仓储配送物流中心，采用冷链物流到家的配送运作模式，将新鲜的食品精准交付给消费者。顺丰优选借助顺丰快递的独特优势，保证将新鲜食品及时送到消费者手中。本来生活可以配备符合专业标准的冷藏库（0~4 ℃）和冷冻库（-18 ℃），确保所有食材的营养和水分只有最低限度的流失，并依据每一种商品独特的保鲜需求分别储藏，提供 8 小时以上全程冷链配送。而黑龙江省缺少现代化仓储物流配送中心，无法保证食材在采摘后能够即刻实现保鲜储存和冷链运输。大多数到达黑龙江省内的货物或者从黑龙江发出的货物都需要经过哈尔滨中转，这无疑增加了运输的成本和时间。

　　杂粮产品的来源是较为分散的粮农，物流组织难度较大。黑龙江省杂粮产品销售仍停留在以批发市场为核心的分销模式上。多层的分销体系使得物流费用提高，消费者购买成本增加。黑龙江省地处我国东北地区，远离中东部交通运输枢纽地带，加上物流配送体系的不健全，导致物流配送效率低下，物流成本较高，配送时间较长，这在一定程度上影响了黑龙江省杂粮的整体价值和市场竞争力。同时，虽然黑龙江省政府实施了相应的资金补助和优惠政策，但作为农业大省，黑龙江省对物流配送系统的资金投入还远远不够，物流配送设备的落后在影响杂粮产品配送速度的同时，也造成一定程度的杂粮产品货损。

　　第四，网站平台设计简单粗放。从设计方面来看，很多在淘宝、京东等第三方平台开设的网店，页面设计比较简单，网站架构和网站定位不够突出，很多功能模块没有完善，产品更新慢或者不更新，详情页设置极其简单，没有凸显出产品的特色，只是一些图片的堆砌，根本无法抓住消费者的眼球。很多自建网站总是追求大而全，例如一个想兼顾城市介绍、政府宣传、信息咨询和网络购物等功能的综合型平台很难实现较好的销售效果。从技术层面来看，自建的很多购物网站或信息平台的网络运营环境较差，影响了用户体验，在一定程度上抑制了消费者的购买兴趣。从服务层面上来看，线上售后的及时性很难保证，难以满足消费者对于网络购物的服务需求。

7.4　黑龙江省杂粮产业促销策略

　　促销策略在市场营销中占据着重要的地位，促销策略主要有四种手段：广告、公共关系、营业推广和人员推销。商家利用合理的促销手段或者方式，与客户之间建立联系，了解客户的信息，为客户介绍商家的背景以及产品，在相互了解的基础上运用适当的营销手段，让客户能够对商家以及产品产生消费意愿，从而达成最终的销售目标。

7.4.1　黑龙江省杂粮促销策略实施现状

（1）黑龙江省杂粮广告宣传现状
在广告宣传中，媒体是作为信息载体存在的。目前有两类媒体载体，一类是电视、报纸等传统媒体，一类是短视频、直播、微信微博等新媒体。不同媒体有着不同的受众，因此，使用多种媒体相互组合能够实现更好的宣传效果。黑龙江省的杂粮企业采取的就是这种多媒体结合的广告投放模式，但是受到企业资金和规模的限制，宣传的力度较小。比如通过在高速公路的出入口处张贴标语以及横幅，进行产品的宣传和推广；或是通过黑龙江省交通广播以及黑龙江卫视开展杂粮产品推介活动。线上网络广告投放主要针对 30～50 岁的消费者，这类人群对于移动终端的依赖度很高，通过热播的电视剧或者文艺节目的广告播放进行品牌宣传，可将企业的产品信息传递给消费者。

经调研统计（图 7-9），消费者了解杂粮的主要途径以超市等销售点为主的占比 51.45%，亲友推荐占比 39.49%，网络推广占比 38.29%，报刊书籍占比 17.61%，广播电视占比 10.77%。

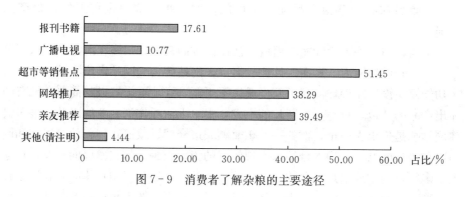

图 7-9　消费者了解杂粮的主要途径

（2）黑龙江省杂粮公共关系现状

公关促销活动旨在与企业的产品受众建立良好关系，通过良好关系的建立，向消费者和公众传播企业正面形象，让消费者了解企业，了解企业的产品，这是一种软性广告或隐性广告，一般需要较长时间才会发生作用。其主要宣传方式之一就是与地方政府部门、中间商、供应厂家、在社会上具有重大影响力的专家学者以及与之相关的各类社会群众之间建立直接的联系，通过拟定比较具有吸引力的宣传素材，为客户提供有针对性的咨询和服务，并且在相应的媒体上进行报道，将企业的努力和贡献进行一定的渲染，使得消费者对企业产生好感，以更好地提升企业的品牌知名度。黑龙江杂粮市场的公关活动一般表现为：

一是通过新闻提高企业的曝光度。黑龙江省的很多杂粮企业会鼓励员工或下属经销商向当地的一些知名农业期刊或报纸进行投稿，宣传企业的发展情况、新产品的研发进度以及发布新产品资讯等，通过这种书面宣传吸引消费者的目光，扩大企业的影响力。

二是参加展览会和贸易会。许多杂粮企业每年都会参加国家或者每个省级政府举办的一些展览会和贸易洽谈会，借此机会对企业的技术或者产品进行分享，提升公司知名度。最近几年，越来越多的特色农产品通过展会进行促销，在展会中，不仅能够促进产品销售，同时也能使品牌为更多的经销商以及消费者所熟知。

三是利用互联网手段进行信息发布。黑龙江省企业普遍选用微博和微信进行企业品牌的推广。商家撰写推文分享到社交平台，介绍企业文化和相关产品信息，比如杂粮的营养价值或烹饪方法，吸引消费者关注微博和微信，从而增加产品曝光率，带动产品销售。

(3) 黑龙江省杂粮营销推广现状

营销推广可以在短期起到促销的效果，促销效果比较显著。

第一，使用多种折扣促销方法，包括折价促销、赠送促销和数量折扣等。

折价促销。采用折价的方式，让消费者能够以更低的价格买到杂粮产品，以此吸引消费者并起到宣传推广的作用。数量折扣一般有两种。一种是直接打折，可以惠及所有购买该产品的消费者。另一种是提前发放优惠券，这种方式只能惠及一部分消费者。

赠送促销。给消费者发放样品让消费者尝鲜，消费者有了初次尝试，可能会产生购买的兴趣，以此培养消费者对于该杂粮产品的使用习惯。

数量折扣。数量折扣是对购买产品数量较多的消费者采用的营销方式，这种营销推广方式一般都是针对经销商展开。粮食行业的经销商会经常关注行业期刊以及线上宣传，对于经销商来说，产品利润最重要，企业在进行宣传时要着重对企业实力进行描述，使经销商能够详细了解企业的综合实力，以促进合作，同时辅以一定的数量折扣，让经销商在经销过程中注重对产品的推广和宣传。

第二，礼品团购。礼品团购是针对节日、生日、拜访等活动开展的销售。人们在传统节日期间讲究"礼尚往来"，所以，对于精品杂粮来说，礼品团购是一种不错的销售方式。

(4) 黑龙江省杂粮产品销售现状

黑龙江省的杂粮产品主要是生产商对经销商的销售，也就是B2B的销售，直接针对消费者的较少。杂粮生产企业销售人员的主要工作之一就是让经销商愿意更积极地向消费者推销本公司的产品，促进企业的销售量不断增加，经销商作为生产商和消费者之间的桥梁，在接触中了解消费者需求变化，以便生产企业从产品端改良，进而提高消费者满意度。此外，经销商还可以与客户在频繁交流的基础上建立长期的买卖关系。

7.4.2 黑龙江省杂粮市场促销存在的问题

（1）促销效果不理想

在黑龙江杂粮行业中，绝大多数企业的主要促销手段是展销会，通过展销会，经销商和消费者更多地了解黑龙江杂粮，从而增加销售。同时，黑龙江杂粮企业还会通过电视广播、期刊、报纸专栏等方式进行宣传策划。但是整体上来讲，黑龙江杂粮企业的促销方式单一，没能灵活地运用各种促销手段，促销效果不佳。此外，杂粮企业由于品牌形象较弱，各种促销手段只能保证在短期内取得一定促销效果，只有打响品牌才是企业获得长久市场竞争力的根基。

（2）广告宣传力度不够

第一，广告目标市场定位不明确。虽然现在黑龙江省的杂粮企业会做一些线下的广告投放，但是并没有进行统一的广告投放管理，通常由营销公司自行投放，产品宣传力度不够，缺乏持续的品牌传播，影响了黑龙江杂粮企业在市场上的竞争力。黑龙江杂粮企业普遍缺乏对于目标市场定位的认知，大多数企业还处于"生产什么卖什么"的阶段，产品的生产和销售不是基于对消费者需求的科学研判，而是基于"我能生产出来什么，我会怎样销售"。因此应该针对哪些人群进行广告的投放并不是特别清楚，由此在选择广告投放媒体时比较随意，并没有充分结合自身的特点和投放目标进行考虑，导致广告投放的效果并不明显。

调研结果（图7-10、图7-11）显示，大多数家庭购买杂粮不是为某个特定家庭群体，而是为了全部家庭成员的营养摄取。

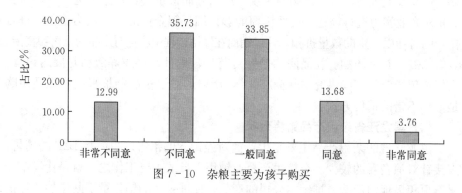

图7-10 杂粮主要为孩子购买

第二，互联网广告投入力度不够。黑龙江杂粮企业在线上销售领域还处于探索阶段，缺乏互联网思维，互联网广告投入力度不够以及对互联网技术和网络媒体的宣传和广告重视程度不高。

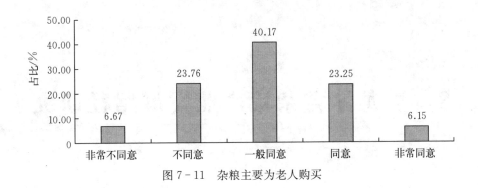

图 7 - 11　杂粮主要为老人购买

（3）公共关系意识淡薄

目前黑龙江省杂粮企业的公共关系体系建设不完善，主要表现在两个方面。第一，缺乏公共关系促销体系。虽然很多杂粮企业都意识到公共关系促销的重要性，但依然缺乏系统性、前瞻性和有规划性的公共关系促销体系。第二，对于危机公关缺少关注。在杂粮企业数量不断增加同时消费者需求不断扩展的双重作用下，买方市场的特征越来越明显，企业的负面信息不仅会降低企业的销量，甚至可能会对企业造成毁灭性的打击。企业需要关注危机公关，完善危机应对体系，减轻企业负面信息对企业造成的打击。

（4）缺乏专业营销人才

当前，黑龙江杂粮生产者和企业大多数重生产轻营销，缺少善经营懂管理的农业人才，杂粮企业发展面临专业人才缺乏的困境。农业企业因为经营特点、薪酬待遇等方面的局限对营销人才缺少吸引力，因此多数企业没有建立专业的市场营销管理体系，难以推行有效的市场营销策略。

8   黑龙江省杂粮产业发展路径研究

　　黑龙江省土地广阔，适宜扩大杂粮种植规模，建设杂粮生产基地，不断开发多种杂粮产品并深入挖掘其营养价值以及保健功能。在产业结构分析中，可以看出黑龙江省的杂粮加工业仍然处于初级加工水平，缺乏精深加工的能力，不能充分满足市场需求。运用多元回归模型对黑龙江省杂粮产业发展的影响因素进行实证分析，发现杂粮加工业对杂粮产业发展的贡献较小，导致与杂粮加工业有关的因素对杂粮产业发展的影响均不显著。依据《2017 年中国投入产出表》计算出我国杂粮产业结构为：投入：生产：加工制造：运销服务＝0.26：1：1.91：0.54，其中，生产与加工制造的比例为 1：91，美国与日本该数据分别为 1：3.89 和 1：4.38，说明我国应该大力发展杂粮加工制造业促进产业发展。本章由此提出促进黑龙江省杂粮产业发展的路径：以市场需求为导向，提高杂粮深加工水平，以龙头企业的发展为牵引，进而推动杂粮生产，助推加工端向消费端产品的输送，推动流通服务业的发展，促进后向产业的发展。

8.1   生产层面

　　杂粮具有抗旱、耐瘠、抗逆性强的特性，黑龙江省西部地区土壤贫瘠，干旱缺水，在这样的自然条件下适宜扩大杂粮的种植规模，可建立杂粮标准化生产基地，实现规模化生产促进杂粮产业发展。

8.1.1   合理调整杂粮生产布局

　　杂粮产区要因地制宜适当调整种植规模，进行优势化布局，由于不同区域自然条件不同，作物的生长优势存在明显差异，要立足于区域的自然条件，确立主导杂粮种植品种以及杂粮产业发展方向，充分利用黑龙江省杂粮种植区域优势和生产优势，形成不同杂粮作物的集中产业带，通过建设优质杂粮产业带，促进当地农民增收。

8.1.2　建立杂粮标准化生产基地

土地是杂粮生产不可缺少的生产资源，根据杂粮生产区域的实际情况，以高产、优质、高效为原则，着力建设杂粮标准化生产基地，在杂粮的生产以及基地的建设上进行合理安排，适当扩大优势杂粮作物的种植规模，实现有组织的规模生产，确保杂粮生产的稳定。大力提高杂粮的产量、品质和杂粮的单产水平，提升杂粮的产业化水平，合理投入化肥，减少化肥对土地以及杂粮产品的影响，生产出标准化、规模化、高品质的杂粮产品。

8.1.3　建设杂粮区域化产业种植带

坚持"粮头食尾"和"农头工尾"的发展路径，推进杂粮产业转型升级，充分贯彻就近发展理念，化资源品质优势为产业竞争优势。利用黑龙江省已有的优势品种和研创团队，加强优质专用品种的推广，最大程度实现杂粮优质品种基地转化，提升优质粮食的产能，克服小规模分散经营的局限性。规范已有种植基地，重点对巴哈西伯绿豆等优质原粮进行严格把控，保障优质杂粮原粮品牌的安全性；加强农业信息技术在基地示范中的应用，实时监测绿豆长势及营养状况，从种植品种筛选、包装加工、运输、市场销售等阶段，实现全程追踪，提高种植科技能力，保障杂粮产品品质极致化，促成中高端价值链的生成。

8.1.4　严格追踪市场价格走向

杂粮市场需求量及产品价格是影响农户生产种植意愿的首要因素，价格涨幅程度直接决定着农民种植收益的高低。以往数据表明，黑龙江省杂粮价格波动明显，影响了杂粮的种植。通过对杂粮市场价格的长期价位预判，杂粮生产者应密切关注市场，提升对信息的自我消化能力，通过移动终端及时掌握杂粮市场行情，避免因盲目种植而导致产品滞销、供大于求的局面，适时调整种植面积，理性种植。

8.1.5　增强杂粮种植抗风险性

杂粮种植受限于其灾害防治投入成本过高，而种质资源的选育水平是影响杂粮品质的关键因素，应继续优化改良现有种苗繁育技术，着重在品种抗病虫害方面进行改良，增强杂粮抗虫灾风险的性能。应推行标准化的生产种植理念，强化田间管理流程，逐步提高粮食安全产能，实现科研成果经济转化；把功能农业作为当前发展杂粮产业的基本出发点，强化农产品的健康内涵，充分发挥黑龙江省杂粮原材料优质特性，抓住市场对高端食品的需求，研发新型杂粮食品，实现科技与杂粮产业无缝对接。

8.2 加工层面

在黑龙江省杂粮产业体系中，加工制造业与农业生产相比对产业贡献度低，带动引领作用未能充分发挥。因此，强健杂粮产业链、提升杂粮产业价值链的关键是大力发展杂粮加工制造业。

杂粮产业结构包括投入、生产、加工制造和运销服务等，加工制造在关联产业中所占比重较大，黑龙江省应提升加工业对产业发展的贡献程度，大力发展杂粮加工业，提高加工水平，强化杂粮深加工能力，提高杂粮加工品的科技含量，挖掘杂粮的营养价值，满足人们的需求。

8.2.1 强化杂粮深加工能力

要加大力度发展杂粮的深加工，通过对杂粮的深加工提高产品附加值。建议对杂粮加工企业给予扶持，发挥龙头企业带动效应，将杂粮生产、加工以及销售相联结，逐步形成从生产到加工最后到销售的一体化产业链。同时培育重点杂粮加工企业，不断改善和提高杂粮深加工水平，提高杂粮加工效率和产品质量。与此同时，要引进现代化加工设备，完善加工基础设施，聘请专业人员进行指导，以市场需求为导向，开发富有特色的杂粮产品，以满足人们的消费需求。

8.2.2 增强杂粮产品的科技研发力度

要提升杂粮产品加工的科技含量，就要加大对黑龙江省杂粮产品研发的科技投入，加强品种改良，深化优质品种选育，通过与高校、研究所进行合作，建立产学研结合机制，加快杂粮作物品种的更新，不断提升杂粮生产、加工技术水平。杂粮产品的研发要契合市场需求，利用现代加工技术，研发营养丰富的新型杂粮食品，以满足人们对于营养健康食品的需求。通过科技创新促使杂粮产业从传统模式向现代化模式转变，加大科技研发力度，将杂粮生产与初加工和深加工紧密相连。

8.2.3 加大对杂粮加工业的投入

以龙头企业为牵引，扩大加工业的规模，提升企业对杂粮精深加工的重视程度，增加固定资产投入，购进机械设备，便于杂粮加工以及新产品的研发。

同时应加大人员的投入，除了充分引进杂粮加工所需的劳动力还应该注重人才的培养，提高加工人员技术能力。

8.2.4 建设中高端人才支撑团队

杂粮制品作为快消品的一种，需要应对市场对于产品开发的高需求，从原粮至有机杂粮加工产品，杂粮产业潜在的利润空间巨大，若想突破原粮销售的市场模式，必须加大对新产品的研发力度以满足消费者需求。在技术人才支撑方面，要依托黑龙江省科研单位和农业院校，引进农业科研、经营管理、农业推广等人才，直接实现毕业生与企业之间的流动，重点引进科研人才承担对新型杂粮消费品的项目研发，推动科技人才与产业的融合；整合管理人才对企业运营层级的推进，实现现代化农业企业经营管理目标；培育实用人才拓宽杂粮外销渠道，建立稳固的杂粮销售局域网络，实行精细化发展策略，保障人才全过程参与加工企业营销战略与产品定位的研究，全面提升组织绩效。

8.2.5 发展中高端杂粮产业链条

黑龙江省杂粮加工转化能力不强是造成黑龙江省当前杂粮产业低端减值的主要原因。黑龙江省杂粮企业应立足已有消费市场，降低原材料消耗，可重点开发绿豆粉、红豆薏仁粉、杂粮原浆饮品等产品，有步骤地拓宽其高附加值产品的布局，依托产地优势，通过提高中高端杂粮加工品的供给份额，利用产业链信息逆向传导机制，推动杂粮种植的结构调整；发展水平相对落后的加工企业应聚焦基础产能的巩固，在原有简单分拣粗包的基础上，与加工能力良好的企业合作，借力龙头企业的强大加工产能，循序渐进做强杂粮衍生品的开发，实现从生产到加工全程化的节本增效；在市场营销上要保持稳中求进的策略，带动提升小型农户的种植热情，保障杂粮产品后备原料的持续供应。

8.3 流通层面

为了确保杂粮产业的健康发展，应健全社会化服务体系，做好对农资企业的扶持与监管，保障杂粮产品的质量安全。

8.3.1 健全社会化服务体系

种子、化肥、农药是杂粮生产中必不可少的生产资料，应加大对农资销售企业的扶持和监管，依托杂粮生产资料等投入部门构建销售网点，形成布局合理的农资供应网络，完善杂粮生产社会化服务体系。以农民为主体建立农业社会化服务体系，进而提升农民组织化程度。逐步完善黑龙江省杂粮产品质量安全检测体系建设，结合当地生产情况，制定相对应的检测标准，以便提升黑龙江省杂粮标准化生产水平。健全农村金融支持服务系统，为社会化服务体系建设提供资金支持，建立从农资供应到生产组织再到品质检测全过程的社会化服务体系。

8.3.2 健全杂粮产业流通体系

第一，拓宽杂粮交易平台。建立黑龙江省杂粮市场营销体系，结合各地市、县区杂粮生产的实际情况，建设标准化交易市场。打造杂粮品牌，加强品牌宣传力度，推进杂粮产品品牌化经营，逐渐形成市场优势。入驻大中型超市等实体店以及京东、淘宝等大型线上购物平台，建立黑龙江省杂粮产品交易门户网站，拓展营销渠道，丰富杂粮交易方式。电子商务营销使得销售范围变得更大，消除了地域的限制，扩大了市场，提升了企业的知名度，便于消费者了解和购买杂粮产品。

第二，深化杂粮产业信息流体系建设。要完善杂粮产业信息共享平台及杂粮信息化服务体系建设，提高杂粮产品市场信息化程度，加强专业队伍培训。构筑杂粮产销信息服务网络，组建专业的团队对杂粮的产销信息进行收集、整理、分析和预测，对杂粮市场价格以及供给需求进行研判，为农户、加工企业和消费者提供生产、加工、销售的参考信息。

第三，深化杂粮产业物流体系建设。物流是杂粮生产、加工和销售之间的桥梁，应该加快杂粮物流体系建设，建立专业杂粮物流平台，提高杂粮加工品物流信息的准确和及时性，成立杂粮产地运输队和转运站，以便保障杂粮的物流和仓储，促进杂粮生产销售的通畅，提高交易的效率，减少原粮损耗，降低交易的成本。

8.4 营销层面

8.4.1 提升杂粮产品品质

法国社会学家杨·波德里雅尔曾经说过：物品要想转化为消费品就必须成为一种记号。在当今成熟型消费社会里，消费者更加重视产品内在质量、新产品尝鲜和产品包装的创新性，只有不断探索，才能使得杂粮产品在激烈的竞争中立于不败之地。杂粮企业要认清目前自身存在的问题，有效寻求解决方案。另外，企业管理者要掌握产品策略和包装策略，关注杂粮市场发展的各种因素，优化经营布局，为实现黑龙江省杂粮市场的可持续发展而努力。

8.4.1.1 完善杂粮产品质量标准体系

首先，建立健全黑龙江省杂粮产品标准体系。积极推进标准化生产，在病虫害防治方面，强化专业技术培训，广泛推广病虫害物理及生物防治技术。对杂粮产品的生产管理、加工、包装、储运和销售等实行标准化控制。从标准的数量和更新频率两方面入手构建及完善黑龙江省杂粮产品标准体系，综合考虑国际国内两个市场，逐步使杂粮产品品质和国际标准接轨。

其次，加强黑龙江省农产品检验检测体系建设。配套搭建农产品品质监督以及检测体系，构建省、市、县三级体系，提高检验机构的开设密度，形成覆盖全省的检测网络。从生产资料、生产人员、产品销售配送等方面展开全面的质量检测工作，将消费者需要的高质量杂粮产品送到消费者手中。

8.4.1.2 开发高附加值新产品

提升杂粮加工业的科技水准，对产品进行不同层级的研发，是黑龙江省优化杂粮产品组合的关键路径，也是开拓高端市场的需要。应根据黑龙江省杂粮品种资源和品质特点，加强对优良品种资源的保护和优化；并引进新的试验品种，研究增产和种植技术的综合效益，选育适合不同生态条件的新品种，提升杂粮质量，增强黑龙江杂粮产品核心竞争力，提高杂粮产业的种植效益。

黑龙江省政府部门，农业高等院校、科学研究机构以及杂粮产品加工企业要共同肩负起重任，加快对杂粮新品种的研究开发，积极培育和投产抗病、高产、市场竞争力强的杂粮新品种，在各地开展试点工作，加快新技术推广，促进杂粮生产方式由传统农业向现代农业转变。政府部门要鼓励企业开展技术革新，利用财政补贴等政策支持企业开展技术改革以及机器设备升级；农业高等院校和科研机构应协同合作，完成信息共享，借助各自优势资源开展科研成果转化，开发出高附加值新产品。

8.4.1.3 实现杂粮产品包装创新

产品销售路径有效打通的关键在于产品自身的优良品质和成功的包装设计，其中，包装是获取消费者视觉好感的重要因素，在不熟悉品牌的情况下，包装设计较优的产品能够有效获得购买人群的青睐。在设计杂粮包装时，要有针对性地突出黑龙江省的产地特征，充分展示美感，提升品牌辨识度。

第一，包装设计要能体现品牌价值。企业应将包装中的文字元素、图片元素和色彩元素有机结合来传递品牌理念，更加生动和鲜明地传达品牌个性。如在包装文字中可以重点体现产品的绿色天然特性，这些信息对于产品品牌形象提升和推广有着重要的推动作用。

第二，包装设计要能突出产品属性。对于杂粮来说，产品包装设计应该体现产品的质量和风格，并发挥宣传黑龙江省农产品文化内涵的作用。黑龙江省具有独特的自然、历史和文化特征，包装设计者可以根据杂粮产品的特性，结合地方自然景观和人文景观特色，创新产品的包装设计，通过提高包装的艺术价值和实用价值，突出杂粮产品属性。

第三，包装设计要能迎合不同消费者的需求。杂粮企业要根据产品不同的销售群体进行包装的设计策划，在材料选择、工艺制作、款式造型、包装图案、色调搭配等方面反映产品的独特性。包装设计可以融入传统农耕文化或民族风格，也可以采用现代化手法，而不同类型的风格都应该是有针对性的设计。在设计产品包装时，还应考虑场景要素，比如随着人们生活方式的改变，为了便于保存及方便取用，可以采用多袋分装的方式进行小包装设计。

第四，包装材料要实现标准化和绿色化。标准化是指包装材质的选择执行国际标准，加快品牌传播同国际接轨的步伐，有利于扩大杂粮产品市场。同时，产品包装要适度，使用环保材料，即实现绿色化。在包装材料的选择上可以根据产品特性避免使用塑料包装而采用轻薄的纸质包装等，以适应消费者保护环境的现代消费心理。

8.4.2 综合运用产品定价策略

农产品定价合理与否，直接关乎产品能否顺利占领市场。在杂粮产品的市场定价中，要充分考虑市场供求和成本效益，配置灵活定价和价格调整机制，保证黑龙江省杂粮产品在市场上始终保持价格优势。

8.4.2.1 新产品定价策略

新的杂粮产品在初入市场时可采用两种定价方式，一种是市场撇脂定价（也叫高价策略），一种是市场渗透定价（也叫低价策略），高价策略能够凸显产品的品质和独特性，而低价策略则可以彰显产品的亲民性，吸引更多消费者。综合考虑黑龙江省杂粮的产品结构和市场战略，可对不同的产品实行不同的产品定价法，以提高产品竞争力。

（1）杂粮产品市场撇脂定价策略

对于品牌产品和精深加工杂粮产品进行市场撇脂定价，打造高端产品，突出产品的高营养价值优势，高价格高价值，即"物有所值"。采用这种定价策略的前提是产品的质量要与其高昂的价格相匹配。在对杂粮消费者进行调研时，针对"消费者愿意接受品牌杂粮的溢价程度"的调研结果（图7-3）显示，相对于普通杂粮，消费者愿意为知名品牌付出溢价的幅度主要集中在1.5倍以下，但仍有27.86%和2.74%的消费者分别愿意支付1.5~2倍和2倍以上的溢价，甚至有12.82%的消费者表示不会考虑价格因素。因此杂粮企业完全可以抓住这部分约占43%的消费者对于价格的心态，采取市场撇脂定价。因为当消费者赋予产品较高的价值预期时，消费者的感知价值就是其愿意支付价格的上限。

（2）杂粮产品市场渗透定价策略

为了快速占领市场或者形成较高的市场占有率，杂粮产品也可以采用市场渗透定价，使消费者通过较少的付出从新产品中获得较多的价值收益，即"物美价廉"。对于一些为了尽快进入市场赢得市场份额、提高品牌知名度的产品，企业可以采用基于成本定价的方式，以略高于产品成本的定价方法定价，通过低价和促销手段来吸引新的消费者。

8.4.2.2 产品组合定价策略

（1）产品线定价策略

大多数杂粮企业会同时生产和销售多种杂粮产品，企业要全面了解杂粮产品的成本、市场竞争和需求情况，综合考量各种因素，设计使整体利润最大化的产品价格组合。对于质量品相一般的产品制定相对较低的价格，作为产品线的招徕产品和领袖产品，负责快速占领市场以及吸引消费者购买产品线中的其他产品。对于质量品相好的产品制定较高的价格，作为企业的产品质量担当和利润担当，负责收回成本赚取利润。在进行产品线定价时，要充分考虑产品之间的价格差异，高档产品价格定得过高，会导致消费者集中购买中低档产品，但低档产品定价过低又会影响品牌形象。

（2）产品束定价策略

产品束定价是企业对几种产品进行产品组合，组合定价低于单项的产品价格之和，这是快速消费品中经常采用的一种定价方式。打包出售一组产品或服务，采取产品系列定价方式，也就是价格捆绑，以刺激消费者的消费需求。比如，在电商平台销售中，经常能看到化妆品、日用品等以套装的形式销售，杂粮产品也可以采用这种形式，以各种礼盒套装、营养套装等形式销售。

8.4.2.3 折扣定价策略

杂粮企业还可以采用折扣定价策略，适时促销，刺激消费者购买更多杂粮，提高消费者对产品的认知度。以网络销售为例，企业可以在天猫、京东等第三方电商平台上，在"聚划算""618大促""双十一""双十二"等活动中，通过数量折扣、发放优惠券、赠送小包装新产品、一元购、团购等方式对产品进行促销。通过电商平台、微信微博社交平台发布产品促销信息，以此来吸引消费者，也可以邀请知名人士通过网络直播带货的方式引流，提高产品的知名度和美誉度。

8.4.3 优化杂粮营销渠道

8.4.3.1 加强杂粮营销渠道的集成化建设

营销渠道的集成化是指商家将两种或两种以上渠道结合在一起，形成一个大型的销售网络，最典型的就是传统渠道和新兴渠道的融合。传统渠道是以线下场所为主体的渠道，包括商场、超市、专卖店、农贸市场等，传统渠道存在经营模式单一、服务半径相对有限、客户管理困难和经营成本不断增长的问题。新兴渠道主要是以电商平台为主体的渠道，包括综合性电商平台、垂直化电商平台和自营平台等，新兴渠道主要存在体验缺失的问题，对于杂粮等农产品，在售前，消费者只能通过图片和文字描述来了解产品。两种渠道应该融合发展，为消费者提供优质的场景化、多元化、个性化服务，打造全新的商业价值链，赢得消费者认可。

农产品的线上线下融合包括线上交易—线下消费体验模式、线下营销—线上交易模式、线上经营—线上交易—线下消费体验模式、线上交易或营销—线下消费体验—线上消费体验等四种模式。对此，黑龙江杂粮企业可以采取上述几种方式的一种或几种，例如企业可以建立销售微信群，通过线上营销—线下消费体验的方式来进行销售，这是线上线下融合的一种初级方式，也是有效的方式之一。

8.4.3.2 黑龙江省杂粮线下营销渠道优化策略

（1）加强杂粮营销渠道的扁平化建设

渠道扁平化就是适度减少中间商环节，这样不仅可以降低产品运输成本，也缩短了杂粮从生产者到消费者之间的距离，让产品能够更快地到达消费者的手中。黑龙江省杂粮企业可以通过合理设置仓储中心和供应配送中心，减少不必要的代理商或经销商等环节，让杂粮产品的终端价格更有竞争力。

但是营销渠道的扁平化建设并不是要一味追求直销模式，我国幅员辽阔，区域经济发展不平衡，地域文化差异较大，本地代理商、经销商更加了解当地市场，能够助力品牌杂粮快速占领市场。因此，黑龙江省杂粮企业应该根据实际情况采用多种渠道，制定更适合市场竞争和发展趋势的营销方案，开展销售渠道建设。例如，针对餐饮市场，可以采用杂粮企业直接对接餐饮业的零阶渠道，即直销方式，以谋取利益的最大化并且更深入地了解和满足客户需求；对于本地市场，可以采用短渠道，以减少中间不必要的环节，降低营销成本提高渠道效率；针对异地市场，则可以考虑选用中间商，以扩大品牌影响力。

（2）加强杂粮营销渠道的现代化建设

首先，加强杂粮营销渠道的制度化建设。黑龙江省政府应当在政策上积极完善相关政策法规，为杂粮营销渠道营造良好的政策环境，同时，在资金方面对杂粮企业大力扶持，以加快营销渠道建设。

其次，加强杂粮营销渠道的规模化建设。黑龙江杂粮营销渠道相对分散、集中度低，渠道规模小、行业效率低下。营销渠道主体应努力提高核心竞争力和自主创新能力，努力为消费者创造更大的价值。同时，当地政府可以对辖区内杂粮产品营销渠道进行统一规划、合理布局，既要逐渐实现数量的不断增加，扩大市场覆盖范围，又要降低渠道成本提高渠道效率。

最后，加强杂粮营销渠道的信息化建设。通过信息化建设做好对杂粮营销渠道的组织、指导、协调以及服务。黑龙江省政府应利用信息技术对杂粮市场进行合理调控，及时整合发展较差的营销渠道，防止资源浪费和盲目建设；同时，应扶持杂粮零售营销，公开杂粮价格和市场供求关系相关信息，增强杂粮营销渠道对于市场变化的反应能力。

8.4.3.3　黑龙江省杂粮线上营销渠道优化策略

（1）加强杂粮线上营销渠道的品牌化建设

通过调研，可以发现黑龙江的杂粮质量非常好，黑龙江有适合杂粮种植的气候、水源、土壤条件，可多数杂粮品牌却不为消费者所知，只能归类到东北杂粮中销售。针对杂粮电商品牌化建设，企业可以通过各种方式进行品牌推广和传播，如搜索引擎推广、Email 广告、微博微信广告等，加大品牌宣传推广力度，实现产品知名度的提升。

（2）加强杂粮线上营销渠道的物流建设

仓储物流是黑龙江发展电商的一块短板，以杂粮产品为例，在电商经营中有时甚至会出现物流费用大于杂粮成本的问题，这对于杂粮等粮食产品的销售是非常不利的。因此加强黑龙江城郊的仓储物流建设，是发展电商的必要基础。可以建立新型的杂粮配送模式，以杂粮生产地为仓储中心，实现就近配送，进而降低配送成本、提高配送效率。

8.4.4　整合营销传播理念

黑龙江省杂粮企业想要在激烈的市场竞争中脱颖而出，应该在产品推广上采用整合营销传播理念。整合营销传播理念的内涵是以消费者为核心，综合、协调使用定价、公共关系、销售方式等营销手段，迅速树立品牌在消费者心中的地位，与消费者建立长期的关系，更有效地达到品牌传播和产品销售的营销目标。

8.4.4.1　传统营销

（1）灵活运用多种促销手段

通过折扣促销、特价促销等方式，可以把握住消费者求廉购买动机，实现产品销售。求廉购买动机主要是指消费者在购买商品过程中主要追求商品价格上的低廉或者较高的性价比，"经济实惠"是这类消费者普遍看重的产品特征，因此通过折扣促销和特价促销能够在一定程度上吸引此类消费者。但是这种促销方式需要给消费者一个合理的降价理由，例如"节日""店庆"等，让消费者对特价商品的质量有信心，进而放心购买。

在杂粮促销中，还可以采用知识营销等方式。企业可以打造一个以家庭为主要目标消费群体的体验和游乐场所，为青少年及儿童进行农业科普教育，包括进行各种杂粮品种的知识普及，介绍各种健康小常识、农作物物种及耕作工具演变历史等知识。企业还可以作为实践基地面向当地中小学生定期开展农业大讲堂，并让学生在交互设备上体验虚拟灌溉、施肥等操作。

(2) 建立公共关系体系

黑龙江杂粮企业应以内部公关为基础，以外部公关为导向来建立健全有效的公共关系体系，赢得市场竞争主动权和塑造企业良好形象，对此最常用的工具包括新闻、事件和公益活动。

首先，新闻对产品的宣传作用比广告更加令人信服，更有说服力。杂粮企业可以策划一系列主题活动并借助新闻媒体对活动的报道实现对产品的宣传。

其次，可以利用重要时间节点来"制造"营销事件。一是做好产品在中国传统节日的营销。二是做好产品在特色节日的营销。例如，企业可以以农民丰收节为契机，举办主题嘉年华活动，并在活动现场布设摊位进行产品推广。

最后，大型杂粮企业和龙头企业可以通过举办各种赞助性、公益性活动，塑造企业形象。例如通过向农户提供资金和技术支持等方式来扩大杂粮企业的社会影响力，或与县、乡级农业技术推广部门合作，开展作物病虫害防治新药剂推广示范项目，以提高企业的社会声誉，为开拓产品市场打基础。

(3) 提高终端销售人员能力

第一，健全销售人员业绩考核体系。合理的业绩考核指标能够激发销售人员的工作积极性，促进销售业绩的提升，因此，要完善销售人员的业绩考核体系。企业在合理制定业绩等级考核办法的基础上要配套完善员工福利分配制度，吸引和留住高水平促销人员，从一线销售人员入手提高黑龙江地区的杂粮销量。

第二，建立健全培训制度。各企业要建立健全销售培训制度，提高杂粮销售人员的综合素质。针对新员工，培训内容包括杂粮产品基础知识、企业文化、品牌内涵等专业知识；针对成熟销售人员，培训主要围绕销售技巧提升展开。

8.4.4.2 新媒体营销

新媒体营销综合以文字、图片、视频等形式开展，几乎不受时间和空间的限制，通过互动，实现买卖双方的信息沟通。新媒体平台为消费者提供了多种互动方式，消费者可以选择自己喜欢的方式和企业进行互动，随时随地浏览信息，并进行转发、分享、点赞、评论和打赏等操作，通过和卖家的互动，消费者能得到更好的用户体验，杂粮企业也能够及时得到关于产品的信息反馈从而对产品进行不断创新和升级。新媒体营销以多元性、强交互性和超时空性成为营销推广的重要手段。

（1）新媒体营销的特征

第一，传播方式双向化。传统的传播方式是单向的，消费者只能被动接受，不能自主选择，由企业控制产品的信息传递。而在新媒体兴起时代，消费者不仅仅是信息的接收者，还可以是信息的发布者，企业和消费者共同参与企业形象和行为的传播。正因为有了消费者的参与，传播的信息更容易获得其他消费者的信任，营销效果明显。

第二，传播行为个性化。在新媒体时代，信息发布者既可以根据自己的偏好来选择传播内容；也可以选择消费者感兴趣的话题和热点，从而吸引消费者对企业或产品进行关注。企业与消费者之间的互动可以引导舆论导向，建立更广泛的消费者认同。

第三，传播对象精准化。在传统营销中，企业难以精准把握目标消费者，但是互联网的发展使得企业可以获得海量数据，通过大数据对消费者实现精准锁定和画像，进而分析用户行为特征，根据用户的喜好与习惯以及他们对产品的期待，进行营销内容设计，使产品及营销活动投用户所好。

（2）新媒体营销的必要性

一方面，随着电子商务的发展，大众的消费方式发生了改变，购物渠道更加多元，消费观念更加理性，在农产品消费中，消费者不仅重视产品的价格、质量、外观，而且更加重视产品的营养成分、食用安全性及各种附加服务。目前杂粮产品的口碑主要是靠传统的口口相传建立，这种传播方式的覆盖面有限，而新媒体营销不再受时空的限制，能够实现信息随时随地的传播，营销推广效率进一步提高。

另一方面，我国杂粮企业普遍存在品牌竞争力不强，品牌认知程度低的问题，这与杂粮企业品牌意识不足有关，新媒体营销可以更好地帮助杂粮企业形成品牌效应。同时，新媒体营销通过加强消费者与企业的互动，拉近了买卖双方的距离，一定程度上提升了消费者的品牌忠诚度。

（3）新媒体营销平台的选择

当前，新媒体营销平台共三大阵营九大平台，第一阵营主要包括社交平台、综合问答平台和网络百科平台，代表平台有微信、知乎、百度百科等；

第二阵营主要包括直播平台、音视频平台，代表平台有映客、喜马拉雅等；第三阵营主要包括资讯平台和综合性社区平台，代表平台有今日头条、豆瓣等。

黑龙江省杂粮企业可以根据产品情况和不同平台的特点，综合考虑选择一种或者几种推广平台，提高品牌的知名度，加强消费者对于农产品的品牌感知。

首先，以微信等即时通信平台作为信息发布的平台。杂粮企业可以建立自己的微信公众号，利用数量庞大的微信用户快速传播品牌价值。在微信公众号中，定期发布相关信息，包括企业的近期活动、各种农业知识、产品优惠信息、购货服务信息和企业招聘信息等，使相关信息不断出现在消费者视野中，增加杂粮企业的曝光率，提高消费者关注度。在信息推送过程中，要注意信息发送的频率，同时注重发送内容的多样性和生动性，并提高推送内容的质量。其次，利用综合性社区论坛等平台传播企业文化。具体发布的内容包括原创信息、活动策划、企业关注与转载等等。同时也可以在各大社区论坛进行事件营销，将其作为企业对外传播、宣传、处理公共关系的重要渠道。最后，积极参与电商直播带货和短视频营销。越来越多的消费者愿意通过直播带货、短视频营销这样的方式获得杂粮产品的信息。

（4）新媒体营销背景下黑龙江杂粮企业促销策略的转变

第一，综合利用多种新媒体手段进行品牌宣传。随着各种新媒体的出现，品牌推广和传播的形式发生了变化。新媒体可以以病毒营销的方式迅速提升产品知名度。杂粮企业应充分利用新媒体渠道进行品牌传播，从而带动产品销售。

第二，提高新媒体营销内容的趣味性。消费者接受的信息是繁杂的，数量是庞大的，要想让消费者愿意持续关注推送内容，关键就是先要让消费者感兴趣。企业应该定期推送一些趣味性、娱乐性强的内容，减少广告的重复推送，多介绍与杂粮相关的保健知识，让消费者受益，从而培养其忠诚度。

第三，增强新媒体营销内容的互动性。相较于传统营销，消费者更喜欢新媒体的互动性，因此，企业在营销设计上要增加互动性更强的内容，以实现和消费者的价值共创。同时，企业应该及时关注消费者的反馈，通过营销互动发现产品缺陷、提升产品质量。

第四，突出新媒体营销内容的独特性。借助大数据技术，企业可以对消费者及潜在消费者进行数据挖掘，根据消费者和潜在消费者的特点，比如年龄、性别、收入等情况，有针对性地进行信息推送，实现精准营销，切实满足消费者追求个性的需要。

8.4.5　增强杂粮品牌竞争力

8.4.5.1　坚持走杂粮品牌强农之路

农业部在 2017 年"中国农业品牌推进年"提出要围绕推进农业供给侧结构性改革这条主线，加快培育一批具有较高知名度、美誉度和较强市场竞争力的农业品牌。2018 年农业农村部发布《农业农村部关于加快推进品牌强农的意见》（以下简称《意见》），《意见》指出：以推进农业供给侧结构性改革为主线，以提质增效为目标，立足资源禀赋，坚持市场导向，提升产品品质，注重科技支撑，厚植文化底蕴，完善制度体系，着力塑造品牌特色，增强品牌竞争力，加快构建现代农业品牌体系，培育出一批"中国第一，世界有名"的农业品牌，促进农业增效、农民增收和农村繁荣，推动我国从农业大国向品牌强国转变。走好黑龙江省杂粮的品牌强农之路要从以下两个方面入手。

（1）通过抱团发展构建品牌价值共同体

黑龙江杂粮企业目前普遍存在规模小、产品创新能力弱等问题，抱团发展可以解决单一企业势单力薄的问题，构建品牌价值共同体则可以提升企业的公共品牌意识，形成政府和企业共同打造、维护、使用公共品牌的利益联结机制。美国"新奇士"品牌创立的初衷就是为了应对低价竞争等市场乱象，由 60 户果农成立合作社，注册"新奇士"商标，后续经历了产业培育期、企业品牌成长期、区域公用品牌成长期和农业品牌成熟期四个阶段形成了业务覆盖产前、产中、产后的产业链条，享誉国际。结合我国实情，借鉴"新奇士"发展经验，黑龙江省杂粮企业抱团发展需要从以下几方面创造条件。

第一，加强党组织引领，做好抱团发展顶层设计。抱团发展需要对区域内外多种要素进行整合和重新分配，这不仅是资源的抱团，更是思想观念的抱团，通过加强党组织尤其是农村基层党组织的建设，统筹协调各方力量，平衡各方利益，发挥党组织的战斗堡垒作用，保证抱团发展的顺利进行。

第二，选好典型企业，奠定抱团发展产业基础。结合黑龙江省杂粮市场基本情况，潜心规划产业布局，集中优势力量培育 1～2 个优势杂粮企业，为抱团发展奠定基础。以点带面，对于具有辨识度且受大众喜爱的品牌进行宣传，实现对杂粮品牌和黑龙江省的双重推广，逐步带动黑龙江省其他杂粮品牌的发展。

第三，完善支持政策，形成抱团发展政策支持体系。借鉴产业内抱团发展经验，发现不足，健全完善省内抱团发展的政策支持，包括财税支持政策、招商引资政策、金融支持政策、利益共享机制等，鼓励抱团发展，由"自赢"走向"共赢"。充分利用中国国际农产品交易会等平台，营造有利于黑龙江省杂粮产业发展的良好氛围。

（2）打造杂粮区域公用品牌

首先，构建黑龙江杂粮区域公用品牌，带动黑龙江杂粮企业共同发展。随着生活质量的提高，人们膳食结构不断调整，品牌化的杂粮产品成为满足消费者饮食需要的必需品。在黑龙江省已有杂粮品牌中，具有较强实力的品牌不占少数，未产生行业领军品牌的根源主要在于品牌辨识度不够、品牌宣传力度不足。在黑龙江省杂粮区域公用品牌建设中，打响"好土产好粮"的品质牌，走"龙头企业＋品牌"战略路线，以提升黑龙江省杂粮区域公用品牌的品牌价值。

其次，通过内涵挖掘塑造区域公用品牌形象。对于农业区域公用品牌来说，品类差异化定位是品牌塑造的第一步，也是最关键的一步。比如"涪陵"榨菜通过深度挖掘榨菜的生产工艺和文化内涵，曾成功推出售价888元的五年沉香礼盒。黑龙江农耕文化历史悠久，在品牌塑造时需要深度挖掘黑龙江的历史人文元素和特色文化，在此基础上整合黑龙江省杂粮的生产理念，打造黑龙江杂粮区域公用品牌的品牌信念、品牌价值观、品牌定位、品牌个性和品牌使命等，传递黑龙江杂粮品牌区别于其他品牌的独特精神。

再次，通过线上线下融合营销实现杂粮区域公用品牌推广。企业在线上营销时，可以利用大数据技术，收集消费者信息，了解消费者需求，挖掘潜在客户，高效开展营销策划活动。并在此基础上实现线上线下双推广，不断扩大杂粮产品的销售半径，打破以产区为辐射圈的销路结构。

8.4.5.2 利用虚拟品牌社区进行品牌快速传播

移动互联网和新媒体的发展改变了不同群体之间的相处模式，催生了虚拟社区。虚拟品牌社区作为一个去中心化的组织，更注重消费者的情感体验，将品牌传播从消费者的被动接受转为主动参与，从而实现价值共创，增加消费者的满意度和忠诚度。

社会学家瑞格尔德在1993年最早提出了"虚拟社区"的概念。他认为虚拟社区是由"一群通过计算机网络连接起来的突破地域限制的人们，通过网络彼此交流、沟通、分享信息与知识，形成具有相近兴趣和爱好的特殊社群，最终形成了共同的社区意识和社区情感"。虚拟社区中的社群是指由一群原本不认识的，因某种原因（共同兴趣、目标、需要或主题等）而通过在网络虚拟空间进行交流和互动来交换知识、交流问题、分享爱好和产生交易的网络用户组成的群体。

所谓社群经济，是指围绕着拥有共同兴趣、认知、价值观的用户共同体，提供给他们所需产品或服务，并通过社群内部的互动、交流、协作和相互影响，对产品和品牌产生价值反哺，从而实现盈利。消费者虚拟社区是网络虚拟社区的一种重要类型，是由那些具有共同的消费兴趣或消费经历的消费者组成的，通过互联网进行沟通和交往的群体。而虚拟品牌社区是以某一品牌为纽带，利用互联网包罗的企业、消费者、产品相关信息、生产流程、消费经历与体验等要素而形成的一种社会关系集合。

在移动互联网广泛应用的背景下，虚拟品牌社区打破了原来买卖双方的时空限制，成为连结企业和消费者的平台。社区化营销获取收益的渠道有三种：用户直接参与生产、利用平台渠道进行品牌营销和体验型消费。在应用虚拟品牌社区进行营销时，企业的主要任务是搭建符合需求的多元化社区场景，并不断更新场景，创建话题，设计互动方式，引导互动体验。消费者之间及消费者与企业之间通过虚拟品牌社区平台创造内容，在目标市场管理、新产品开发管理、营销传播管理和顾客关系管理等方面持续互动，实现价值共创，在这个过程中，消费者对虚拟品牌社区逐渐信任，并对品牌产生忠诚。

第一，目标市场管理。在杂粮虚拟品牌社区中，通过学习并交流杂粮文化、种植技术、加工工艺、制作方式等信息，消费者改变了作为分散个体、彼此缺乏有效链接的情况，通过建立共同目标和群体意识，形成更具凝聚力的"消费群体"。

虚拟品牌社区也是消费者需求识别的有效工具，有助于杂粮企业针对消费者不同的偏好进行差异化营销。在虚拟品牌社区中，杂粮消费者被自动划分为若干个消费群体，一方面企业可以更好地为社群成员提供产品或者服务，另一方面社群成员可以将自己的想法不断通过社区平台传递给企业，使得企业能够更有效地掌握消费者需求，从而完善对产品或服务的设计、定价、分销和促销。

第二，新产品开发管理。用户生产内容是虚拟品牌社区最突出的特点之一，大量用户生产内容源于虚拟品牌社区的用户，又会作用于用户。一方面，杂粮企业可以从具有不同背景、知识、资源、消费体验等的社区用户那里获得多种信息，从而助力产品创新；另一方面，企业可以将用户对杂粮的新需求快速产品化，并投放市场进行检验，这种产品创新会体现在加工工艺方面，也会体现在产品包装设计等方面。

在虚拟品牌社区中，基于自身知识背景和消费体验，消费者会对产品提出新的改进建议，而消费者之间的互动又会产生叠加效应，通过头脑风暴，产生海量创意，企业通过对消费者知识创造的管理，将消费者提供的知识资源与企业内部的战略、目标资源有机融合，从而生产出更加符合消费者需求的创新产品，完成对新产品的开发。

第三，营销传播管理。我国杂粮企业目前普遍存在品牌竞争力不强，品牌认知程度低的问题，这与杂粮企业的品牌营销传播管理有着直接的关系。在广泛市场调研的基础上，在虚拟品牌社区中，企业应基于自身的地域特点和杂粮产品营养价值、口感等优势推出特色产品，提升消费者在消费体验中的满意度，增强消费者参与杂粮产品分享和口碑传播的意愿。

第四，顾客关系管理。在虚拟品牌社区中，社群成员能够找到归属感，企业可以通过一系列活动将企业文化或情怀传递给消费者，让消费者感觉自己是被关注、被需要的。基于和虚拟品牌社区之间建立的情感联系，消费者会把其视为生活中不可或缺的一部分，从而对企业产生信任感，成为该品牌的忠诚用户，产生购买或再次购买行为。

8.4.5.3　提升杂粮品牌消费黏性

（1）杂粮品牌消费黏性的影响因素

影响消费者对于杂粮消费黏性的首要因素是杂粮的品牌形象塑造。在信息搜索如此便捷的今天，消费者很少盲目消费，很多消费者都会在消费之前进行信息搜索，查攻略、看评论，在充分考量之后作出消费选择。显然，品牌形象好的产品更容易被大众接受，消费者愿意为品牌产品支付更高的溢价，打造品牌形象将为培育消费黏性奠定基础。

影响杂粮消费黏性的第二个因素是消费者对于杂粮的价值感知。消费者是否会再次购买杂粮产品，取决于消费者能从消费体验中获取的价值或效用与消费者为了获得该产品所必须付出的成本或代价之间的比较。显然，只有从消费体验中获得的价值或效用大于消费者为了获得该产品所必须付出的成本或代价，消费者才有可能再次购买。消费者感知到的产品价值越高，消费者的忠诚度就会越高，消费者再次消费的可能性就越大，消费黏性就会越高。

影响杂粮消费黏性的第三个因素是杂粮购买的转换成本。转换成本是指消费者在杂粮产品品牌重新选择时所需要付出的成本，包括但不限于经济上、时间上、精力上和情感上的成本。转换成本越高，消费者越不愿意重新选择杂粮产品和服务，消费者复购原产品的可能性就越大，消费黏性就会越高。

（2）提升杂粮品牌消费黏性的措施

第一，打造杂粮产品独特的品牌价值，利用品牌的魅力来培育消费者的忠诚度，增强消费黏性。杂粮企业应该对市场进行准确剖析，明确产品的定位。同时，掌握竞争者信息以及他们的产品定位，对自身突出优势进行重点打造。还可以通过自媒体平台，让消费者主动参与品牌的宣传造势，包括事件营销、口碑宣传等。品牌塑造的前提是企业务必要保证产品的品质，只有品质过关的产品才会获得较好的口碑，同时积累品牌追随者。

第二，实现顾客让渡价值最大化。可以从两方面入手：一方面提高杂粮产品的价值或效用，另一方面降低消费者为了获得该产品所必须付出的成本或代价。

提高杂粮产品的价值或效用，就应该客观了解消费者需求，以便为其提供超预期的服务。同时也要兼顾消费者的个性化要求，一切以消费者为核心，主动围绕消费者的需求来开展营销活动，从而获得消费者信任，增加消费者对杂粮产品的认同感，从而增强消费黏性。

节约消费者为了获得该产品所必须付出的成本或代价可以从降低消费者购买杂粮的货币成本、时间成本、精力成本和体力成本上下功夫。市场调研显示，消费者经常购买杂粮的场所包括大型超市、社区超市和农贸市场等，在这些场所布设杂粮销售摊位可以减少消费者选购杂粮产品的时间成本、精力成本和体力成本。同时可以利用部分杂粮产品季节性较强的特点，借助节日开展宣传和打折促销活动，吸引消费者重复消费。

第三，提高转换成本，防止客户流失，增强消费黏性。企业可以采取灵活多样的营销策略来提高消费者转换品牌所付出的成本和代价，比如办理会员，吸引消费者重复购买；对忠诚度高的消费群体给予特殊折扣，让他们体会到特别的优待和服务；等等。通过为消费者提供更加人性化的杂粮产品和服务，增加消费者的情感成本，从而增强消费黏性。

8.5　全产业链经营层面

黑龙江目前的农产品产业发展存在用"产业共存"替代"产业融合"的问题，很多行政村都有特色种植养殖、加工销售和观光旅游项目，但是这些项目之间基本都是独立存在的，只是产业上简单的共存状态，融合程度低，没有实现产业的深度有机融合，因此也就无法从真正意义上提高农民或者村集体在农业价值链中的地位，因此优势产业也难以实现价值的增值。

农业全产业链是农业研发、生产、加工、储运、销售、品牌、体验、消费、服务等环节主体紧密关联、有效衔接、耦合配套、协同发展的有机整体。因为长期以来重视农业生产忽视经营管理，农户一直被动处于产业链的底端，受制于产业链的其他环节，无法实现收入的大幅增长，构建农业全产业链融合模式有助于黑龙江省杂粮产业发展，实现价值增值。

农业全产业链融合模式的类型有全产业链水平一体化模式和全产业链垂直一体化模式。农业全产业链水平一体化是指与同行业经营主体之间的联合发展，通过区域内或区域间经营主体的合作，加快产业的协同发展，增强产业发展的互补性和协同性，提升产业竞争力。这种产业链水平一体化模式有助于实现农业的适度规模经营、实现抱团发展。

　　农业的全产业链垂直一体化模式主要是指农业经营主体在现有产业的基础上，向产业的上游或下游进行发展，包括农业全产业链的前向一体化和后向一体化。前向一体化是农业经营主体在现有产业基础上，向产业的下游发展，在具体农业实践中可以包括两种方式，即基于第一产业的后延模式和基于第二产业的后延模式。基于第一产业的后延模式是从事农业生产的经营主体，在农业生产的基础上，不断开发新产品，形成农业产业品牌，实现产业链延伸。基于第二产业的后延模式是从事农业加工环节的经营主体，以消费者需求为导向，通过扩展线上线下消费渠道，增加产业和服务的附加值，实现基于第二产业的产业链延伸，实现一二三产业融合发展。后向一体化是农业经营主体在现有产业基础上向产业的上游发展，在具体农业实践中包括三种方式，分别是基于一二三产业的前延模式。第一种是基于第一产业的前延模式，从事第一产业生产的经营主体向投入品和技术研发领域扩展。第二种是基于第二产业的前延模式，农业加工经营主体向农业生产领域延伸。第三种是基于第三产业的前延模式，从事休闲农业等第三产业的农业经营主体向第一第二产业延伸。

8.5.1　构建农业全产业链融合体系

　　首先，完善全产业链内涵式发展体系。加强产业链条的内涵设计和各环节体系建设，延长产业链。立足本地实际，选择适合本地的全产业链三产融合模式类型，大力发展特色杂粮产业。在杂粮等农产品从田间地头到餐桌这个过程中的产前、产中、产后、流通和消费等环节加强产业链内涵设计和体系建设，包括产前的育种体系和品种选择体系、产中的种植体系和质量追溯体系、产后品级分类体系、流通中的渠道建设和物流体系、消费环节的营销体系建设等。同时要对接外部资源，促进交流合作。闭门造车很难实现发展，杂粮生产加工企业需要走出去，并根据企业实际，因地制宜，制定适合企业的发展规划，提升发展水平。同时把握学习契机，挖掘合作机会，引进外部资源，拓展市场。

　　其次，强化全产业链品牌标准体系建设。一是打造高标准农业生产平台，提升产品价值。对于第一产业，企业应打造高标准农产品生产基地，从源头加强对农产品的品质管控，确保产品生产的标准化。第二产业企业需要不断开发新产品，对农业加工品实现标准化生产。第三产业企业应重点从服务上下功夫，提升服务能力。二是打造高标准质量把控平台，提升品牌价值。积极参与绿色、有机和地理标志产品的认证工作，从生产资料、生产人员、生产配送销售流程等方面展开全面的质量把控，将市场需要的高质量绿色农产品送到消费者手中。三是打造线上线下销售平台，提升渠道价值。除了传统的线下渠道外，尝试探索利用第三方网络平台开展电商营销，对于农产品加工企业来讲，自己开展电商营销是有困难的，可以尝试和电商平台进行合作。

最后，健全全产业链全方位保障体系。一是设置种植补贴和统一种植保险，提高组织化程度。通过"合作社＋农户"的形式发展规模化种植。为了提升经营主体种植的积极性，可以发放种植补贴，提高组织化程度。为了减少种植风险，可以通过财政补贴的形式鼓励引导农民购买种植保险。二是完善利益联结机制，激发各方动力。全产业链中每一个环节都是必要的，缺一不可。传统的产业链链条中的每个成员都作为一个独立的个体出现，以获取自身的最大利益为目标，哪怕这一目标的实现是以牺牲其他各方的利益为代价也在所不惜。而农业全产业链发展过程中，链条中的每一方都应该是统一联合体的一部分，当产业链上的某一个成员拥有相当的实力，其他成员愿意与之合作，通过实现整体利益目标来实现各方利益的最大化。

8.5.2 提高全产业链融合能力

第一，加快县域产业园区建设，提高招商引资能力。充分把握黑龙江省确立的努力把食品和农副产品精深加工业打造为第一支柱产业的宏伟目标，依托各地农业资源禀赋，加快县域产业园区建设，补齐产业发展短板，借鉴发达地区园区建设经验，完善招商引资机制，引进规模以上经营主体，促进园区不断壮大。

第二，提高种业研发能力，提高全产业链"制造"能力。政府应牵头建立种业研究平台，提高种子自主研发能力，建设种苗繁育基地，同时与高校和科研院所合作，推动并借力高校和科研院所的科技创新成果，将新品种尽快进行区域试验和生产试验，为全产业链发展打造种植"芯片"。

第三，借助数字化手段，提高全产业链"智造"能力。利用数字化手段，发展智慧农业。在种植环节引入智慧农业平台，农民可时时掌握农作物的湿度、温度等种植环境数据，通过智能温控和水肥一体化建设，农民足不出户就可以完成大部分种植作业。

第四，打造优质农产品区域品牌，提高全产业链的增值能力。黑龙江省缺乏生产能力较强的杂粮企业对产业加以带动，因此，虽然"龙字号"农产品品牌数量多，但是有影响力的少，应充分发挥黑龙江省农业的区域优势增加农产品附加值，从而提高黑龙江省杂粮等农产品的竞争力。

第五，开展产业融合，通过开发特色观光旅游，让消费者了解杂粮的生产加工过程，实现体验营销。一方面，借助杂粮观光旅游加强乡村旅游产业链纵向整合，满足游客体验需求。构建产业联动机制，围绕现有杂粮旅游产品，带动周边餐饮行业、酒店及民宿行业、旅游商店、休闲娱乐设施的建设。另一方面，加强对乡村旅游产业链单一层面深层次开发，提高差异化程度。提升杂粮乡村旅游产品深层次开发水平，与周围旅游业形成差异。同时，通过合作组织或旅游企业集团化，利用其规模优势、市场优势和管理优势，促进杂粮乡村旅游的全产业链建设，提高规模经营水平，为游客提供高质量旅游产品。

8.5.3 构建产业发展长效机制

第一，建立人才创新机制，增强改革内生动力。首先，要选好"领头雁"。内生动力是农民增收的关键，要破除"等、靠、要"的消极思想。要想发展壮大产业链，"领头雁"是关键。完善村干部选拔机制，选择一批政治和文化素质高、有能力有担当善创新的村干部，让他们在产业链整合发展中充当"领头雁"。其次，要用好"村里人"。各村展开系统摸底，对于从村里走出去的创业者、农业能人、大学生等进行调研，将这些致富能力强、文化素质高、懂经营善管理的人整合起来，立足杂粮产业实际，结合杂粮产业优势，因地制宜设定产业发展思路，动员成功企业家回村投资。充分利用驻村第一书记和挂职干部的人脉和资源，盘活资源招商引资，强化基层农村的经济发展能力和人才创新机制。最后，要借力"村外人"。和高校进行合作建立实习基地，制定激励政策，选派大学生到农村进行志愿服务，服务农村建设。通过农村创业创新竞赛促进产学研建设，利用区位优势和高校联合举办农村创业创新竞赛，征集农产品生产方式、农产品精深加工、农产品营销、农业休闲旅游等方面的创新点，集思广益，让大学生为农村发展建言献策。

第二，建立风险防控机制，包括自然风险防控机制、市场风险防控机制和道德风险防控机制。首先，通过信息技术的运用和农业保险的覆盖预防自然风险。杜尔伯特江湾乡通过和黑龙江八一农垦大学信息技术学院合作，在田间配备质量追溯系统，对农作物的湿度、温度等各项因素进行监控，这在一定程度上减少了农业生产的不可预知性，减少了自然因素对于农作物的影响。通过宣传农业保险，提高农民的参保意识，通过政府补贴扩大农业保险覆盖面，减少因自然灾害造成农民经济利益严重受损的发生。其次，通过抱团发展和农业全产业链融合发展，改变农民在农业链条中的劣势地位，让农民获得可观的经济收益。通过培训，让农民逐渐成为重视生产懂经营，重视市场懂营销的新型农民，改变农产品销售难或者售价受制于人的局面。最后，要加强道德风险防控机制的建设。政府对于经营主体的监管还不充分，不排除龙头企业、专业合作社或种养大户只享受政策、套取经费而不作为的情况，通过完善规范财务管理流程，加强集体资源监察制度，规避道德风险。

8.6　政府层面

8.6.1　培育良性竞争市场环境

杂粮产业是黑龙江省供给侧结构性改革下新生的特色主导产业,顺应了农业发展规律。政府应为企业的发展培育规范有序的市场交易环境,所以应强化行业监管,提高杂粮市场集中度,有效发挥市场在资源配置中的决定性作用,防止杂粮加工企业无序恶性竞争关系的延续;为加工企业提供必要的产业政策支持,借力政策效应提高黑龙江省现有杂粮加工企业的带动能力,依据地理优势进一步创新流通方式,优化产业发展路径。

8.6.2　创建黑龙江省杂粮原粮产地交易平台

根据黑龙江省各地杂粮的种植优势,发展以原产地为中心的集散布局规划圈,促进自然形成与政府推动相结合,切实有效遵循市场行业需求的发展规律,规划布局黑龙江省优势杂粮作物,包括绿豆、红小豆、谷子、高粱的大型集散交易平台。杂粮区域改造优化的关键在于:充分利用黑龙江省的交通条件,开辟杂粮产业加工品的多元化销售渠道,搞活流通,通过政府的因势利导规避种植与加工销售的市场风险,促进杂粮原粮在黑龙江省本地的利润转化;支持杂粮加工企业与种植产区在粮源基地建设、仓储物流设施建设、营销运营网络建设、异地储备等方面的深入合作。

8.6.3　加大政策、资金、技术支持力度

在农业生产经营发展过程中,新型经营主体表现出了不可替代的优势,政府应着力挖掘新型经营主体的潜力和发展空间,建立与完善各经营主体与农民的利益联结机制及利益分配机制,充分发挥新型经营主体的社会化服务功能,鼓励龙头企业、家庭农场、种植大户与合作社融合发展,不仅发展杂粮种植合作社,同时领办创办杂粮加工合作社、杂粮销售运营合作社,鼓励不同主体间多元化联合,实现农企双赢发展;提高金融部门参与度,增加杂粮加工企业专项资金扶持,对优势加工企业提供相应的信贷优惠,促进杂粮加工企业良性健康发展;强化技术支撑,加速杂粮产业科技成果转化贡献率,更好地促进农民增收。具体做法包括:

第一,加大对杂粮生产的财政支持力度。政府应加大对种植杂粮农户的补贴力度,对种植杂粮农户适当提升种植面积补贴标准,调动种植杂粮农户的生产积极性;对于选用杂粮优良品种的农户进行适当补贴,以调整品种种植结

构，提高优质品种的覆盖率；借助国家农机购置补贴政策，对杂粮生产过程中购进新型农机具及配套设备进行补贴，提高机械作业水平和杂粮生产效率，减少人工作业成本。

第二，加大对杂粮加工的补贴力度。对杂粮加工企业进行生产补贴，调动加工企业生产积极性。加强对杂粮加工企业的金融扶持，满足杂粮加工企业对资金的需求。政府应该在贷款利息和还款期限等方面提供优惠政策，允许杂粮加工企业通过改制、上市、抵押贷款等方式进行融资。与此同时，政府应该对杂粮加工企业实行税收优惠政策，减轻企业压力，进而促进杂粮加工企业的发展。

第三，加大对杂粮运输的补贴力度。对于一些优质杂粮产品，在运输过程中会产生较高的费用，对其适当增加运输补贴，降低流通的成本，有利于杂粮产品的销售，同时提高杂粮产品的市场竞争力。

第四，引进大型杂粮加工企业。黑龙江省杂粮产业基础好，应放大杂粮产业的基础优势，依托黑龙江省杂粮的产量优势，以及杂粮种植品种优势，积极引进龙头加工企业，大力发展黑龙江省杂粮产业精深加工项目，充分解决小杂粮市场销售路径狭窄的难题，有效提高黑龙江省杂粮加工转化率，辐射带动周边沿线优势种植区域的杂粮增收发展，促进杂粮产业集聚提升，以"农头工尾"为发展主线，实现杂粮原粮到加工产成品价值的提升。

本章针对杂粮产业链上各节点，从生产层面、加工层面、流通层面、营销层面、全产业链经营层面和政府层面描述和分析了黑龙江省杂粮产业发展情况，提出促进黑龙江省杂粮产业发展的现实路径。

9 大庆市杂粮产业概况和 产业竞争力评价

从区域发展层面看，大庆市作为传统的资源型城市，曾凭借丰富的油气资源享受着过去50余年里"共和国长子"的荣光，石油产业在大庆占有极为重要的地位。与其他资源型城市一样，大庆也面临着城市的发展转型。在哈大齐区域经济一体化趋势下，大庆市要想打破"一油独大"的产业格局，争当全国资源型城市的转型发展排头兵，汇集发展优势，实现城市优势互补，势必要把握有利机遇，释放农业发展潜力，着力开发建设现代农业产业体系，开辟一条全面振兴石油之城的发展新路子。近些年，大庆市政府对杂粮产业高度重视，2016年提出市校深度融合发展战略，把科技人才优势转化为产业发展优势，建设"杂粮生产研究示范基地"，打造大庆市为中国寒地优质特色杂粮之乡；2017年的《大庆市政府工作报告》也指出，要突出农业品质特色优势，促进重点优势产业链的发展，并通过产业链再延伸，推进农业产业化，催生新的经济形式，形成一个完整的业态发展体系，促进大庆市一二三产融合发展。2021年发布的《大庆市国民经济和社会发展第十四个五年规划和二○三五年远景目标纲要》中指出，要拓展杂粮产业链。扩大全粉类、发酵类和非发酵类豆类食品，功能性浓缩蛋白、分离蛋白、组织蛋白产品供给，发展杂粮杂豆有机食品、营养食品、保健食品、休闲食品。

9.1 大庆市杂粮种植情况

在北方传统种植中，主粮作物一直是农民收入的主要来源，杂粮作物种植比例小，通常不作为农村家庭收入的主要来源，但随着近年种植业结构调整和消费者对食材营养价值的追求，杂粮作物的种植优势凸显，给农民增收带来新的增长点。大庆是黑龙江省杂粮主要生产基地，其中杜尔伯特的巴哈西伯绿豆和古龙小米已入选中国地理标志保护产品名录，还有 7 个区域公用品牌。大庆市农业农村局公布的统计数据显示，从作物品类来看，大庆市的杂粮作物以高粱、谷子、绿豆、红小豆为主，以下分别从不同杂粮的播种面积、品种种植布局与生产区域、生产水平及市场价格综合分析杂粮种植基本情况。

9.1.1 杂粮播种面积

9.1.1.1 总播种面积概况

大庆市土壤以沙质土为主，涵盖面积较广，气温方面，昼夜温差变化大，整体来说，杂粮种植历史悠久、经验丰富。杂粮在种植结构调整、土壤肥力培育、农民增收等方面具有巨大优势。

从总播种面积上看，2014—2021 年的 8 年间，大庆市主要杂粮播种面积变化呈倒 U 形，播种面积变化幅度较大。播种面积在 8 年中最大的年份为 2016 年，为 150.4 万亩，随后逐年减少，2020 年减至 41.2 万亩，2021 年继续减少至 31.3 万亩，2021 年主要杂粮播种面积仅为 2016 年的 20.8%。从种植结构上看，2021 年不同作物播种面积占总播种面积的比例分别约为，高粱 26.8%、谷子 22.0%、绿豆 8.9%和红小豆 42.2%，与播种面积最大的 2016 年相比，红小豆占比增加了约 17.9%，谷子增加了 15.6%，高粱减少了 10.3%，绿豆减少了 23.2%（表 9-1）。

表 9-1　大庆市 2014—2021 年主要杂粮播种面积

单位：万亩

作物种类	2014 年	2015 年	2016 年	2017 年	2018 年	2019 年	2020 年	2021 年
高粱	22.6	17.4	55.8	28.2	35.7	26.1	12.6	8.4
谷子	3.1	2.1	9.7	11.2	10.1	14.8	3.0	6.9
绿豆	14.5	22.0	48.3	49.4	44.8	26.2	8.5	2.8
红小豆	1.0	5.6	36.6	34.5	40.6	38.1	17.1	13.2
总计	41.2	47.1	150.4	123.3	131.2	105.2	41.2	31.3

数据来源：大庆市农业农村局。

9.1.1.2 杂粮主要种植区域播种面积概况

（1）高粱

高粱播种面积在 2016 年达到高峰，2018—2021 年不断减少。图 9-1 是 2021 年大庆高粱种植的区域分布，主产区是肇源县，肇源县是国家特批唯一的红高粱交易基地，是四川、贵州及山西等名酒出产省份的酒曲原料基地。近年来高粱播种面积不断下降，原因是多方面的：一方面，酒类市场出现低迷，酒用高粱的销路遇到阻碍;另一方面,国家主粮保护价政策影响了高粱的比较效益。

(2) 谷子

大庆市近年来谷子播种面积占比稳中有升。从 2016 年大庆市四大杂粮作物的种植比重来看,谷子的播种面积占比约为 6.5%,分别低于高粱的 37.1%,绿豆的 32.1%和红小豆的 24.3%,播种面积占比最低。2021 年谷子在总播种面积中的占比提升至约 22.0%。由图 9-2 可知,2021 年大庆的谷子种植集中在肇源县。通过对谷子种植农户及小米加工企业的走访发现,谷子整体产量不高,且谷田杂草种类较多,无法实现大规模机械化生物除草,只能通过人工除草来保证秧苗的生长,加重了人力物力的投入负担,极大限度上影响了谷农种植的积极性。

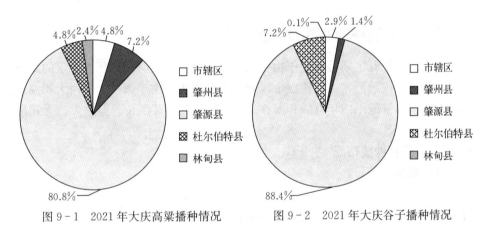

图 9-1 2021 年大庆高粱播种情况   图 9-2 2021 年大庆谷子播种情况

(3) 绿豆

大庆市绿豆播种面积在 2017 年达到高峰,但随后几年,绿豆播种面积大幅减少,2021 年约占四种主要杂粮播种面积的 8.9%,播种面积在四种主要杂粮播种面积中最少。从图 9-3 可知,绿豆种植优势产区主要集中在杜尔伯特县和林甸县。杜尔伯特绿豆品质优良,主打的巴哈西伯绿豆籽粒饱满,色泽艳润,营养含量和品质上乘,在市场上占据重要地位。

(4) 红小豆

在 2014—2018 年间,大庆市红小豆的播种面积增幅较为显著,这与红小豆价格保持高位有关,2018 年红小豆播种面积较 2014 年增长了近 40 倍。2019 年后,播种面积大幅减少,但在种植结构中红小豆种植面积占比不断提高。从图 9-4 可知,大庆市红小豆种植主要产区集中在林甸县,林甸县杂粮质优价高,红小豆国内销售可辐射至全国各大批发市场,外贸出口延伸至日本、韩国等国家,已初步形成大庆市红小豆集散地的雏形。

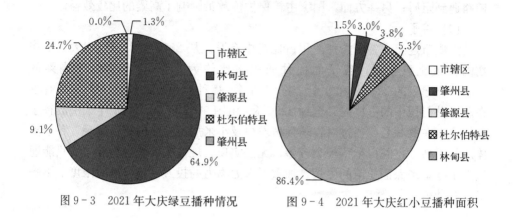

图 9-3 2021 年大庆绿豆播种情况　　　　图 9-4 2021 年大庆红小豆播种面积

9.1.2　杂粮品种种植布局与生产区域

农业气候积温区划是确定作物生长适宜区域、空间时间和环境界限的最有力工具之一。按照黑龙江省积温带区划，大庆市主要位于第一、二两大积温带内，主要积温带范围内年有效积温在 2 500 ℃以上，日照长、温差大，无霜期在 125～146 天。

9.1.2.1　品种种植布局

（1）高粱

大庆市第一积温带高粱的种植品种主要以龙杂 8 号、吉粱 1 号、哈杂 1 号为主。在种子含量测算中，龙杂 8 号的籽粒，淀粉含量占比 74.31%，单宁含量占比 1.07%，粗蛋白含量占比 10.27%，苗壮根深，抗黑穗病，单位产量在 8 462.9 千克/公顷，属于晚熟高粱杂交品种，适合酿酒；吉粱 1 号属于适应性强、稳产高产的中晚熟高粱杂交品种，胚芽拱土性能好；哈杂 1 号生长期 123 天左右，黑穗病发病率 2.1%，对照四杂 25 增产 10.1%，与敖杂 1 号品种相比，增产 13.3%。第二积温带高粱的种植品种主要以龙杂 13、龙杂 10 号、龙米粱 1 号为主，龙杂 13 品种优良，抗黑穗病，属于高产耐密抗倒伏品种；龙杂 10 号属于抗倒伏、高抗叶害的中晚熟酿造型高粱杂交品种；龙米粱 1 号籽粒中粗蛋白的含量占比 11.63%，赖氨酸的含量占比 0.30%，淀粉的含量占比 70.53%，单宁的含量占比 0.01%，为食用型高粱类别。

（2）谷子

从谷子种植布局来看，大庆市第一积温带播种型号以龙谷系列为主，主要是龙谷 31、龙谷 33、龙谷 34，其中龙谷 31 生育期 118 天，属于中熟品种，出谷率 84%，不同阶段生产试验显示出龙谷 31 抗病抗旱抗倒伏性强，高产稳定性强等优势，被测评为一级优质谷米；经测试，龙谷 33 生长期在 120 天左右，支链淀粉含量占比 18.74%，比龙谷 25 增产 11.5%；龙谷 34 的出谷率为 82.3%，支链淀粉含量占比 17.7%，具有米质佳、口感好的特点。第二积温带谷子的种植品种主要为龙谷 25、龙谷 35、胜谷 1 号，经过大量实验后龙谷 25 表现出品质好、高产抗逆性强、抗旱耐凉、出米率高的优势，且微量元素中硒的含量较高；龙谷 35 是以龙谷 25 为母本，与山西红谷子杂交形成，幼苗抗倒伏并且抗旱、抗稻瘟病、抗谷锈病和纹枯病性征良好；胜谷 1 号的生长期约为 115 天，是黑龙江省最早熟的谷子品种，出谷率可达 84.3%，粗蛋白含量占比 12.27%。

(3) 绿豆

大庆市第一积温带中，绿豆的播种以绿丰系列为首选品种，绿丰系列所含籽粒品种培育，皆通过不同样本间的有性杂交繁育并筛选而成，经过测产测算、品质验证、抗病性监测，绿丰系列种质资源具有稳产高产，耐旱抗病特性优良的优势，百粒重在正常水平下为 6.5 克，粗蛋白含量占比 29.01%，淀粉含量占比 48%，属典型的高蛋白绿豆杂交品种。

(4) 红小豆

大庆市第二积温带红小豆种植品种主要以龙小豆 3 号和宝航红 2 号为主，龙小豆 3 号为有性杂交选育而成的高蛋白品种，属中熟品种，平均产量增产效果明显，品质优良，籽粒整齐有光泽，商品性好；宝航红 2 号则以宝青红为亲本，经航天卫星搭载后选育而成，生育期 97 天，百粒重 15 克左右，属大粒型品种。

9.1.2.2 生产区域

(1) 高粱

高粱富含膳食纤维，具有降低血糖、促进消化的作用，也是酿酒的最佳原料。大庆市的高粱种植区域分布较为广泛，集中种植区以肇源县的南部、杜尔伯特县南部为主。高粱销售方式普遍以订单收购为主，且多针对大型酒企出货，大额订单提升了高粱种植农户的积极性，大同区双榆树乡与四川宜宾五粮液酒厂、山西杏花村汾酒集团先后签订高粱种植回收订单，实现全程透明化购销。

(2) 谷子

谷子喜高温，属于耐旱稳产作物，去除外壳后谷子富含蛋白质、脂肪、粗纤维、钙磷铁等多重营养成份，易于被人体吸收，常食谷子可以有效补足肾气、祛除胃火、清热解毒，尤其适于产妇、幼儿及病人食用。大庆市土壤质地好，潜在肥力深厚，适合种植谷类产品，产成品粒大色黄，味美醇香。大庆市谷子种植区域主要分布在肇州县托古乡、大同区双榆树乡、杜尔伯特县腰新乡等地区。

(3) 绿豆

绿豆含有较多人体所需的氨基酸、维生素和矿物质，铁含量所占比重高于任何粮食，具有解毒止泻、利尿消肿等的功效。大庆市绿豆种植区域主要集中在杜尔伯特县、肇源县西部、大同区西部，其中杜尔伯特县绿豆播种面积最大，占全市杂豆播种总面积的一半，杜尔伯特白音诺勒乡、大同区林源镇新村、肇源县茂兴镇都属于绿豆优势种植区域。

(4) 红小豆

红小豆向来有杂粮红珍珠的佳誉，营养价值高，保健功效显著，是食品、粥品等加工品的主要原材料。大庆市红小豆种植区域主要集中分布在大同区、林甸县、肇州县及肇源县。肇源县有机红小豆依托基地种植，采用有机良种培育，传统农耕种植，经由粗精加工形成有机红豆及红豆制品，与普通大宗农作物相比，其经济效益可实现2～5倍的增长；林甸县的珍珠红小豆品质上乘，安徽燕之坊食品有限公司旗下的燕之坊珍珠红小豆原产地即为林甸县，东发村东发经贸公司主要经营红小豆、绿豆、芸豆等豆类，产品主销北上广，在对外贸易方面开辟了韩国市场，杂豆年销售额在万吨级。

9.1.3 杂粮生产水平

9.1.3.1 杂粮总产量

2014—2021年，大庆市各主要杂粮作物产量呈现波动状态。大庆市主要杂粮作物总产量由2014年的11.6万吨增加到2016年的31.0万吨，2017年降至19.1万吨，2018年升至29.4万吨，2020年又减至8.1万吨（表9-2）。

表9-2　大庆市2014—2021年主要杂粮总产量

单位：万吨

作物种类	2014年	2015年	2016年	2017年	2018年	2019年	2020年	2021年
高粱	9.2	8.8	20.4	1.3	16.1	13.7	5.4	3.6
谷子	0.8	0.5	2.4	6.5	2.8	4.5	0.6	1.9
绿豆	1.5	3.1	4.5	6.0	4.9	2.8	0.7	0.3
红小豆	0.1	0.9	3.7	5.4	5.6	3.9	1.5	1.1
总计	11.6	13.3	31.0	19.1	29.4	24.9	8.1	6.7

数据来源：大庆市农业农村局。

（1）高粱

高粱总产量波动明显，主要影响因素：一是遭遇进口酒类品牌的冲击。随着人们生活水平的提高，对进口商品的追求上升到新的层次，进口酒类产品在一定程度上冲击了国内酒类产品的市场占有率。二是受天气的影响。如阴雨高温天气，会为高粱种植增添了许多不确定因素，导致减产。

（2）谷子

大庆市谷子总产量浮动较显著。大庆市谷子主流生产方式是有机种植，有机谷子区别于普通谷子的主要差异在于要依赖人工间苗除草，这无疑增加了人力资本的投入，是造成大庆市谷子播种面积及产量整体下滑的主要原因；同时，由于谷子吸肥力强，对茬口的反应敏感，连作易造成谷子大面积减产，如适逢播种期干旱则极易导致谷子出苗率低，进而减产。

（3）绿豆

绿豆总产量在 2017 年前呈持续上升态势，2017 年后迅速减少。2017 年大庆市林甸县宏伟乡小树林村绿豆高产栽培试验示范区的绿豆一体化栽植技术研发成功，测产数据显示，绿豆毛亩产可达到 153.29 千克，去除田间损失率与水分所占的 15%，高产绿豆的净亩产量达到 130.29 千克，超出了黑龙江省当年栽种所有品种的绿豆的单位面积产量。绿豆一体化栽植技术的研究，综合考量了绿豆生长过程中的肥料需求比例，通过研发，开发出高产绿豆专用肥料，从技术支撑的角度上为大庆市及整个黑龙江省绿豆种植的专业化发展指明了方向。

（4）红小豆

红小豆的产量在 2018 年达到最高值，在 2014—2021 年整体呈倒 U 形变化。随着大庆市红小豆品质和口感的口碑建立，优质红小豆的市场需求缺口越来越大，大庆市红小豆主要产区皆通过订单回收的方式向市场输送原材料，进而促进了大庆市红小豆总产量的上升。

9.1.3.2　杂粮单产

大庆市杂粮种植一直沿用传统的人工播种收割方式，随着机械化设备的应用、育种选种技术的日臻成熟，新型经营主体在组织农户生产方面表现出显著优越性，使得部分杂粮的单产数据出现明显的上浮；同时，气候的不定因素和杂粮种植的稀缺性也间接性造成部分杂粮单位产量下滑。在对已知数据进行分析后得出大庆市四种主要杂粮作物的单产具体变化（表 9-3）。

（1）高粱

高粱单产呈大幅波动状态，2019 年最高，2017 年最低。单产最高值是最低值的 4.6 倍，可见高粱这种作物受气温等自然因素影响大，种植风险较高。

表 9 - 3 大庆市 2014—2021 年主要杂粮单产

单位：斤/亩

作物种类	2014 年	2015 年	2016 年	2017 年	2018 年	2019 年	2020 年	2021 年
高粱	814.9	1 014.9	505.1	228.1	900.0	1 049.1	843.4	761.1
谷子	518.4	500.0	730.6	462.7	555.5	606.0	362.2	492.0
绿豆	206.8	282.3	186.1	242.7	219.9	211.0	165.9	180.0
红小豆	240.7	301.5	200.6	310.7	275.8	205.7	170.0	187.7
总计	1 780.8	2098.7	1 622.5	1 244.2	1 951.2	2071.8	1 541.5	1 620.8

数据来源：大庆市农业农村局。

（2）谷子

谷子单产在 350～750 斤/亩波动。谷子单产 2014 年为 518.4 斤/亩，2016 年为 730.6 斤/亩，2021 年为 492.0 斤/亩。随着种植品种的优化和种植技术的提高，谷子单产反而出现下降趋势，主要原因在于谷子自身生长因素的限制，相对于其他主粮经济作物，谷子较多消耗了劳动力资本用于田间苗肥的管控，且市场销售价格受市场走势波动影响较大，极易造成谷子出现减产。

（3）绿豆

大庆市绿豆单产呈下降趋势。2016 年、2020 年和 2021 年绿豆单产均低于 200 斤/亩，一方面由于绿豆种质资源开发利用不足，栽培、管理等技术研发落后，另一方面在玉米、水稻、小麦等主粮市场行情向好的形势下，农民将土地更多配置在主粮种植中，杂粮种植区大部分为干旱贫瘠的土地，导致单产不升反降。

（4）红小豆

红小豆单产量在 2014—2018 年呈现上升式增长，随后下降。2020 年和 2021 年红小豆单产下降的重要原因在于，生长期时大庆市红小豆主产区干旱少雨，收割前夕降雨气候较为频繁致使红小豆质量下降，2020 年和 2021 年红小豆单产滑落到 170.0 斤/亩和 187.7 斤/亩；国家主粮支持价格政策的实施，降低了红小豆种植的比较收益。

9.1.3.3 杂粮种植技术及管理

综合大庆市杂粮种植的主要情况和对杂粮种植农户的走访发现，杂粮播种面积普遍较小的一个重要原因是，杂粮相对于主粮在种质资源创新、农业机械研发、植保技术研发等方面投入不足，导致其单产低、抗风险能力弱，人工投入耗费大，削弱了农户种植积极性。对于种植中出现的病虫草害等问题，普遍采用农民多年的种植经验进行防治。2016 年大庆市市场监督管理局连续发布 17 项农业地方标准，以确保杂粮种植的安全性，并对绿豆、芸豆、红小豆等主要杂粮在生产过程中遭受的病虫害等问题进行技术跟踪指导，发布《杂豆主要病害综合防治技术规程》等大庆农业地方标准，有效提高了农民科技耕种的技术和水准。

根据大庆自然环境特点，综合杂粮种植性征整理出主要病虫草害及防治技术规程如下：

(1) 高粱

高粱对土地适应性强，以地表深厚、结构优良的土地为优良种植区。动态分析大庆市的整体气候状况，高粱播种最佳时期在立夏之后，播种过早易由于地温不高造成出苗率下降；播种过晚则易遭受春旱少雨灾情。与玉米等大宗作物相比，高粱净产值低下主要原因在于，与玉米虽属于同季作物，但从市场的需求量来看，高粱的适用范围未及玉米，在收益率相当的状态下，农民更倾向于种植玉米；从作物的植保因素考虑，高粱单产低主要由于高粱含糖量高，极易滋生病虫害，同时高粱地极易长草，且高粱的自身属性对于除草剂的品种和用量极其敏感，草害也限制了产量的提升。在大庆市种植的高粱，极易滋生高粱黑穗病、高粱纹枯病、高粱大斑病、根腐病等病症，虫害以高粱螟为主。选择高粱轮作倒茬方法，可以有效降低高粱病虫草害的发生率，三年为最佳轮作回合，同时，在高粱齐穗至扬花末期施用药剂可提升高粱幼芽发芽率，增强植株抗病力，保障高粱生长品质。

(2) 谷子

谷子播种最佳时期在 5 月上旬至 6 月上旬。谷子栽植主要病害以白发病为主，此病害隶属系统侵染性病害，其防治方式以农业防治和种子处置两类为主，农业防治即进行为期三年以上的轮作换茬以减弱病害；种子下地投放前要先包裹种衣剂，配以新高脂膜，融合拌匀，以杀灭种粒表面白发病菌，或适当取量种子的 0.2%～0.3%，结合 35% 的甲霜灵调配，或取量种子的 0.2%～0.25%，结合 80% 恶霜菌丹可湿性粉剂调拌种粒。虫害主要以跳甲虫、钻心虫（粟灰螟）为主，集中在谷穗或未抽出的谷心中，防治适期通常选择傍晚或早晨，可选用溴氰菊酯乳油、敌百虫晶体等喷雾，防止病虫害复生，从而达到优质高产。谷子属于小粒半密植作物，精播种困难，极易造成草荒现象，无有效除草剂可供选择，长期依赖人工除草。

(3) 绿豆、红小豆为主的杂豆

杂豆病虫害主要以根腐病、叶斑病、孢囊线虫病为主，其中孢囊线虫病的侵害性最大，孢囊线虫潜伏期可达十年之久，遇到有利条件即可侵染，感染范围广，很大程度上制约了豆类的产量和品质。根腐病可通过与非豆科作物轮作加以预防，并采用新高脂膜（亦可与种衣剂混合）拌种，阻隔地下病虫，隔离病毒侵染。蚜虫、红蜘蛛虫害药物防治配以 10％吡虫啉或 5.6％阿维哒螨灵等药剂效果极佳，也可以喷施 1 000 倍 40％氧化乐果液和600～800 倍液新高脂膜喷雾。

9.1.4　杂粮价格

从中国大宗商品卓创农业资讯网站获取四种主要杂粮价格数据，整理得到图 9 - 5。

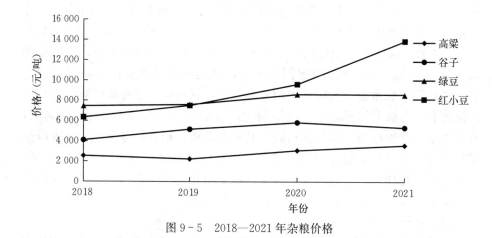

图 9 - 5　2018—2021 年杂粮价格

（1）高粱

2018—2021 年，高粱价格先降后升，2020 年后价格有所增长，但增幅不大。影响高粱价格的因素，一是高粱的播种面积。2018—2021 年，大豆、中草药种植补贴等支农政策，促进了种植结构调整，大庆市高粱播种面积呈下滑趋势。二是下游需求的情况。恰逢白酒产业深度调整期，高粱需求不足，造成高粱整体价格上升乏力。三是市场替代品的影响。在对 2020 年高粱市场的进出口价差对比后发现，东北高粱出货价为 1.47～1.50 元/斤，而美国高粱出货价则保持在 1.13～1.14 元/斤，相对低廉的进口高粱在国内的市场份额不断加大，持续冲击国内市场，造成国产高粱销路受阻。

（2）谷子

2018—2020 年，谷子价格小幅上升，2021 年下降。在谷子的价格影响因素中，农户的种植意向较大程度上决定了谷子的价格走势，谷子种植管理的复杂性和市场销路的不确定性导致农户的种植意愿相对较弱；相对于主粮而言，杂粮缺乏政府支持价格，且当前农业保险主要以玉米为投保产物，杂粮保险尚未在国家补贴行列，价格主要依靠市场自发调节，不确定因素较多。

（3）绿豆

四年间，绿豆的价格基本保持稳定，月度数据可见季节性特征，这源于绿豆属于季节性食用产品，夏天消暑时节造成绿豆需求量大于其他月份，产品市场销售量倍增，价格有涨势；受市场需求量和进口绿豆的影响，国产绿豆市场整体价格平稳。

（4）红小豆

红小豆价格在四年间持续走高，2021年红小豆价格大幅提高。总体来看，红小豆市场行情好，需求旺盛。

9.2 大庆市杂粮加工业情况

9.2.1 杂粮加工企业数量和类型

目前大庆市存续的粮食加工企业主要以民营企业为主，主要经营品种以稻米为主，杂粮为辅，杂粮加工是在种植结构调整下新生的产业类型，单纯以杂粮加工为主业的企业数量较少。当前，杂粮产品类型较为单一，商品粮销售主要以定点销售为主，主要销往北京、上海、浙江等地区，销售区域覆盖度有限，品牌辨识度有待提高。全市形成了以鲶鱼沟万基谷物加工有限责任公司、乾绪康米业有限公司、黑龙江百森饮料有限公司、大庆粥家庄食品有限公司等为代表的龙头加工企业，加工的产品基本以除杂后精包装的原粮为主，商品粮主要种类包括小米、绿豆、红小豆、高粱米、红芸豆、薏仁米、大黄米等。

通过对大庆市已有杂粮加工企业的走访调查，当前杂粮加工主要分为两种发展经营模式：第一种是企业自创品牌，拥有自己的种植基地，独立完成杂粮种植、加工、销售环节。此类运营模式的典型企业如鲶鱼沟万基谷物加工有限责任公司、大庆粥家庄食品有限公司等。另一种是以大庆市杂粮优势产区为货源供给基地，大庆市本地企业或合作社拥有自主品牌，但企业或合作社主要参与种植环节，不参与后期的精加工和销售环节，只对优质有机原粮的基地种植过程负责。采用该类运营模式的典型合作社包括肇源县二站镇曙光村的娄家寨杂粮种植基地，典型品牌包括哈尔滨迈盛农业科技有限公司以娄家寨为种植基地创设的"誉品农乡"、武汉中天婴幼有限公司以娄家寨为种植基地创设的"田鼠妈妈"、浙江宁波三生（中国）健康产业有限公司以娄家寨为种植基地创设的"泽谷"、安徽燕之坊食品有限公司以大庆市林甸为种植基地创设的"燕之坊"等。

9.2.2　杂粮加工企业布局

杂粮产业作为大庆市新型促农增收优势产业，其发展离不开加工企业的引导，伴随杂粮行业的进一步延伸，大庆市的杂粮加工企业数量也在不断增加，企业遍布肇州县、肇源县、杜尔伯特县等杂粮种植优势区域，环绕县域工业园区集聚布局。大庆市着力打造的五大重点农产品加工项目区中，肇州杏山工业园区以发展绿色食品和生物科技为主导产业，杜尔伯特德力戈尔工业园区瞄准生态绿色特色产业，肇源大广工业园区则以绿色食品精深加工、仓储物流为主流产业，大同新河工业园区重点发展农副产品加工产业，林甸空港工业园区着重发展绿色食品产业、生物产业和轻工制造产业。杂粮加工企业依托园区的优惠政策，分布在各大园区。

9.2.3　杂粮加工产品

杂粮加工企业已经掌握了原粮去杂分级、筛选色选提纯形成成品粮的技术。小型杂粮加工企业在现有生产线的基础上，通过人工筛选杂粮色号，剔除破损残粮，进行分级包装销售，此类型的加工企业年加工能力和利润额取决于接收的订单量；大型加工企业在设备配套和新技术研发方面具有小型加工企业所不具备的优势。依照杂粮原材料的加工水准，大庆市杂粮的加工可归为一次加工和二次加工，一次加工主要运用抛光、杂质筛选、磨皮、分级等流程形成初级产品，经由原粮精包装直接流入销售环节，二次加工则是通过对一次加工品的筛选进一步深层加工，得到优于初级产品的衍生产品，包括诸如杂粮煎饼、杂粮饮料、杂粮饼干、杂粮粥、杂粮干粮等产品（图9-6）。在加工技术上，国家杂粮工程技术中心为企业从开发原粮到生产商品粮的整个阶段提供了重要技术支持，成功向企业输送科技成果，促进企业增收。

9.2.4　大庆市现有杂粮品牌概况

随着农业品牌化建设在农业现代化发展中的作用日益凸显，大庆市杂粮产业发展链条上的各方力量越发重视品牌在产业发展中的关键作用。大庆市杂粮品牌已初具规模，消费者的消费需求刺激着杂粮产品的类别向多元化发展。通

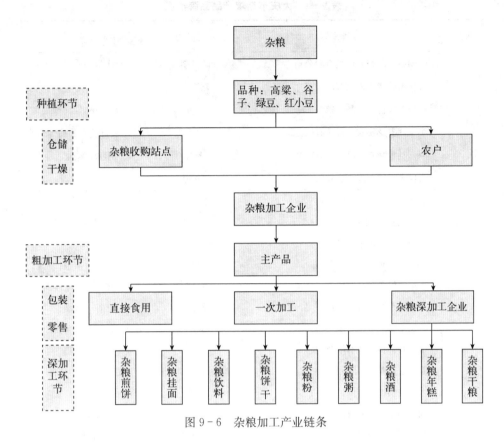

图 9-6 杂粮加工产业链条

过对大庆市杂粮加工企业的走访调查发现，在杂粮资源产业和领军龙头企业的带动下，已形成了"鲶鱼沟"（肇源县）、"老街基"系列杂粮（肇州县）、"乾绪康"杂粮（肇源县）、"大埠同"（大同区）、"双榆小米"（大同区）、"庆同花"（大同区）、"娄家寨"有机杂粮（肇源县）、"绿珍珠"（杜尔伯特县）、"沙禾"系列杂粮（萨尔图区）、"托古小米"（肇州县）、"泽谷"有机杂粮（肇源县）等具有地域特色的杂粮品牌。在"2018 年全国名特优新农产品生产单位"的评选中，大庆市老街基、托古、鲶鱼沟、松花江米业、靖丰米业、原谷粮、娄家寨、乾绪康等 8 家新型经营主体榜上有名，在《2017 年度全国名特优新农产品目录》中，大庆市托古小米、古龙小米等 4 个农产品榜上有名。纵观大庆市杂粮产业整体发展，规上加工企业占比少，农产品品牌建设水平不高，品牌溢价增值效益尚存在较大的空间。截至 2021 年，大庆市拥有地理标志产品 13 个，农产品知名商标 100 余个（表 9-4）。

表 9-4　大庆市杂粮产品品牌情况

类型	品牌来源	特色品牌	主营杂粮产品
规上	肇州县谷源香农产品有限公司	萨日湖	小米、杂粮
	大庆市乾绪康米业有限公司	乾绪康	小米
	大庆市托古农产品有限公司	托古	小米
	黑龙江省龙泰农业股份有限公司	沙禾	红小豆、红芸豆、高粱米等
	肇州县禾鑫农产品经销有限公司	大沟	小米、杂粮
	大庆老街基农副产品有限公司	老街基	杂粮
规下	鲶鱼沟实业集团有限公司	鲶鱼沟古龙贡米	有机小米
	古龙镇立徒山精致米加工厂	立源	小米
	肇源县古龙镇精制米厂	肇古贡米	小米
	肇源县北斗米业有限公司	北斗	小米、杂粮
	大庆市钻塔食品有限公司公司	钻塔	荞麦挂面、小米挂面
	大庆嵩天淀粉有限公司	碧港	五谷火锅面
	大庆市康港食品有限公司	康港	黑豆、绿豆系列营养产品
	肇源县古贡米业有限公司	古贡	小米、杂粮
	肇州县百森饮料有限公司	百森	八宝饭、谷物饮料
	大庆悦然饮料有限公司	悦然	谷物饮料
	大庆粥家庄食品有限公司	粥家庄	谷物粥
	兴隆贡米专业合作社	兴隆贡米	小米
	肇源县娄家寨粮食种植专业合作社	娄家寨	有机杂粮
	杜尔伯特亿丰绿豆种植合作社	素食猫、绿洲	绿豆
	白音诺勒乡	绿珍珠	绿豆
	林源镇新村	绿园	绿豆
	双榆树乡	双榆小米、庆同花、大埠同杂粮	小米

9.3　杂粮种植与加工的产业化经营现状

9.3.1　龙头企业接续型

　　相对于小型加工企业，龙头企业在发展生产、提升市场竞争力方面具有较突出的组织协调优势。随着农业产业化合作机制潜力被不断挖掘，大庆市杂粮加工企业产业化经营模式也在不断更新换代，形成了"龙头企业＋农户""农业协会＋龙头企业＋农户""龙头企业＋种植基地＋农户""龙头企业＋中介组织＋农户"等多种融合发展模式。以肇州谷源香农产品有限公司、大庆老街基农副产品有限公司为代表的企业通过利益联结机制建立了个体种植散户和生产基地之间的联系，确保原料有效供应。通过企业建基地，基地连接散户的产业化模式，使得杂粮加工不再单纯属于产中环节，而是拉动产业链发展的关键环节。

9.3.2 合作社衔接型

杂粮种植具有小规模、分散性、随意性特点，与农民种植意愿高度相关。大庆是传统的杂粮杂豆种植优势产区，伴随新一轮农业结构调整的展开，杂粮作物成为大庆农业种植品种的后起之秀，订单农业的发展为杂粮种植户赢得了广阔的销售路径。大庆市肇源县娄家寨粮食种植专业合作社、杜尔伯特亿丰绿豆种植专业合作社等杂粮种植合作社是典型的通过种植原粮实现增收的经济组织。合作社通过对农户实行统一供种供肥，统一回收的方式，既从源头上保证了杂粮质量，又可以有效衔接种植和加工双方的合作，保障加工企业充足的原料供应。

9.3.3 小型市场收购型

除杂粮加工企业、种植合作社外，大庆市杂粮收购站点也在杂粮产业发展中发挥着不可替代的作用。小型收购站点主要针对杂粮种植规模相对较小，收购形不成批量、尚不足以满足订单产量的小型农户开展服务。在杂粮种植品种选择上，不受合作社与加工企业的限制，由农户自行确定。

小型市场现场收购主要以直接收购为主，并提供储存干燥、简单色选及除杂服务。主要的操作方式包括三种：一是杂粮收获后，农民与收购站点协商自行兜售。此种形式农户的杂粮销售价格恒定，无可变因素。二是农户在收购期后将杂粮仓储于收购站点，待市场行情较好时再兜售给站点，农户自行确定销售价格，此操作具有较大的随机性。三是收购站结合当前杂粮市场的最高价格与农户结算临时订单款，当未来市场价格高于结算价格时，收购站将支付差价。后两种主要是针对粮食短缺时期施行的方案，通常以第一种方式为主。

9.4 杂粮产业竞争力评价

本节基于大庆市杂粮产业分析，测算规模比较优势指数 SAI、效率比较

优势指数 EAI 和综合比较优势指数 AAI，定量分析大庆市杂粮的播种面积、单产和产业发展的专业化程度，综合评判杂粮产业发展的比较优势与市场竞争力状况，利用实证分析找出提升大庆市杂粮产业竞争力的发展路径。

9.4.1 大庆市杂粮产业总体比较优势测算

本部分分别计算了大庆市基于全国和黑龙江地区杂粮产业发展情况的规模比较优势指数 SAI 及效率比较优势指数 EAI，在此基础上测得二者的几何平均数值，进而得出综合比较优势指数 AAI，分析了大庆市杂粮产业的产业竞争力（表9-5）。

表9-5 大庆市杂粮产业 SAI、EAI、AAI 指数（2014—2021年）

优势指数		2014年	2015年	2016年	2017年	2018年	2019年	2020年	2021年	均值
SAI	全国	1.0	1.2	4.2	3.8	3.2	2.5	1.0	2.6	2.4
	黑龙江省	3.5	5.1	8.2	6.6	6.8	7.4	4.4	11.6	6.7
EAI	全国	1.7	1.6	1.3	1.0	1.3	0.9	1.1	0.5	1.2
	黑龙江省	1.7	2.2	1.2	1.0	1.4	1.0	1.4	0.5	1.3
AAI	全国	1.3	1.4	2.3	1.9	2.0	1.5	1.0	1.7	1.7
	黑龙江省	2.4	3.3	3.2	2.6	3.1	2.8	2.5	2.3	2.8

数据来源：《中国农业统计年鉴》（2015—2022），大庆市农业农村局。

表9-5显示，大庆市杂粮产业规模比较优势指数 SAI，与全国相比2016年达到近8年最高值4.2，2017年至2020年有所下降，但2021年反弹至2.6；与全省相比优势更为明显。依照竞争力分析中农作物的规模优势指数值的标准，大庆市杂粮种植规模优势指数均大于1，说明大庆市杂粮种植的土地产出能力强于黑龙江省平均水平，杂粮种植的规模比较优势突出。

从效率比较优势指数 EAI 来看，通过与全国数据的比较，大庆市2014—2021年8年平均效率比较优势指数为1.2，存在单位产出优势，但效率比较优势有下降趋势，由2014年的1.7下降到2021年的0.5。

从综合比较优势指数 AAI 来看，基于全国数据的测算，大庆市杂粮综合比较优势指数平均值为1.7，2016年达到最大值2.3；基于全省数据的测算，大庆市杂粮综合比较优势指数平均值为2.8，2015年达到最大值3.3。

通过对 SAI 和 EAI 计算发现，杂粮在适应市场形势和政策识别方面的综合比较优势愈发突出，在规模和效率上具有较强的竞争力和提升空间。杂粮产业是一个在市场需求驱动下快速成长的产业，大庆市悠久的杂粮种植历史和较高的农业机械化水平使得大庆市杂粮产业的规模优势和效率优势在测算中表现出了较强的竞争力。计算结果显示，规模优势指数普遍高于效率优势指数，说明大庆市在杂粮产业发展中，杂粮的综合优势主要取决于其种植规模。

9.4.2　主要杂粮作物比较优势测算

本部分主要分析大庆市不同杂粮产品在黑龙江和全国的比较优势和竞争力，表 9-6 至表 9-11 分别测算了 2014—2018 年大庆市四种主要杂粮作物的规模比较优势指数、效率比较优势指数和综合比较优势指数及变化趋势，因缺乏 2019—2021 年的可靠数据，未给予计算。

表 9-6　大庆市主要杂粮作物 *SAI* 测算（基于黑龙江省数据）

作物	2014 年	2015 年	2016 年	2017 年	2018 年	均值
高粱	1.5	1.2	1.5	1.0	0.9	1.2
谷子	0.9	0.5	0.5	1.2	0.7	0.8
绿豆	1.8	3.3	2.3	2.1	2.0	2.3
红小豆	0.1	0.3	0.5	0.6	0.7	0.4

表 9-7　大庆市主要杂粮作物 *SAI* 测算（基于全国数据）

作物	2014 年	2015 年	2016 年	2017 年	2018 年	均值
高粱	2.1	1.6	1.5	0.9	0.9	1.4
谷子	0.2	0.1	0.2	0.2	0.2	0.2
绿豆	1.5	2.0	1.4	1.7	1.5	1.6
红小豆	0.4	1.8	2.6	2.7	3.5	2.2

表 9-8　大庆市主要杂粮作物 *EAI* 测算（基于黑龙江省数据）

作物	2014 年	2015 年	2016 年	2017 年	2018 年	均值
高粱	1.2	1.2	1.3	0.5	1.0	1.0
谷子	0.8	0.3	0.5	2.4	0.7	0.9
绿豆	2.1	4.7	2.3	3.1	2.2	2.9
红小豆	0.1	0.2	0.5	0.8	0.8	0.5

表 9-9　大庆市主要杂粮作物 *EAI* 测算（基于全国数据）

作物	2014 年	2015 年	2016 年	2017 年	2018 年	均值
高粱	1.6	1.5	1.6	0.6	1.2	1.3
谷子	0.2	0.1	0.2	0.6	0.3	0.3
绿豆	1.3	2.2	1.4	2.3	1.5	1.8
红小豆	0.3	1.8	2.3	3.7	4.3	2.5

表 9-10　大庆市主要杂粮作物 *AAI* 测算（基于黑龙江省数据）

作物	2014 年	2015 年	2016 年	2017 年	2018 年	均值
高粱	1.3	1.2	1.4	0.7	1.0	1.1
谷子	0.8	0.4	0.5	1.7	0.7	0.8
绿豆	2.0	3.9	2.3	2.5	2.1	2.6
红小豆	0.1	0.3	0.5	0.6	0.8	0.4

表 9-11　大庆市主要杂粮作物 *AAI* 测算（基于全国数据）

作物	2014 年	2015 年	2016 年	2017 年	2018 年	均值
高粱	1.8	1.6	1.6	0.8	1.0	1.4
谷子	0.2	0.1	0.2	0.4	0.2	0.2
绿豆	1.4	2.1	1.4	2.0	1.5	1.7
红小豆	0.3	1.8	2.5	3.1	3.9	2.3

（1）大庆市主要杂粮作物 *SAI* 测算结果分析

高粱的 *SAI* 分析。基于黑龙江省数据，2014—2018 的五年间，大庆市高粱规模指数 *SAI* 大体呈降低趋势，2018 年低于 1，可见大庆高粱规模竞争优势趋弱。基于全国数据的测算，大庆市高粱 *SAI* 在 2017 年前大于 1，具有竞争优势，2017 年之后小于 1，丧失规模优势。

谷子的 *SAI* 分析。基于黑龙江省数据，谷子五年规模指数 *SAI* 平均值为 0.8，仅 1 年测算值大于 1，说明大庆市谷子种植的规模与黑龙江省平均水平相比较，不存在比较优势。基于全国数据，谷子的 *SAI* 均低于 1，意味着与全国平均水平相比，大庆市的谷子种植不具备规模比较优势。

绿豆的 *SAI* 分析。基于黑龙江省数据，五年间大庆市绿豆的 *SAI* 数据均大于1，平均值为2.3，最大值为3.3，说明2014—2018年的五年间大庆市绿豆与全省相比具有明显的规模比较优势，是四种主要杂粮作物中的规模优势最为突出的作物。基于对全国数据的分析，绿豆 *SAI* 在2015年最高，为2.0，五年平均值1.6，可见绿豆在全国范围内具有种植优势。

红小豆的 *SAI* 分析。基于黑龙江省数据，红小豆 *SAI* 较低，均小于1，红小豆的播种面积在大庆市主要杂粮作物中的所占比重较小，与黑龙江省红小豆种植的平均水平相比，缺乏规模比较优势；基于全国数据，红小豆的规模比较优势变化较大，2018年 *SAI* 为3.5，是2014年的近10倍，规模比较优势明显。

（2）大庆市主要杂粮作物 *EAI* 测算结果分析

高粱的 *EAI* 分析。基于黑龙江省数据，2014—2018年高粱的 *EAI* 数值3年大于1、1年等于1、1年小于1，与黑龙江省平均水平比较，总体来看具有效率比较优势，但整体优势不明显。基于全国数据，大庆市高粱的 *EAI* 波动明显，整体具有效率比较优势，即在产量上高于全国平均水平。

谷子的 *EAI* 分析。基于黑龙江省数据，大庆地区谷子的 *EAI* 普遍较低，仅有1年高于1，低于全省平均水平，在谷子新品种缺乏的情况下，谷子的单产受限，谷子的 *EAI* 呈走低态势。基于全国数据，大庆市谷子缺乏效率比较优势，*EAI* 均值仅为0.3，低于其他作物。

绿豆的 *EAI* 分析。基于黑龙江省数据，绿豆的 *EAI* 整体在2.1～4.7浮动，平均为2.9，效率比较优势明显。基于全国数据，绿豆 *EAI* 均大于1，介于1.3～2.2，均值为1.8，具有明显效率优势。

红小豆的 *EAI* 分析。基于黑龙江省数据，红小豆的 *EAI* 值均小于1，在黑龙江省缺乏效率比较优势，但 *EAI* 快速提升。基于全国数据，红小豆的 *EAI* 较高，2018年为4.3，在全国红小豆产量计算中，大庆红小豆单产具有效率优势，高于绿豆、高粱和谷子。

（3）大庆市主要杂粮作物 *AAI* 测算结果分析

基于黑龙江省杂粮的基本数据，大庆市杂粮的综合比较优势指数呈现了绿豆＞高粱＞谷子＞红小豆的情况，说明绿豆在黑龙江省杂粮产业发展中具备较强的综合优势，领先于其他杂粮品种，且主要得益于大范围的种植。根据大庆市绿豆产业的发展情况，杜尔伯特是大庆市绿豆出产量最大的地区，若形成以杜尔伯特为中心的辐射种植区域带，量化生产优质的绿豆品种，可提升大庆市绿豆产业的规模优势，继而带来综合比较优势的提高。

基于全国杂粮的基本数据，大庆市杂粮的综合比较优势指数呈现出红小豆＞绿豆＞高粱＞谷子的情况，说明大庆市高粱产业在全国杂粮产业发展中具有较强的综合比较优势，且主要得益于大庆市地产高粱流通性广的外销优势。肇源县是全国红高粱的主产区之一，在高粱品质上拔得行业头筹，是众多名品酒业的原料生产基地。要实现高粱产业的长续航能力，仅扩大播种面积是不够的，需要充分挖掘高粱升值转化的潜力，如果通过原料产地的实际生产能力，借以龙头企业的品牌效应，经由精深加工实现产地产值增值，势必能带动杂粮的产业动能提升。

9.5　本章小结

本章对大庆市杂粮产业的概况从种植层面、加工层面及产业化经营层面展开论述，有助于厘清大庆市现阶段杂粮产业发展现状，充分利用各产业主体间的优势发展潜能，促进大庆市杂粮产业在供给侧结构性改革中发挥积极的导向示范作用。基于对 2014—2018 年大庆市各主要杂粮品种的播种面积、产量和综合比较优势的测算，现对主要杂粮农作物种植特点总结如下（以均值分析）：

大庆市种植的杂粮品种具有明显的规模比较优势，而效率比较优势差异显著，缺乏一定的单产优势，无论是基于全国的平均水平还是基于黑龙江省平均水平的测算，大庆市的绿豆、高粱的综合比较优势指数均大于1。

基于全国数据，在四种主要杂粮作物的综合指数测算中，红小豆和绿豆表现出了较强的综合比较优势，主要得益于在种植结构调整政策下，农户对于种植杂粮具有广泛的积极性，规模上的优势弥补了效率上的劣势，从而使大庆市杂粮种植综合比较优势较为明显。

参考文献

REFERENCES

鲍姗姗，杨成兵，2019. 旅游目的地新媒体营销策略优化研究：基于芜湖市的实证分析 [J]. 安徽电气工程职业技术学院学报（6）：61-66.

蔡海龙，2013. 农业产业化经营组织形式及其创新路径 [J]. 中国农村经济（11）：4-11.

蔡瑜，徐涛，赵敏娟，2019. 农户分化视角的杂粮生产效率研究：以陕北定边县为例 [J]. 农业经济与管理（5）：74-85.

曹金臣，2013. 荷兰现代农业产业化经营及对中国的启示 [J]. 世界农业（5）：115-117, 142, 156.

陈春茹，2015. 山西小杂粮品牌塑造策略探析 [J]. 安徽科技学院学报，29（1）：107-111.

陈红，王倩，高强，2019. 我国苹果产业发展及其影响因素分析：基于 7 个主产省份的面板数据 [J]. 中国果树（1）：92-95.

陈其兵，彭治云，唐峻岭，等，2015. 基于比较优势理论的武威市县域经济作物比较优势实证分析 [J]. 农业现代化研究，36（1）：99-104.

陈若愚，2014. 基于农业产业化视角的农户融资模式及影响因素分析：以河南省汤阴县为例 [J]. 农业经济（6）：41-42.

陈曦，赵翠媛，张月辰，2010. 河北省杂粮产业发展的 SWOT 分析 [J]. 贵州农业科学，38（8）：232-235.

陈艳，陈江华，吴晴，2021. 消费者品牌农产品消费行为的影响因素分析：以赣南脐橙为例 [J]. 江西农业学报，33（5）：138-145.

陈治，王曦璟，2013. 大学生网购冲动行为影响因素研究 [J]. 数理统计与管理，32（4）：676-684.

程明，周亚齐，2018. 社群经济视角下营销传播的变革与创新研究 [J]. 编辑之友（12）：20-26.

程实，2010. 资源型地区房地产业的区域差异及影响因素分析：以山西省为例 [J]. 经济与管理研究（10）：35-40.

崔霞，2018. 山西做强做优小杂粮产业的路径思考 [J]. 中共山西省委党校学报，41（2）：67-71.

崔照忠，刘仁忠，2014. 三类农业产业化模式经营主体间博弈分析及最优选择 [J]. 中国人口・资源与环境，24（8）：114-121.

戴世富，韩晓丹，2015. 社交化背景下口碑营销在出版社品牌形象塑造中的应用 [J]. 中国出版（15）：57-60.

邓亚净，方晓玲，多庆，2017. 西藏环境资源型产业发展路径分析：以白朗县蔬菜产业为例 [J]. 西藏研究（6）：9-16.

丁存振，肖海峰，2019. 交易特性、农户产业组织模式选择与增收效应：基于多元 Logit 模型和 MTE 模型分析 [J]. 南京农业大学学报（社会科学版），19（5）：130-142，159.

董良利，2008. 山西杂粮产业化的现状及对策 [J]. 中国农学通报（10）：575-578.

董诗连，2012. 福建省尤溪县粮食作物比较优势分析与发展对策研究 [J]. 中国农业资源与区划，33（5）：68-72.

董小菁，2015. 中国农业总产值影响因素分析 [J]. 农村经济与科技，26（7）：9-10.

董影，曲丽丽，2013. 黑龙江省农业产业化融资问题及对策 [J]. 学术交流（7）：94-97.

窦学诚，龚大鑫，关小康，2012. 甘肃省小杂粮产业竞争优势度及影响因素分析 [J]. 干旱地区农业研究，30（5）：1-6，14.

樊爱霞，潘海岚，王晓琴，2015. 基于投入产出模型的云南旅游产业融合实证研究 [J]. 云南民族大学学报（哲学社会科学版），32（1）：128-135.

方光罗，2004. 市场营销学 [M]. 沈阳：东北财经大学出版社.

方敏，杨胜刚，周建军，等，2019. 高质量发展背景下长江经济带产业集聚创新发展路径研究 [J]. 中国软科学（5）：137-150.

房红，张旭辉，2020. 康养产业：概念界定与理论构建 [J]. 四川轻化工大学学报（社会科学版），35（4）：1-20.

冯静，2018. 大庆市杂粮产业发展研究 [D]. 大庆：黑龙江八一农垦大学.

甘海燕，2016. 广西小杂粮产业现状调查与分析 [J]. 南方农业学报，47（4）：691-696.

高粱育种组，1990. "吉粱1号"高粱杂交种选育报告 [J]. 吉林农业大学学报（4）：97-98.

郜雨馨，易忠，蔡晓琪，等，2021. 特色农副产品包装设计在地方旅游市场中推广研究 [J]. 吉林农业科技学院学报，30（1）：11-14.

耿献辉，2009. 中国涉农产业：结构、关联与发展 [D]. 南京：南京农业大学.

耿献辉，周应恒，2014. 涉农产业经济学 [M]. 北京：科学出版社.

宫斌斌，刘帅，杨宁，等，2017. 东北三省粮食产量结构变动分析与对策建议：基于偏离—份额分析法 [J]. 江苏农业科学，45（19）：128-131.

郭斌，甄静，谭敏，2014. 城市居民绿色农产品消费行为及其影响因素分析 [J]. 华中农业大学学报（社会科学版）（3）：82-90.

韩雪，屈丽丽，2016. 中国农业产业化中金融支持效率研究 [J]. 东北农业大学学报（英文版），23（2）.

何秀丽，张平宇，程叶青，等，2006. 东北地区典型商品粮基地农业发展比较分析：以德惠、海伦为例 [J]. 干旱地区农业研究（5）：176-181.

何颖，2015. 基于钻石理论模型的法国现代农业发展的驱动力 [J]. 江苏农业科学，43（9）：486-489.

何喆，2018. 基于钻石模型的中国茶产业国际竞争力研究 [J]. 农村经济 (8)：25-30.

胡世霞，李崇光，梁维娟，等，2017. 湖北省农业信息化对蔬菜产业发展影响的实证研究 [J]. 河南农业科学，46 (7)：154-160.

胡文海，2015. 中部地区粮食生产比较优势分析与基地建设 [J]. 地理科学，35 (3)：293-298.

华静，王玉斌，2015. 我国农业产业化发展状况实证研究 [J]. 经济问题探索 (4)：70-74.

黄漫宇，彭虎锋，2014. 中国绿色食品产业发展水平的地区差异及影响因素分析 [J]. 中国农业科学，47 (23)：4745-4753.

霍雨佳，2018. 市场化服务缺失下小农户与产业组织的深度融合研究：基于农业产业集群的小农户转型升级思考 [J]. 农村经济 (12)：79-85.

江光辉，胡浩，2019. 生猪价格波动、产业组织模式选择与农户养殖收入：基于江苏省生猪养殖户的实证分析 [J]. 农村经济 (12)：96-105.

蒋兴红，王征兵，2013. 基于 CMS 模型的中国农产品进口波动分析 [J]. 统计与决策 (6)：136-139.

金荣荣，2020. XD 公司绿色农产品营销策略研究 [D]. 哈尔滨：东北农业大学.

金琰，刘海清，刘恩平，2014. 我国菠萝种植区域优势研究 [J]. 中国农业资源与区划，35 (3)：10-104.

阚奥迪，所琳，张晓沅，2013. 浅谈绿色食品营销模式创新 [J]. 商场现代化 (18)：57-58.

孔凡斌，李华旭，2017. 基于主成分分析的长江经济带沿江地区产业竞争力评价 [J]. 企业经济，36 (2)：115-123.

孔祥智，2014. 新型农业经营主体的地位和顶层设计 [J]. 改革 (5)：32-34.

雷锦银，2013. 陕西小杂粮产业发展的 SWOT 分析 [J]. 陕西农业科学，59 (3)：229-232.

李晟，许秀颖，李浩，等，2017. 杂粮营养粉挤压工艺优化及加工特性研究 [J]. 食品工业，38 (8)：87-92.

李墀欣，2020. 基于主成分分析的塑料制品价格影响因素 [J]. 塑料科技，48 (6)：132-135.

李海波，舒小林，2018. 西部地区高新技术产业发展的影响因素及路径：基于引力模型的实证分析 [J]. 贵州社会科学 (2)：126-132.

李梦涵，2017. 河北涉外旅游人才开发 SWOT 分析与对策 [J]. 社会科学前沿，6 (4).

李清泉，2003. 高产多抗大粒绿豆新品种绿丰 5 号及其栽培技术 [J]. 吉林农业科学 (3)：14-15，38.

李延东，马金丰，李志江，等，2015. 谷子新品种龙谷 35 特征特性及栽培技术 [J]. 中国农技推广，31 (10)：16-17.

李玉勤，2010. 杂粮种植农户生产行为分析：以山西省谷子种植农户为例 [J]. 农业技术经济 (12)：44-53.

李玉勤，张惠杰，2013. 消费者杂粮消费意愿及影响因素分析：以武汉市消费者为例 [J]. 农业技术经济 (7)：100-109.

李震，2019. 谁创造了体验：体验创造的三种模式及其运行机制研究 [J]. 南开管理评论，22 (5)：178-191.

廖业扬，2008. 广西农业产业化模式的选择与创新：广西发展模式创新研究之二 ［J］. 广西社会科学 （6）：31-34.

林丽婷，许秀颖，林楠，等，2017. 绿豆粉营养成分测定及加工特性研究 ［J］. 食品工业，38 （3）：272-275.

刘畅，高杰，2016. 基于共生理论的中国农业产业化经营组织演进 ［J］. 农村经济 （6）：45-50.

刘豪，高岚，王东亮，2013. 广东省木材加工企业发展影响因素分析 ［J］. 林业资源管理 （5）：36-40.

刘红军，林爱勇，2011. 安徽旅游业发展的影响因素分析 ［J］. 统计与决策 （14）：107-108.

刘江，朱庆华，吴克文，等，2012. 网购用户从众行为影响因素实证研究 ［J］. 图书情报工作，56 （12）：138-143，147.

刘丽娜，2017. 基于钻石模型的中国水产品出口竞争力分析：以福建省为例 ［J］. 世界农业 （6）：150-157.

刘猛，张新仕，王桂荣，等，2020. 河北省主要杂粮种植成本与收益分析 ［J］. 河北农业科学，24 （1）：1-4，25.

刘孟健，乔发东，王涵欣，等，2013. 乳酸菌—杂粮冰淇淋原料配合技术研究 ［J］. 食品工业，34 （10）：53-56.

刘琪，2020. 延吉市城镇消费者对于杂粮食品的消费意愿及影响因素 ［J］. 现代农业研究，26 （3）：51-52.

刘清华，2011. 内蒙古杂粮产业营销环境分析 ［J］. 物流科技，34 （12）：138-141.

刘亚南，刘宝维，李璇，2019. 影响顾客忠诚度的因素分析 ［J］. 环渤海经济瞭望 （6）：160.

刘瑶，王伊欢，2016. 我国农业产业化深度发展的有效路径 ［J］. 山东社会科学 （1）：183-188.

刘宇鹏，赵慧峰，2016. 农业产业化机制创新提高农民收入的实证分析：以坝上地区为例 ［J］. 中国农业资源与区划，37 （1）：73-79.

刘玉红，高瑞红，2018. 中国小杂粮产业发展现状及对策 ［J］. 农业开发与装备 （9）：21.

栾晓梅，柳晶鑫，2019. 城市居民有机农产品消费意愿研究：基于武汉市的调查 ［J］. 当代经济 （10）：136-139.

罗琳艳，杜红梅，2010. 绿色食品营销渠道特点、现状与发展策略研究 ［J］. 现代商贸工业 （5）：122-123.

罗明智，黄红燕，张培芬，等，2019. 广西蚕桑产业生产效率及影响因素研究：基于超效率 SBM-Tobit 模型 ［J］. 丝绸，56 （2）：1-7.

罗频宇，2015. 小杂粮规模发展的金融支持方式探索：以甘肃省会宁县小杂粮发展为例 ［J］. 山东农业工程学院学报，32 （5）：13-16.

罗频宇，2016. 小杂粮产业发展的金融支持体系分析 ［J］. 中国商论 （19）：146-147.

马金丰，2010. 谷子新品种龙谷 33 特征特性及栽培技术 ［J］. 中国农技推广，26 （4）：16-17.

迈克尔·波特，2002. 国家竞争优势 ［M］. 李明轩，邱如美，译. 北京：华夏出版社.

毛凤霞，胡章艳，冯青云，2020. 基于结构方程模型的陕西果业跨境电商发展路径研究

[J]. 北方园艺（11）：145-152.

毛平，陶玲，戴建华，2016. 基于消费者特质的冲动性网购行为影响因素实证研究 [J]. 商业经济研究（22）：46-49.

孟韬，2018. 市场营销：互联网时代的营销创新 [M]. 北京：中国人民大学出版社：153-155.

莫修梅，2020. 我国食用菌产业发展现状及产业升级路径分析 [J]. 中国食用菌，39（1）：108-110.

倪文，郭妍，2012. 我国农业产业化经营模式的构建及评价 [J]. 商业时代（10）：123-124.

倪斋晖，1999. 论农业产业化的理论基础 [J]. 中国农村经济（6）：55-60.

戚振宇，汤吉军，张壮，2020. 比较制度分析视域下我国农业产业化组织模式的优化 [J]. 财会月刊（2）：131-136.

仇菊，任长忠，李再贵，2009. 杂粮醋的抗氧化特性研究 [J]. 食品科技，34（1）：218-221，227.

秦宏，孟繁宇，2015. 我国远洋渔业产业发展的影响因素研究：基于修正的钻石模型 [J]. 经济问题（9）：57-62.

秦俊丽，2019. 乡村振兴战略下休闲农业发展路径研究：以山西为例 [J]. 经济问题（2）：76-84.

任伯琪，胡承波，2013. 基于产业链的农业产业组织研究文献综述 [J]. 企业研究（22）：166-167.

任慧，2019. 河北省食用菌消费者行为的影响因素研究 [D]. 保定：河北农业大学.

任晶洁，2019. 乡村旅游新媒体营销模式研究 [J]. 乡村科技（6）：12-14.

沙敏，武拉平，2016. 城镇居民杂粮消费意愿及影响因素分析：来自东中西部的实证分析 [J]. 科技与经济，29（1）：47-51.

苏东水，2015. 产业经济学 [M].4 版. 北京：高等教育出版社.

孙慧波，魏玲玲，李万明，2014. 新疆生产建设兵团农产品比较优势分析 [J]. 江苏农业科学，42（4）：363-366.

覃泽林，孔令孜，李小红，等，2015. 广西蔗糖产业发展竞争力分析 [J]. 南方农业学报，46（4）：722-728.

谭春辉，张洁，曾奕棠，2014. 基于 UTAUT 模型的消费者网络购物影响因素研究 [J]. 管理现代化，34（3）：28-30.

谭少柱，2016. 农户家庭农产品本地化精准营销策略与模式探讨 [J]. 商业经济研究（13）：70-71.

汤吉军，戚振宇，李新光，2019. 农业产业化组织模式的动态演化分析：兼论农业产业化联合体产生的必然性 [J]. 农村经济（1）：52-59.

唐江云，雷波，曹艳，等，2014. 四川省主要农产品比较优势分析 [J]. 南方农业学报，45（8）：1507-1513.

佟继英，2016. 中澳农产品贸易特征及国际竞争力分解：基于分类农产品的 CMS 模型 [J]. 经济问题探索（8）：155-164.

屠文娟，邹玉凤，蔡莉，2018. 基于钻石理论的我国科技企业孵化器竞争力影响因素与提升研究 [J]. 科技管理研究，38（9）：125-133.

汪发元，2014. 中外新型农业经营主体发展现状比较及政策建议 [J]. 农业经济问题，35（10）：26-32，110.

王承国，赵新斌，杨建辉，等，2017. 城乡消费者农产品质量安全感知及消费意愿差异研究：基于山东省的调查 [J]. 山东农业科学，49（9）：167-172.

王桂荣，张新仕，王慧军，等，2013. 河北省谷子单产水平变化与成因分析 [J]. 农业现代化研究，34（3）：353-357.

王静瑶，2019. 山东省城镇居民甘薯消费影响因素及其商品属性判定研究 [D]. 泰安：山东农业大学.

王可山. 网购食品消费者选择行为的影响因素 [J]. 中国流通经济，2020，34（1）：74-82.

王黎明，2007. 晚熟、优质、高产杂交高粱龙杂8号的选育 [J]. 杂粮作物（1）：13-14.

王丽爽，赵秀红，2017. 燕麦膳食纤维酸奶的研制 [J]. 食品研究与开发，38（3）：91-95.

王亮，王凯，2015. 榆林市小杂粮产业现状与发展策略 [J]. 陕西农业科学，61（9）：66-69.

王刘坤，祁春节，2018. 中国柑橘主产区的区域比较优势及其影响因素研究：基于省级面板数据的实证分析 [J]. 中国农业资源与区划，39（11）：121-128.

王强，2009. 小豆新品种龙小豆3号 [J]. 中国种业（10）：89.

王琴琴，杨迪，2019. 人工智能背景下本土化智能营销策略研究 [J]. 新闻爱好者（11）：55-59.

王晴，2020. 文登区消费者对有机农产品购买意愿及影响因素的研究 [D]. 淄博：山东理工大学.

王绍滨，2008. 谷子新品种龙谷31特征特性及栽培技术 [J]. 中国农技推广（1）：15-16.

王失余，2019. 旅游业新媒体营销转型策略研究 [J]. 黑龙江科学（6）：136-137.

王庭，余佳华，2009. 基于SWOT模型的六安市茶叶产业发展战略分析 [J]. 商场现代化（13）：218-220.

王燕茹，梅佳，迟藤，等，2014. 基于O2O模式的年轻消费群体团购行为影响因素分析 [J]. 商业时代（29）：65-68.

王远东，2015. 产业经济学理论与流派及其在我国的发展研究 [J]. 财经界（学术版），381（17）：34.

魏欢，李君轶，2014. 游客在线团购行为的影响因素研究：以西安温泉团购为例 [J]. 软科学，28（3）：101-105.

魏新颖，王宏伟，2017. 信息化对高技术产业全要素生产率的影响分析：基于面板门限回归模型的实证研究 [J]. 统计与信息论坛，32（12）：34-41.

沃西里·里昂惕夫，1980. 投入产出经济学 [M]. 崔书香，译. 北京：商务印书馆.

吴蓓蓓，陈永福，2012. 河北省城镇居民粗粮消费行为研究：基于双栏式模型的经验分析 [J]. 农业部管理干部学院学报（4）：11-18.

吴本健，肖时花，马九杰，2017. 农业供给侧结构性改革背景下的农业产业化模式选择：

基于三种契约关系的比较 [J]. 经济问题探索 (11)：183-190.

吴峰，胡志超，张会娟，等，2013. 我国杂粮加工现状与发展思考 [J]. 中国农机化学报，34 (3)：4-7.

吴建安，聂元昆，2017. 市场营销学 [M].6 版. 北京：高等教育出版社.

吴明琴，2018. 零售企业转型背景下的感知娱乐性、转换成本和用户黏性 [J]. 商业经济研究 (2)：27-30.

吴天强，马佳，王慧，等，2020. 消费者对本地品牌鲜食玉米的购买意愿及其影响因素分析：基于上海 929 份消费者调查问卷 [J]. 中国农学通报，36 (11)：157-164.

项洪涛，冯延江，郑殿峰，等，2018. 黑龙江省杂粮产业现状及发展对策 [J]. 中国农学通报，34 (6)：149-155.

肖雁飞，万子捷，刘红光，2014. 我国区域产业转移中"碳排放转移"及"碳泄漏"实证研究：基于 2002 年、2007 年区域间投入产出模型的分析 [J]. 财经研究，40 (2)：75-84.

肖洋，2018. 自媒体平台社群营销的关系链研究 [J]. 编辑之友 (12)：27-30.

谢佳函，刘回民，刘美宏，等，2017. 杂粮多酚功能活性研究进展 [J]. 食品工业科技，38 (14)：326-329，335.

谢云天，刘立波，王馨玮，等，2018. 供给侧结构性改革背景下绿色农产品消费意愿研究：以张家口市为例 [J]. 生态经济，34 (3)：117-121.

徐韩敏，何玉成，杨钰蓉，2020. 基于 S-O-R 理论的绿色农产品消费意愿影响因素研究 [J]. 湖北农业科学，59 (3)：180-184.

徐捷，2012. 农业产业化模式探索与比较研究：以天津市为例 [J]. 广东农业科学，39 (3)：194-196.

徐涛，史雨星，CHIEN H P，等，2019. 多维贫困与农户杂粮生产技术效率：基于凉山彝族自治州的微观数据分析 [J]. 重庆大学学报（社会科学版），25 (2)：14-27.

徐小龙，2010. 虚拟社区环境下的消费者行为及营销策略 [J]. 华东经济管理 (10)：92-94.

徐忠华，王庆云，谢雨蓉，2019. 基于多元回归模型的中国文化产业链演化影响因素研究 [J]. 宏观经济研究 (5)：133-144.

许胜男，孙威，2014. 网络团购行为影响因素研究 [J]. 河南农业大学学报，48 (2)：249-254.

薛文田，周宇，康健，等，2021. 不同经营规模农户杂粮生产技术效率研究：以四川省凉山彝族自治州为例 [J]. 中国农业资源与区划，42 (2)：184-191.

闫晨静，周茜，董小涵，等，2017. 河北省主要杂粮营养成分分析及评价 [J]. 食品工业科技，38 (10)：351-355.

闫玄梅，李建军，2006. 山西省小杂粮比较优势研究 [J]. 山西农业大学学报（增刊2)：3-6.

严洪冬，焦少杰，王黎明，等，2008. 酿造高粱杂交种龙杂 10 号 [J]. 中国种业 (1)：126.

严靖华，严谨，2019. 市场化程度对花卉产业组织影响实证分析 [J]. 林业经济问题，39 (4)：421-426.

燕星宇，李志西，2018. 陕北地区小杂粮产业发展研究 [J]. 山西农经，2018 (18)：52.

杨惠芳 2017. 基于钻石模型的地方特色产业发展研究：以浙江嘉兴蜗牛产业为例 [J]. 农业经济问题，38 (3)：96-101，112.

杨杰，宋马林，2010. 中国物流服务业效率评价及影响因素分析：基于我国省级面板数据的研究 [J]. 石家庄经济学院学报，33 (6)：77-80.

杨军. 基于钻石模型的食用菌产业扶贫潜力分析与思考 [J]. 中国农业资源与区划，40 (4)，34-39.

杨宁，殷少明，2019. 虚拟品牌社区顾客社会化路径研究：基于社区满意与社区认同的双中介视角 [J]. 西安财经学院学报，32 (6)：103-110.

杨琼，2017. 基于 Gem 模型的热带香蕉产业集群研究 [J]. 西藏大学学报（系列 E：食品技术），21 (1).

杨玉娟，郭璐畅，初凤荣，2015. 黑龙江省农产品品牌发展研究 [J]. 商场现代化 (10)：24-25.

杨宗辉，蔡鸿毅，陈珏颖，等，2018. 我国玉米生产空间布局变迁及其影响因素分析 [J]. 中国农业资源与区划，39 (12)：169-176.

姚成胜，杨一单，殷伟，2020. 中国非主粮生产的地理集聚特征及其空间演化机制 [J]. 经济地理，40 (12)：155-165.

叶春明，齐静，2010. 基于多元线性回归模型的专利技术产业化评价研究 [J]. 科技管理研究，30 (21)：54-58.

于恩顺，李红，2015. 黑龙江省两大平原现代农业经营主体发展研究 [J]. 中国农业资源与区划，36 (6)：46-52.

于亚莹，戴建华，2014. 基于消费者特质的网络冲动购买行为影响因素分析 [J]. 商业时代 (18)：55-57.

袁素华，2016. 杂粮产业发展现状分析及建议 [J]. 农业技术与装备 (1)：58-60.

曾晓洋，2011. 基于消费者虚拟社区的营销管理研究综述与未来展望 [J]. 外国经济与管理，33 (11)：48-56.

张大瑜，高旺盛，2004. 吉林省主要粮食作物综合比较优势研究 [J]. 农业技术经济 (3)：42-46.

张大众，冯佰利，2017. 名优杂粮品牌建设现状与对策 [J]. 安徽农业科学，45 (1)：229-230，242.

张广来，李璐，廖文梅，2016. 基于主成分分析法的中国林业产业竞争力水平评价 [J]. 浙江农林大学学报，33 (6)：1078-1084.

张红琪，鲁若愚，2019. 农业产业化促进长效脱贫的思考 [J]. 开放导报 (4)：18-23.

张晖，虞袆，2012. 基于环境综合比较优势的中国生猪生产布局调整研究 [J]. 农业技术经济 (12)：122-127.

张杰，陈龙燕，卢李朋，等，2016. 西藏入境旅游发展与经济增长相关性分析 [J]. 干旱区资源与环境，30 (2)：194-201.

张倩，卢玉文，张任，2019. 红枣产业综合发展水平测度及其影响因素实证分析：以兵团第一师阿拉尔市为例 [J]. 中国农业资源与区划，40（10）：163-171.

张钦超，2019. 山西消费者红枣消费意愿及影响因素分析 [D]. 晋中：山西农业大学.

张太民，李景春，1988. 龙谷 25 的选育和开发利用 [J]. 作物杂志（4）：26.

张小允，李哲敏，2018. 基于 GM（1，1）模型的中国小杂粮种植面积预测分析 [J]. 中国农业资源与区划，39（9）：81-86.

张孝宇，马莹，马佳，等，2019. 大都市居民对低碳农产品的认知情况与支付意愿研究：基于上海市低碳蔬菜的实证 [J]. 上海农业学报，35（3）：116-122.

张鑫，2018. C2B 模式下顾客忠诚度影响因素研究 [J]. 电子商务（7）：25-26.

张信娟，高汉峰，康立功，等，2017. 黑豆营养价值及食品开发的研究进展 [J]. 植物学研究，6（4）.

张雄，李增嘉，山颖，等，2005. 小杂粮市场竞争力分析及产业开发研究 [J]. 中国粮油学报（6）：44-48，54.

张亚明，许妍妍，刘海鸥，2011. 企业网络社区营销价值、机理及模式研究 [J]. 企业经济，30（12）：84-88.

赵辉，乔光华，祁晓慧，等，2016. 内蒙古马铃薯生产的比较优势研究 [J]. 干旱区资源与环境，30（2）：128-132.

赵静，2018. 网络购药影响因素及行为特征调研：以宁波市为例 [J]. 中国药房，29（4）：444-450.

赵莉，2014. 基于钻石模型的公共部门信息增值利用产业发展影响因素研究 [J]. 科技管理研究，34（9）：91-95.

赵亮，穆月英，2012. 东亚"10+3"国家农产品国际竞争力分解及比较研究：基于分类农产品的 CMS 模型 [J]. 国际贸易问题（4）：59-72.

郑学党，2016. 供给侧改革、互联网金融与农业产业化发展 [J]. 河南社会科学，24（12）：1-7.

钟钰，陈金波，2016. 农户对不同类型农业产业带动模式选择：基于一个博弈理论模型 [J]. 农业现代化研究，37（6）：1107-1113.

朱犁，孙玲，2006. 大豆综合比较优势时空特征动态变化研究 [J]. 安徽农业科学（4）：769-771.

朱启荣，2009. 中国棉花主产区生产布局分析 [J]. 中国农村经济（4）：31-38.

朱宗乾，耿海鹏，石可，2019. 基于钻石模型的无人经济产业竞争力研究 [J]. 科技管理研究，39（17）：152-159.

宗国豪，冯佰利，2017. 产业链视角下的杂粮品牌建设思路与对策 [J]. 安徽农业科学，45（15）：234-237，240.

宗平，2019. 我国消费者网络购物行为特征及影响因素分析 [J]. 商业经济研究（6）：88-91.

AKKOC Y，LYUBENOVA L，GRAUSGRUBER H，et al.，2019. Minor cereals exhibit superior antioxidant effects on human epithelial cells compared to common wheat cultivars [J]. Journal of Ccreal Science，85.

ARSHAD F M，2016. Food Policy in Malaysia [M]. Amsterdam：Elsevier Inc. .

CARCEA M，2020. Nutritional Value of Grain – Based Foods. 2020，9（4）.

CLZSTOMER W，1997. Value：the Neat Source for Competitive Advantage [J]. Journal of Academy of Marketing Science（25）.

COBB A B，WILSON G W T，GOAD C L，et al. ，2016. The role of arbuscular mycorrhizal fungi in grain production and nutrition of sorghum genotypes：Enhancing sustainability through plant – microbial partnership [J]. Agriculture. Ecosystems and Environment，233.

CORONADO F，CHARLES V，DWYER R J，2017. Measuring regional competitiveness through agricultural indices of productivity [J]. World Journal of Entrepreneurship，Management and Sustainable Development，13（2）.

CVETKOVIĆ M，PETROVIĆ – RAN – DELOVIĆ M，2017. The Analysis of Agricultural Products Export Competitiveness of the Republic of Serbia Based on the RCA Index [J]. Economic Themes，55（3）.

DE，CAMPOS，ANTONIO，et al. ，2005. The endogenous development theory as industrial organization.（English）[J]. Acta Scientiarum：Human & Social Sciences，27（2）：163 – 170.

EUI – BURM，PARK，SHASHA，et al. ，2009. The Factors of Cultural Industry Competitiveness [J]. The Journal of Korea Research Society for Customs，10（4）：557 – 584.

GABRIELLA M P，2006. Like Ribbons of Green and Gold [J]. Industrializing Lettuce and the Quest for Quality in the Salinas Valley，80（3）：269 – 295.

GIOVANNETTI G，MARVASI E，2016. Food exporters in global value chains：Evidence from Italy [J]. Food Policy，59.

GUPTA S，KIM H W，2004. Virtual Community：Concepts，Implications，and Future Research Directions. Proceedings of the Tenth Americas Conference on Information Systems.

GÜRER B，TÜRKEKUL B，ÖREN M N，et al. ，2017. The Impact of Turkish Agricultural Policy on Competitiveness of Cotton Production [J]. International Journal of Food and Beverage Manufactu ring and Business Models（IJFBMBM），2（1）.

HAMRILA A L，Lim S，HAJAZI M A，2017. Determination of Destination Competitiveness：A Qualitative Analysis on Malaysian Convention Tourist.

HOSSEINI S H，PAPANIKOLAOU Y，ISLAM N，et al. ，2019. Consumption Patterns of Grain – Based Foods among Adults in Canada：Evidence from Canadian Community Health Survey [J]. Nutrition，11（4）.

IRFAN M，Zhao Z Y，AHMAD M，et al，2019. Critical factors influencing wind power industry：A diamond model based study of India [J]. Energy Reports，5：1222 – 1235.

KNUDSEN K E B，NØRSKOV N P，BOLVIG A K，et al. ，2017. Dietary fibers and associated phyto chemicals in cereals [J]. Molecular Nutrition & Food Research，61（7）.

LITVINOVA E，2011. An analysis of the hotel industry in Croatia：applying Porter's Diamond Model [J]. Jyvskyln Ammattikorkeakoulu.

OBA K, OZAWA K, HORITA M, 2018. GROWTH STRATEGY OF CONCRETE PRODUCT INDUSTRY BASED ON INDUSTRIAL ORGANIZATION THEORY [J]. Journal of Japan Society of Civil Engineers Ser F4 (Construction and Management), 74 (2): 75-84.

OWSKA A G M, KMIECIK D, KOBUS - CISOWSKA J, et al., 2018. Phytonutrients in Oat (Avena sativa L.) Drink: Effect of Plant Extract on Antiradical Capacity, Nutritional Value and Sensory Characteristics [J]. Polish Journal of Food and Nutrition Sciences, 68 (1).

PAPANIKOLAOU Y, FULGONI V L, 2016. Certain Grain Food Patterns Are Associated with Improved 2015 Dietary Guidelines Shortfall Nutrient Intakes, Diet Quality, and Lower Body Weight in US Adults: Results from the National Health and Nutrition Examination Survey, 2005-2010 [J]. Food and Nutrition Sciences, 7 (9).

PAPANIKOLAOU Y, FULGONI V L, 2019. Grain Foods in US Infants Are Associated with Greater Nutrient Intakes [J]. Improved Diet Quality and Increased Consumption of Recommended Food Groups, 11 (12).

PELLONI A, STENGOS T, TEDESCO I, 2020. Aid to agriculture, trade and structural change [J]. Metroeconomica, 71 (2).

PEREZ M P, RIBERA L A, PALMA M A, 2017. Effects of trade and agricultural policies on the structure of the U. S. tomato industry [J]. Food Policy, 69.

POPESCU G H, NICOALE I, NICA E, et al., 2017. The influence of land - use change paradigm on Romania's agro - food trade competitiveness - An overview [J]. Land Use Policy, 61.

RHEINGOLD H, 1993. The Virtual Community: Homesteading on the Electronic Frontier [J]. My Publications (5175): 1114.

SANGHO S, 2012. The Evolution of Video Game Industry: Applying the Industrial Organization Model to the U. S. Video Game Market [J]. Journal of Korea Game Society, 12.

SANTOS ALVES C E, BELARMINO L C, PADULA A D, 2017. Feed stock diver sificati on for bio diesel production in Brazil: Using the Policy Analysis Matrix (PAM) to evaluate the impact of the PNPB and the economic competitiveness of alternative oil seeds [J]. Energy Policy, 109.

SHALINI A, SONALI G, 2017. Optimization of Ingredients and Process Formulations on Functional, Nutritional, Sensory and Textural Properties of Thalipeeth: Indian Multigrain Pancake [J]. Journal of Food Processing and Preservation, 41 (4).

TABEAU A, MEIJL H, OVERMARS K P, et al., 2017. REDD policy impacts on the agri - food sector and food security [J]. Food Policy, 66.

WELSH R, CARPENTIER C L, HUBBELL B, 2015. On the Effectiveness of state anti - corporate Potential impact of EU Common Agriculture Policy on Croatian dairy sector -

modelling results [J]. Mljekarstvo (3).

WOJCIECH K, ANTONKIEWICZ J, GAMBUŚ F, et al. , 2017. The effect of municipal sewage sludge on the content, use and mass ratios of some elements in spring barley biomass [J]. Soil Science Annual, 68 (2).

WU E W, 2006. On formation and development of modern western industrial organization theory [J]. Journal of Pingdingshan Institute of Technology.

附　　录

附录1　原粮交易市场主要产品价格情况

品种	包装形式	等级	规格	网店零售价格/元	实体店零售价格/元
红小豆	散装	一级	500克	5~7	5~7
绿豆	散装	特级精选	500克	4~6	4~6
芸豆	散装	一级	500克	6~7	7~9
糜子	散装	一级	500克	4~6	6~8
高粱	散装	特级精选	500克	3~5	3~5
荞麦	散装	一级	500克	4~6	4~6
燕麦	散装	一级	500克	5~7	5~7

附录2　精品杂粮交易市场主要产品价格情况

产品名称	包装	规格	网店零售价格/元	实体店零售价格/元
有机红小豆	真空袋装、盒装	500 克	17～20	21～23
有机绿豆	袋装	500 克	18～20	21～23
有机芸豆	袋装	500 克	15～20	22～24
有机糜子	袋装	500 克	16～19	18～20
有机高粱	袋装	500 克	12～16	18～20
有机荞麦	袋装	500 克	15～20	17～22
有机燕麦	袋装	500 克	11～13	12～14
五谷组合原料养生粥	袋装	500 克	6～8	8～9

附录 3　杂粮精深加工产品市场主要产品价格情况

原　粮	精深加工产品	规　格	网店零售价格/元	实体店零售价格/元
红小豆	红豆薏米茶	150 克/袋	25～50	29～55
	红豆薏米粉	600 克/罐	40～70	50～90
绿豆	绿豆饼	500 克	9～13	10～13
	绿豆糕	500 克	18～20	22～27
	绿豆泥面膜	145 克	120～200	180～200
芸豆	芸豆卷	500 克	20～30	25～30
黄米	年糕	500 克	7～8	7～8
	黏豆包	500 克	9～10	9～10
	汤圆	450 克	10～13	18～20
	黄米面	500 克	5～6	5～6
荞麦	荞麦茶	250 克	25～35	29～39
	荞麦面条	500 克	6～8	5～12
	荞麦面包	500 克	10～15	12～15
燕麦	燕麦片	500 克	10～15	13～16
	燕麦饼干	500 克	15～20	市面少见
	燕麦牛奶	200 毫升×12 盒	36	48

数据来源：附录 1、2 和 3 由 2020 年年初大型超市以及网络平台调研所得。

附录4 杂粮播种面积和产量

年份	杂粮播种面积/万公顷	粮食作物播种面积/万公顷	面积占比/%	杂粮产量/万吨	粮食作物产量/万吨	产量占比/%
2000	59.20	785.20	7.54	84.80	2 545.50	3.33
2001	60.12	795.70	7.56	100.80	2 651.70	3.80
2002	71.54	783.30	9.13	169.00	2 941.20	5.75
2003	68.95	786.30	8.77	133.91	2 512.30	5.33
2004	44.20	821.60	5.38	102.00	3 135.00	3.25
2005	50.30	988.90	5.09	117.70	3 600.00	3.27
2006	53.30	1 052.60	5.06	117.00	3 780.00	3.10
2007	46.78	1 118.03	4.18	63.80	3 880.98	1.64
2008	38.76	1 147.41	3.38	92.07	4 627.26	1.99
2009	32.66	1 212.19	2.69	60.79	4 788.87	1.27
2010	28.43	1 244.51	2.28	51.42	5 632.86	0.91
2011	24.72	1 283.09	1.93	58.08	6 212.57	0.93
2012	16.02	1 321.22	1.21	35.39	6 598.60	0.54
2013	14.95	1 357.56	1.10	30.20	7 055.11	0.43
2014	16.64	1 396.82	1.19	41.28	7 403.80	0.56
2015	13.69	1 428.31	0.96	24.64	7 615.78	0.32
2016	29.15	1 420.18	2.05	73.21	7 416.13	0.99
2017	33.95	1 415.43	2.40	79.36	7 410.34	1.07
2018	27.63	1 421.45	1.94	58.67	7 506.80	0.78
2019	20.00	1 433.8	1.40	45.51	7 503.01	0.61

数据来源：由2001—2020年《黑龙江统计年鉴》整理计算。

附录 5　杂粮及主要作物单产

单位：千克/公顷

年份	杂粮	谷子	高粱	绿豆	红小豆
2013	2 020.35	3 478.26	5 635.74	1 633.66	2 194.24
2014	2 480.40	3 768.12	6 339.29	1 705.43	2 279.79
2015	1 800.33	3 906.25	6 654.14	932.20	1 420.77
2016	2 511.79	4 027.78	5 958.08	1 285.14	1 333.33
2017	2 337.52	3 967.39	6 289.42	1 101.69	1 556.45
2018	2 123.60	3 537.74	5 000.00	1 194.03	1 395.08
2019	2 275.18	3 391.30	5 372.46	1 100.00	1 466.05

数据来源：由 2014—2020 年《中国农村统计年鉴》整理计算。

附录6 消费者杂粮消费意愿及影响因素调查问卷

尊敬的先生/女士：

您好！

万分感谢您在百忙之中接受我们的问卷调查。本问卷是为研究消费者杂粮消费意愿和影响因素而设计。您的填写结果将完全以匿名的形式进行统计，调查结果仅供学术研究使用，我们会保护您的个人信息，请根据自己的真实感受填写。祝您身体健康、工作顺利！

此调查围绕杂粮消费相关问题进行。近一年来，您是否购买、食用过以下杂粮食品或者杂粮相关零食：高粱、谷子、荞麦（甜荞、苦荞）、燕麦（莜麦）、大麦、穈子、黍子、薏仁、籽粒苋以及菜豆（芸豆）、绿豆、小豆（红小豆、赤豆）、蚕豆、豌豆、豇豆、小扁豆（兵豆）、黑豆等。

如果答案为是，请您填写问卷，如果答案为否，请停止作答。

1. 您的性别［单选题］
   ○男　　　　　　　　　　　○女
2. 您的年龄［单选题］
   ○20 岁及以下　　　　　　　○大于 20 岁且小于等于 30 岁
   ○大于 30 岁且小于等于 40 岁　○大于 40 岁且小于等于 50 岁
   ○大于 50 岁
3. 您现在的常住地位于［单选题］
   ○华东地区（山东、江苏、安徽、浙江、福建、上海）
   ○华南地区（广东、广西、海南）
   ○华中地区（湖北、湖南、河南、江西）
   ○华北地区（北京、天津、河北、山西、内蒙古）
   ○西北地区（宁夏、新疆、青海、陕西、甘肃）
   ○西南地区（四川、云南、贵州、西藏、重庆）
   ○东北地区（辽宁、吉林、黑龙江）
   ○台港澳地区（台湾、香港、澳门）
   ○海外

4. 您的最高学历［单选题］

　　○高中及以下　　　○大专　　　　○本科　　　　○硕士及以上

5. 您的职业（身份）［单选题］

　　○公务员/事业单位职员　　　　○自由职业者

　　○企业职员　　　　　　　　　　○企业高管

　　○个体经营者　　　　　　　　　○农民

　　○学生　　　　　　　　　　　　○退休

　　○其他_____

6. 您的家庭结构（如果家有二孩三孩，可选多项）［多选题］

　　□单身贵族

　　□两口之家（已婚未育）

　　□满巢阶段Ⅰ（子女年龄≤6 岁，共同居住）

　　□满巢阶段Ⅱ（子女年龄 7～18 岁，共同居住）

　　□满巢阶段Ⅲ（子女年龄＞18 岁，共同居住）

　　□空巢阶段（子女经济独立，不与父母同住）

　　□单身和老人居住

　　□已婚未育和老人居住

　　□三代同堂（和老人孩子共同居住）

　　□其他（请注明）_____

7. 您的家庭年均收入大约是［单选题］

　　○小于 5 万元　　　　　　　　　○大于等于 5 万元且小于 10 万元

　　○大于等于 10 万元且小于 20 万元　○大于等于 20 万元且小于 30 万元

　　○大于等于 30 万元且小于 40 万元　○大于等于 40 万元

8. 您家中的经常购物者是［多选题］

　　□父母　　　　　□妻子　　　　　□丈夫　　　　　□子女

　　□保姆或钟点工　　　　　□其他（请注明）_____

9. 您对膳食结构多样化的重视程度［单选题］

　　○非常注重　　　○比较注重　　　○一般注重　　　○比较不注重

　　○非常不注重

10. 您消费较多的杂粮品种为［多选题］

　　□小米　　　　　□高粱　　　　　□大黄米

　　□大麦　　　　　□荞麦　　　　　□燕麦

　　□绿豆　　　　　□小豆（红小豆）　□芸豆

　　□豌豆　　　　　□蚕豆　　　　　□薏仁

　□黑豆　　　　　　　□小扁豆　　　　　　□其他（请注明）_____

11. 您对杂粮的喜爱程度［单选题］

　○不喜欢　　　　　　○一般　　　　　　　○比较喜欢

　○很喜欢

12. 您或您的家庭购买杂粮的次数［单选题］

　○几乎不购买　　　　　　　　○大约每年购买 3 次以内

　○大约每个季度购买 1 次　　　○大约每两个月购买 1 次

　○大约每月购买 1～3 次　　　　○大约每周购买 1 次

　○大约每周购买 2 次以上

13. 您选购杂粮的动机［多选题］

　□饮食喜好　　　　　□保健功效　　　　　□增强营养

　□换换口味　　　　　□礼物馈赠　　　　　□减肥瘦身

　□其他（请注明）_____

14. 您一般从哪些途径了解杂粮的有关信息［多选题］

　□亲友推荐　　　　□网络推广　　　　□超市等销售点

　□广播电视　　　　□报刊书籍　　　　□其他（请注明）_____

15. 您对杂粮相关属性的了解程度［矩阵单选题］

项目	非常了解	比较了解	一般了解	比较不了解	非常不了解
概念	○	○	○	○	○
品种	○	○	○	○	○
营养价值	○	○	○	○	○
品牌	○	○	○	○	○
食用方法	○	○	○	○	○
搭配方式	○	○	○	○	○

16. 您认为杂粮的市场价格［单选题］

　○非常高　　　　　　○比较高　　　　　　　○一般

　○比较低　　　　　　○非常低

17. 您能接受知名品牌杂粮比普通杂粮价格高出［单选题］

　○1.5 倍以下　　　○1.5～2 倍　　　　　○2 倍以上

　○不会考虑价格因素

18. 以下哪种描述最接近您和您家庭的杂粮食用频次［单选题］

　○每天都食用　　　○每周食用 1～3 次　　　○每个月食用 1～3 次

　○一年会食用三五次　　　　　　　　　○基本不太食用

19. 您的杂粮消费形式为［单选题］
　　○购买杂粮作为主食
　　○购买由杂粮制成的传统风味小吃和方便食品作为零食
　　○二者皆有

20. 你喜欢购买杂粮（非零食用途）的包装形式为［多选题］
　　□散装　　　　　　　□精包装（<500 克）　　□简单包装（≥500 克）
　　□多种杂粮组合的礼盒包装　　□其他＿＿＿＿＿＿

21. 您一般在什么时间将杂粮作为主食［多选题］
　　□早餐　　　　　　　□中餐　　　　　　　　□晚餐
　　□没有具体明确的时间　□其他（请注明）＿＿＿＿＿＿

22. 您都吃过哪些杂粮零食/杂粮加工品［多选题］
　　□糕点类食品（如薏米糕、绿豆糕、杂粮面包等）
　　□饼干类食品（如燕麦饼干、全麦饼干、杂粮薄脆饼等）
　　□杂粮煎饼、杂粮面条
　　□杂粮粉（如黑豆粉、红豆薏米粉等）
　　□杂粮方便食品（速食类紫薯紫米粥、八宝粥）
　　□杂粮锅巴或杂粮休闲膨化食品
　　□五谷杂粮饮品
　　□其他（请注明）＿＿＿＿＿＿

23. 杂粮消费在您或您的家庭食品消费中所占的比重［单选题］
　　○小于等于 10％　　　　　　○大于 10％且小于等于 30％
　　○大于 30％且小于等于 50％　○大于 50％且小于等于 70％
　　○>70％

24. 您通常在哪些场所购买杂粮［多选题］
　　□社区便利店（社区超市）
　　□大型超市
　　□农贸市场（集市）
　　□路边摊（农家小摊）
　　□专卖店
　　□综合类电商平台（天猫、淘宝、京东等）
　　□短视频直播平台
　　□垂直类电商平台（如中粮我买网、惠农网等）
　　□微信微博等平台
　　□自媒体平台

□其他（请注明）_____

25. 您认为在网上购买杂粮的最大障碍是什么［单选题］

○不确定产品是否达标 ○物流慢 ○网站产品信息不可靠
○图片与实物有差别 ○退换货不方便 ○其他（请注明）

26. 您对杂粮购买频率的计划［单选题］

○不再购买 ○减少购买
○保持现状 ○增加购买

27. 您购买杂粮时会考虑的主要因素［多选题］

□营养成分 □产品性价比
□杂粮口感 □杂粮品牌
□包装情况 □购买便捷程度
□商家的促销手段 □季节因素（如：夏季购买绿豆）
□产地信息 □商家的服务质量
□杂粮外观（是否颗粒饱满、色泽鲜艳等）
□认证情况（有机、绿色、无公害等）

28. 如果您对所购买的杂粮不满意，主要原因是［多选题］

□质量达不到预期 □配送速度慢
□价格高 □新鲜度不够
□零食品种太少 □味道口感不好
□烹饪麻烦或不知道如何烹饪 □季节因素
□不够了解 □其他（请注明）_____

29. 您如何看待以下关于杂粮的相关评述［矩阵单选题］

消费者行为特征	非常不同意	不同意	一般同意	同意	非常同意
我信任黑龙江杂粮的质量安全	○	○	○	○	○
我愿意在网店购买杂粮	○	○	○	○	○
我非常了解什么是有机产品、无公害产品和绿色产品	○	○	○	○	○
我知道某个杂粮品牌	○	○	○	○	○
我们家每年购买杂粮次数不多（少于4次），但单次购买量较大	○	○	○	○	○
杂粮主要为家里未成年人购买	○	○	○	○	○
杂粮主要为家里老人购买	○	○	○	○	○

（续）

消费者行为特征	非常不同意	不同意	一般同意	同意	非常同意
相比较低的价格我更希望买到高品质的杂粮	○	○	○	○	○
与营养价值相比，更关注价格	○	○	○	○	○
在网上购买时我愿意支付比在菜市场或超市购买时更高的价格	○	○	○	○	○
在产品描述中我会特别注意杂粮安全认证标志	○	○	○	○	○
杂粮价格低廉	○	○	○	○	○
购买杂粮时，我会选择最近的购买场所	○	○	○	○	○
我认为杂粮营养成分很高	○	○	○	○	○
杂粮膳食纤维丰富，有利于肠胃蠕动	○	○	○	○	○
杂粮口感不好，所以不愿意购买	○	○	○	○	○
杂粮产品不易消化，所以不愿意购买	○	○	○	○	○
收入增加后，会更加注重杂粮的保健性质从而增加购买	○	○	○	○	○
更看重杂粮营养价值，即使口感一般也会消费	○	○	○	○	○
我不太知道杂粮有哪些零食产品	○	○	○	○	○
我愿意支付较高的价钱购买知名品牌杂粮	○	○	○	○	○
我习惯少量多次购买杂粮	○	○	○	○	○
我不太熟悉杂粮的烹饪方法	○	○	○	○	○
产品的宣传会对我购买产生较大影响	○	○	○	○	○
产品的促销手段会对我购买产生较大影响	○	○	○	○	○
购买杂粮时，我会货比三家，选择性价比最高的	○	○	○	○	○

30. 您对杂粮消费有什么补充看法 ［填空题］

问卷到此结束，再次感谢您的支持！

附录7　网购农产品意愿及影响因素调查问卷

尊敬的先生/女士：

您好！

万分感谢您在百忙之中接受我们的问卷调查。本问卷是为研究消费者网购农产品行为特征而设计。填写结果仅供学术研究使用，我们会保护您的个人信息，请根据自己的真实感受填写。祝您身体健康、工作顺利！

本问卷涉及的农产品种类包括：粮油、蔬菜、水果、干果、花卉、畜禽产品、水产品等。

1. 您的性别［单选题］
   ○男　　　　　　　　　　　　○女
2. 您的年龄［单选题］
   ○17 岁及以下　　　　　　　　○大于 17 岁且小于等于 30 岁
   ○大于 30 岁且小于等于 50 岁　○大于 50 岁
3. 您所在城市＿＿＿＿＿＿＿＿＿［填空题］
4. 您的最高学历［单选题］
   ○初中及以下　　○高中（中专）　　○大专或本科　　○硕士及以上
5. 您的职业（身份）［单选题］
   ○公务员/事业单位职员　　○自由职业者　　　　○企业职员
   ○企业高管　　　　　　　○个体经营者　　　　○农民
   ○学生　　　　　　　　　○退休　　　　　　　○其他
6. 您的家庭月收入大约是［单选题］
   ○＜2 000 元　　　　　　　　　○2 000～3 999 元
   ○4 000～7 999 元　　　　　　　○8 000～11 999 元
   ○12 000～29 999 元　　　　　　○≥30 000 元
7. 您对于农产品的购买采取的渠道有［单选题］
   ○线上　　　　　　　　　　　　○实体店（包括超市、菜市场等）
   ○两者都有
8. 您接触网络购物的时间［单选题］
   ○＜1 年　　　　　　○1～2 年　　　　　　○3～4 年

○5～6 年　　　　　　○7～8 年　　　　　　　　○＞8 年

9. 您过去一年网购农产品的次数［单选题］

○≤5 次　　　　○6～10 次　　　　○11～15 次　　　　○16～20 次

○≥21 次

10. 您平均每月用于网购农产品的支出大约是［单选题］

○＜500 元　　　　　○500～999 元　　　　　○≥1 000 元

11. 您不愿意在网店购买农产品的原因是［多选题］

□不熟悉网络购买操作　□不信任农产品新鲜度　　□不信任农产品质量

□物流慢　　　　　　　□物流价格高　　　　　　□购物安全保障不足

□其他_____

12. 您在网店主要购买哪些农产品［多选题］

□大米

□食用油

□五谷杂粮

□蔬菜（各种无公害蔬菜、食用菌类、干菜）

□生鲜果品（各种水果）

□果脯/干果/坚果类食品

□花卉（观赏花卉、香料花卉、医药花卉、环境保护花卉、食品用花卉）

□畜禽产品（各种禽畜肉、奶、蛋、脂类及其加工品）

□水产品（藻类、淡水海鱼、虾、贝类及其腌制、干制的各种初加工品）

□其他农副产品（香烟、茶叶、蜂产品、棉花、中药材、畜禽产品的

副产品）

□其他_____

13. 在购买农产品时，你经常光顾的购物网站［多选题］

□淘宝　　　　　□天猫　　　　　□京东　　　　　□1 号店

□苏宁易购　　　□顺风优选　　　□仓买网　　　　□团购网

□微店或朋友圈　□本来生活网　　□其他

14. 下列因素对于您网购有多大影响［矩阵单选题］

网购影响因素	非常不重要	不重要	无所谓	重要	非常重要
农产品的品质	○	○	○	○	○
农产品的价格	○	○	○	○	○
农产品新鲜度	○	○	○	○	○
品牌知名度	○	○	○	○	○

（续）

网购影响因素	非常不重要	不重要	无所谓	重要	非常重要
店铺的类型	○	○	○	○	○
卖家的信誉	○	○	○	○	○
卖家的服务态度	○	○	○	○	○
购物安全保障	○	○	○	○	○
周边人的意见	○	○	○	○	○
网络评论	○	○	○	○	○
物流速度	○	○	○	○	○
物流价格	○	○	○	○	○
网站（店）促销活动	○	○	○	○	○
产品详细描述	○	○	○	○	○
页面设计	○	○	○	○	○
操作流程	○	○	○	○	○
退换货便利程度	○	○	○	○	○
有无赠品	○	○	○	○	○

15. 您如何看待以下关于网购农产品时的相关评述 ［矩阵单选题］

消费者对于网购农产品的态度	非常不同意	不同意	中立	同意	非常同意
我愿意在网上购买农产品	○	○	○	○	○
我非常了解什么是有机产品、无公害产品和绿色产品	○	○	○	○	○
我知道某个农产品品牌	○	○	○	○	○
网购时我主要购买非本地产农产品	○	○	○	○	○
网购农产品的质量安全可靠	○	○	○	○	○
相比较低的价格我更希望买到健康的农产品	○	○	○	○	○
我愿意支付比在菜市场或超市购买时更高的价格	○	○	○	○	○
在产品描述中我会特别注意食品安全认证标志	○	○	○	○	○
网购时我会花较多时间搜集和比较产品信息	○	○	○	○	○

（续）

消费者对于网购农产品的态度	非常不同意	不同意	中立	同意	非常同意
网购农产品的新鲜度高	○	○	○	○	○
网购农产品价格低廉	○	○	○	○	○
我很喜欢通过网络购买农产品	○	○	○	○	○
总体来说，我对网购农产品的经历感到满意	○	○	○	○	○

16. 您对网购农产品有什么补充看法［填空题］

问卷到此结束，再次感谢您的支持！

图书在版编目（CIP）数据

大健康视角下黑龙江省杂粮产业发展研究 / 章磷，
弓萍著 . —北京：中国农业出版社，2023.7
ISBN 978 - 7 - 109 - 31069 - 8

Ⅰ.①大…　Ⅱ.①章… ②弓…　Ⅲ.①杂粮－农业产
业－产业发展－研究－黑龙江省　Ⅳ.①F326.11

中国国家版本馆 CIP 数据核字（2023）第 169487 号

大健康视角下黑龙江省杂粮产业发展研究
DAJIANKANG SHIJIAO XIA HEILONGJIANG SHENG ZALIANG CHANYE FAZHAN YANJIU

中国农业出版社出版
地址：北京市朝阳区麦子店街 18 号楼
邮编：100125
责任编辑：潘洪洋　邓琳琳
责任设计：王　晨　责任校对：吴丽婷
印刷：北京印刷集团有限责任公司
版次：2023 年 7 月第 1 版
印次：2023 年 7 月北京第 1 次印刷
发行：新华书店北京发行所
开本：720mm×960mm　1/16
印张：13.5
字数：250 千字
定价：88.00 元